魔球

MONEYBALL

MICHAEL LEWIS

麥可・路易士——著

目次

｜作者序｜

我愛上一個逆轉勝的故事

你永遠不會有天文數字的財富，但不代表你一定贏不了

我寫這本書，是因為我愛上了一個故事。

這個故事，是關於一群被低估的職業棒球選手與經理人，其中有許多人本來被認為根本不適合打大聯盟，但是他們的球隊後來卻成為大聯盟最成功的球隊之一。

不過其實早在我愛上這個故事之前，我就有寫這本書的念頭。這個念頭始於一個單純的問題：為什麼全職棒最窮的球隊之一，奧克蘭運動家隊（Oakland Athletics），能贏這麼多場比賽？

十幾年來，職業棒球隊的經營者一直宣稱，職棒已經不再是運動的競技，而是金錢的比賽。職棒隊的貧富差距，遠大於其他職業運動，而且差距正在迅速擴大中。二〇〇二年球季開打時，最富有的紐約洋基隊（New York Yankees）全隊總薪資高達一億兩千六百萬美元，至於兩支最窮的球隊——運動家隊與坦帕灣魔鬼魚隊（Tampa Bay Devil Rays，二〇〇八年改名

為坦帕灣光芒隊），薪資都不到洋基隊的三分之一，只有約四千萬美元。再往前推十年，全隊薪資最高的紐約大都會隊（New York Mets），總薪資是四千四百萬美元之譜，而薪水最低的克利夫蘭印地安人隊（Cleveland Indians），總共只花了八百萬美元出頭。

薪資間的差距，意味著：只有富球隊才請得起最好的球員；而窮隊只雇得起老弱殘兵與二流球員，幾乎注定要失敗。至少那些職棒經營者是這麼說的。

我以前也傾向於接受這樣的論點——有最多錢的人，通常是贏家。不過，看看過去幾年發生的情況，你就會開始懷疑這種說法。某些分區墊底的球隊，諸如德州遊騎兵隊（Texas Rangers）、巴爾的摩金鶯隊（Baltimore Orioles）、洛杉磯道奇隊（Los Angeles Dodgers）與大都會隊，都花了大筆鈔票，卻輸得很慘。

另一邊的極端，則是運動家隊。過去幾年間，運動家隊的總薪資不是大聯盟最低，就是倒數第二名，但該隊贏得的例行賽場次，僅次於亞特蘭大勇士隊（Atlanta Braves）。從二〇〇〇年算起，運動家隊連續三年打進季後賽，其中前兩年只差幾個出局數，就能淘汰最有錢的洋基隊。

他們到底是怎麼辦到的？畢竟，洋基隊是棒球界「鈔票決定一切」最極端的例子。洋基隊深諳紐約的那套準則：用金錢買成功，並不是什麼可恥的事。也或許就因為他們不引以為恥，所以比其他任何球隊都善於買到成功。

花最少錢，拿下最多勝利

早在一九九九年，大聯盟職棒總裁塞利格（Allan H. "Bud" Selig）就喜歡以「反常」，來形容運動家隊的成功。這與其說是一種解釋，還不如說是無法搞清「他們如何辦到的？」的藉口。運動家隊到底有什麼祕訣？這支美國職棒第二窮的球隊，如何克服日益龐大的預算障礙，在完全不被看好的情況下，超過另外二十八支球隊，於例行賽拿下第二多的勝場數？棒球的成功因素到底是什麼？為什麼有那麼多有錢人砸了大把銀子，還是買不到好成績？

剛開始，讓我感興趣的，就是這些問題；而這本書，則試圖找出答案。答案，要從相當簡單明瞭的一點講起：在職棒圈，你有多少錢固然很重要，但更重要的，是你花得有多聰明。

我第一次偶然走進運動家隊球團辦公室時，他們才剛在例行賽拿下驚人的一〇二勝，只花了三千四百萬美元。而在前一年，也就是二〇〇〇年球季，他們只花兩千六百萬美元總薪資，就贏了九十一場比賽，並在分區封王。

曼哈頓律師帕帕斯（Doug Pappas）是棒球財經權威，他曾指出，運動家隊和其他球隊在一個量化數據上的差別。一支編制二十五人的大聯盟球隊，總薪資最少是五百萬美元，外加兩百萬美元給傷兵以及四十人擴編名單中的其他球員。如果將棒球賽中球運的吃重角色、大部分大聯盟球員的能力差別相對較小、菜鳥球員可能是拿最低薪資等因素納入考慮，那麼一支花了最低薪資七百萬美元的球隊，在一六二場例行賽中，最少可以拿下約四十九勝。帕帕斯的棒球財經效率衡量指標是：在最低的七百萬美元支出之外，每支球隊拿下第四十九勝後，每勝一場球隊要再花多少錢？每支球隊額外的每一場勝利，要額外花掉多少？

從二〇〇〇年開始的這三年，運動家隊每多贏一場，大約只多花了五十萬美元。另一支每贏一場同樣只多花六位數字的球隊，是明尼蘇達雙城隊（Minnesota Twins）：每一勝六十七萬五千美元。最揮霍的有錢球隊（例如金鶯或遊騎兵隊），每多一勝要多花近三百萬美元，是運動家隊的六倍以上。比起其他球隊，運動家隊似乎自成一格。如果這是一般產業，運動家隊可能早已併吞其他球隊，建立霸業。不過這是棒球，所以他們只能在球場上讓其他有錢的球隊難堪，如此而已。

他尋找的，是一種新的知識

運動家隊實驗的基礎，是**一種重新思考棒球的意願：棒球該怎麼經營？怎麼打？誰是最適合的球員？以及為什麼？運動家隊總經理比利．比恩（Billy Beane）了解，自己永遠不會有洋基隊的天文預算，於是努力尋找棒壇「低效率」之處。本質上，他在尋找的，其實就是新的棒球知識。**

運動家隊球團針對棒球，展開一項系統化的科學研究，重新檢驗一切，從球員腳程的市場價值，到大聯盟一般球員與頂尖三A球員之間的天生差異。他們就是這樣，找到物超所值的好買賣。

運動家隊選秀或取得的球員，很多都曾犧牲在棒球界根深柢固的傳統偏見之下，但是運動家隊球團的研發部門將他們從偏見中解放出來，讓他們有機會展現自己真正的價值。這個故事談的，是以理性處理人類事務的各種可能性（還有各種局限），而故事的主角，就是一支棒球隊。而且整個棒球界就是個例子，用來說明在面對科學方法時，一個不科學的文化如何回應，或無能回應。

如我所言，我愛上了這個故事。這個故事是關於職業棒球以及這一行的棒球人。故事中的這位主角，他的人生曾被職業棒球搞得亂七八糟，而神奇的是，他找到了一個方式予以回敬。

為了進一步了解這個人，以及他所激發的革命，我花了幾天時間與多倫多藍鳥隊（Tronto Blue Jays）總經理里奇阿迪（J. P. Ricciardi）相處。里奇阿迪曾與比恩在運動家隊共事，現在他正忙著大顯身手，走上運動家隊同樣的激進路線，重組改造自己的新球隊。一開始曾飽受各方嘲諷的里奇阿迪，到了我認識他之時，已經贏得包括最難纏的老牌棒球作家的尊敬。二〇〇二年球季結束前，多倫多最大的恐懼就是里奇阿迪會跑掉，投向一直向他招手的波士頓，出任紅襪隊（Red Sox）總經理。紅襪隊現在口口聲聲說，他們也想循運動家隊模式，進行球隊再造。

在一場與紅襪隊的比賽中，我試著拐里奇阿迪，想套他講出損人利己的話。幾個月之前，他曾頗為堅定地跟我說，比利．比恩跟其他職棒總經理間的差距之大，令人訝異。當時他盡力高舉一隻手，又盡力壓低另一隻手說：「比利在上頭這裡，其他人都在下頭這裡。」這會兒，我們坐在球場邊，看著紅襪隊輸給改頭換面的新藍鳥隊時，我問里奇阿迪，他是否跟他在奧克蘭的老上司比恩一樣，善於經營棒球隊這門怪行業。他只是對我大笑。

比恩是這一行最棒的，這點毫無疑問。問題是：為什麼？

魔球

| 第1章 |

天分的詛咒

一個明日之星的誕生

神要毀滅一個人之前，會先說他「有前途」。
康諾利《前途之敵》（Cyril Connolly, *Enemies of Promise*）

球探們做的第一件事，就是要你跑。

大聯盟球探測試業餘選手時，「腳程」永遠是最首要的項目。這些球探會隨身攜帶測驗表，測試五大項目——腳程、傳球、防守、打擊以及長打火力。球探們習慣以修車工人的語言，來談這些大男孩。腳程快的，被稱作「有跑胎」；臂力超強的，叫作「有水管」。聽一群球探對話，你會以為他們在討論跑車而不是年輕棒球員，這不是你的錯。

晚春的聖地牙哥。這一天，幾名大聯盟球探正在積極測試一群潛力新秀，空氣中瀰漫著比平常緊張的氣氛。因為這是一九八〇年，棒球選秀的風險正與日俱增。

才幾年前，職棒球員透過法院判決，取得了自由球員的權利，然後，球團老闆們只拖了大概兩秒鐘，便為那些挑戰傳統球員身價概念的球員開出新的價碼。不到四年時間，大聯盟球員平均年薪已暴漲了將近三倍，從五萬兩千美元上升到近十五萬美元。一九七三年，喬治・史坦布瑞納（George Steinbrenner）剛買下洋基隊時，全隊總薪資只花了他一千萬美元；到了一九七五年，光是現代職棒史上第一位自由球員杭特（Catfish Hunter），就花了他三百七十五萬美元。幾年之前，錯估新秀不過是損失一千美元的小事；但是很快地，看走眼的代價就變成百萬美元了。

總之，球探們做的第一件事總是要你跑。有五位年輕球員，正在外野草地上伸展、小跑。他們是科爾斯（Darnell Coles）、艾思比（Cecil Espy）、艾利克森（Erik Erickson）、哈里斯（Garry Harris）以及比利・比恩（Billy Beane）。

他們真的還只是大男孩，大老遠離家跑到聖地牙哥接受測試，還必須拿出母親的同意信才行。出了老家，沒人聽過他們的名字，但對這些球探來說，卻已經覺得他們像是家喻戶曉的人物。在全國大約三十位潛力新秀中，大家公認這五人將會在選秀會第一輪被相中。這群球探從全美棒球人才寶庫（南加州）精挑細選出五個人，邀請他們到聖地牙哥胡佛高中，來解答一個問題——誰才是強中強的高手？

誰才是高手中的高手？

五個大男孩暖身時，幾位球探在內野草地上閒聊。藍鳥隊的總經理吉利克（Pat Gillick）手握碼錶站在外野，他周圍還有五、六位球探，每個人身上都帶著碼錶。其中一個球探，用跨步方式量出了六十碼距離，然後用腳在地上畫出終點線。

受測的大男孩們在左外野界外線邊排成一直線，他們的左邊，就是史上傳奇球星泰德．威廉斯（Ted Williams）當年就讀高中時，揮出反方向二壘安打所擊中的那道牆。胡佛高中是泰德．威廉斯的母校，但這對眼前五個大男孩毫無意義。他們不關心周遭環境，麻木了。過去幾個月，他們被一堆大人一再地通盤測試，現在他們根本不會想到自己是在哪裡，或是接受誰的測試。他們覺得自己比較像是被開出去試駕的跑車，而不是接受測試的年輕球員。聖地牙哥教士隊（San Diego Padres）球探保羅．維佛（Paul Weaver）也來了，他看過太多在球探面前緊張得手足無措的男孩，很意外這些男孩居然這麼鎮定。想當年，後來成為西雅圖水手隊（Seattle Mariners）外野手、年薪三百萬美元的麥克里摩（Mark McLemore），在接受維佛測試前就在場上吐了。但眼前這些男孩，並沒有如此不濟，他們一直都太優秀了。

科爾斯、艾思比、艾利克森、哈里斯、比恩。一位球探轉過身對另一位球探說：「我看那三個黑男孩（科爾斯、艾思比、哈里斯）最厲害，他們會刷掉那兩個白人小孩。艾思比會讓所有人吃癟，包括科爾斯。」科爾斯是短跑健將，才剛接受加州大學洛杉磯分校的美式足球獎學金，打外接員位置。但艾思比就是快，球探們相信，連科爾斯都跟不上他。

吉利克一手往下揮，五個天生好手起身往前衝，沒幾步就已進入全速衝刺狀態。不到七秒鐘，所有人都跑到了終點。比利．比恩把其他人都甩在後頭，跑第二的艾思比，足足比他慢了三步。

這結果再清楚不過——六十碼短跑，有哪個地方會看不明白？吉利克覺得不可思議。他對一位球探大喊，要他再跨步測量一次，確定距離確實是六十碼。隨後，他要求五位男孩重返起跑點再跑一次。男孩們不解，球探總是要你先跑給他們看，不過向來跑一次就成了。他們以為，吉利克可能是要測試他們的耐力。

但那不是吉利克的用意。吉利克相信「眼見為憑」，沒看到的不算數，但是他實在無法相信自己剛剛親眼目睹的那一幕。首先，他無法相信比利．比恩光明正大地跑贏艾思比和科爾斯。其次，他也無法相信碼錶上顯示的六．四秒——這是短跑選手的秒數，不是眼前這個大個子男孩跑得出來的速度。

雖然男孩們搞不太清楚為什麼，他們還是走回起跑線，重新再跑一次。結果幾乎一樣。「比利真的把其他人完全拋在後頭。」維佛說。

眨眨眼，你就會錯過這輩子再也見不到的驚人演出

比利．比恩年輕時，沒有人是他的對手。他天賦異稟，不管比什麼運動，無論對手是誰，總能輕鬆勝出。他看起來像在打另一種比賽——比較容易的那種。高二時，比利是學校美式足球隊四分

衛，也是籃球校隊得分主力。幾乎在身體還沒發育完全之前，比利就已經發現了自己過人的天賦：他手掌還沒大到可以單手抓住籃球，就已經能灌籃了。

比利的父親不是運動健將，只是照著教學手冊教導兒子打棒球。老比恩是海軍軍官，每年有九個月時間待在海上。每當上岸，回到一家人居住的海軍宿舍，就會教兒子一些東西。他教比利如何投球——投球是一種可以研究並學習的動作。不管春夏秋冬，老比恩都會帶著兒子與破舊的棒球書，到空盪的少棒球場練球。這些練習並非只是好玩而已，因為比利的父親是完美主義者，他安排的投球訓練不但有軍事效率，還有新兵訓練營似的吃重分量。

比利覺得自己很幸運。他每天都想玩棒球，而父親也會每天陪他練習傳接球。

十四歲時，比利已經比父親高出十五公分，他的能耐也超越了父親棒球手冊上的範疇。高中一年級時，儘管學長強力反彈，他的教練還是在當年校際聯賽壓軸一戰派他上場投球。結果他投出完封，送出十次三振，打擊方面則是四次打席有兩支安打。十五歲時他二年級，在全美競爭最激烈的高中棒球聯盟中，打擊率超過五成。到了三年級，他身高已有一九三公分，體重也有八十一公斤，而且還繼續在長。大批大聯盟球探跑來他們學校的棒球場，都想親眼目睹他超過五成的打擊威力。吸引球探目光後的第一場大比賽，比利·比恩主投，只讓對手敲出兩支零星安打，自己盜壘成功四次，還轟出三支三壘安打。

二十二年後，單場三支三壘安打，仍是加州高中棒球最高紀錄，但真正震撼人心的，是他打出去的方式。當天的棒球場沒有全壘打牆，只是聖地牙哥郊區一片無盡的酷熱苔原。比恩第一支三壘打從外野手頭上飛越後，對手守得更深遠。第二球又從防守者的頭上飛越過去，他們便退到更遠的停車場去，大概已達大聯盟的球場外了。比恩打出第三發三壘打時，現場觀眾全都笑成一團。比利．比恩不管打什麼球都是這樣，打棒球尤其嚇人：你只要稍微眨眨眼睛，可能就會錯過這輩子不會再見到的驚人演出。

球探的職責，就是想像年輕球員未來會變成何種職棒球員，而比利．比恩就在球探心中激發起強烈的感覺。這個男孩的體格真是夢寐以求——又直又挺，精瘦又不會太瘦，一絲贅肉都沒有。還有那張臉！蓬亂的濃密棕髮下，五官輪廓鮮明，正是球探偏愛的。有些球探堅稱，從一個男孩的臉部骨架可看出他的個性，以及未來在職棒的發展，他們的用語是「好臉蛋」。比利．比恩，就有張好臉蛋。

比利的教練布雷拉克（Sam Blalock）不曉得該拿這些球探怎麼辦。他說：「我陣中有個第一輪就會被選走的好手，每次我們打練習賽，總會有十五到二十個球探出現。我不知道該怎麼辦，我從來沒打過職業棒球。」二十年後，布雷拉克被同儕教練選為全美最佳高中棒球教練。他所執教的聖地牙哥博納多農場高中（Rancho Bernardo High School）棒球隊，後來孕育出無數大聯盟新秀好手，甚至被棒球界人士暱稱為「工廠」。

但在一九七九年，布雷拉克才剛擔任教練沒幾年，他對大聯盟以及練球時突然冒出的球探還是充滿敬畏。每個球探似乎都想跟比利．比恩套交情，搞得比恩煩透了，為了躲避一天到晚不停打到家裡的電話，他練完球後常直奔朋友家。面對球探，比恩很酷；面對教練們，比恩同樣酷。唯一曾打動比恩的人是他的英文老師，有一天這位女老師把他拉到教室外頭，跟他說他實在太聰明，不該光靠運動天賦與魅力混日子。為了這個老師，比恩想讓自己變得更好。至於那些球探，比恩的態度是：隨便你們。

現在回想起來，布雷拉克認為自己應該要球探們坐在球場一角看，等到練好球再通知他們，而不是任他們予取予求。但當時，球探們有什麼要求，他都會照辦：而他們要的，就是請他陣中的大明星出來讓大家瞧瞧身手。他們要看比恩跑步，布雷拉克就叫比恩短跑給他們看；他們要看比恩傳球，比恩就被命令到外野，一個飛快筆直的球傳到本壘給布雷拉克；他們要看比恩打擊，布雷拉克就自己餵球給比恩，進行一對一打擊練習。（「我餵球，比利打擊，然後二十個大聯盟球探在外野跑來跑去接高飛球。」布雷拉克回憶。）球探們對比恩愈看愈滿意，他們看到了一位大聯盟的明日之星。

至於比利．比恩，布雷拉克則讓他自由發展。照布拉雷克的看法（至少在剛當教練那幾年），棒球的個人表現成分多過團隊表現成分，而且靠的主要是天生的直覺，而非後天學習的技巧。面對一名擁有如此天分的運動員，布雷拉克認為，身為教練只能放牛吃草。「當時我很年輕，有些擔心，」布雷拉克說：「怕自己害了他。」他後來對棒球的看法有了改變，不過對於比利的運動天分卻從來沒改變過想法。二十二年後，布雷拉克已經有超過六十位子弟兵、兩位姪子經選秀進入職棒，但他還是堅稱沒看過像比利這麼有天分的運動員。

天分是一個面具，會掩蓋其他真相

然而，他們都遺漏了一些重要的小事情。例如，他們沒留意到比利．比恩的打擊率，從三年級的五成以上，掉到四年級的三成出頭。很難說是什麼原因。或許是球探給他太大的壓力，或許其他球隊找到不同方法對付他，而比恩無法調適，也或許純粹就是球運差。重點是：根本沒有人注意到他的大幅退步。

「我從來沒注意過比利的任何一個攻守統計數據。」一位球探承認。「想都沒想過。因為比利是個五拍子的全能型球員[1]。」紐約大都會隊的球探部主任楊沃德（Roger Jongewaard）說：「你要了解，我們不是只看表現，我們主要在尋找天分。」不過就比利．比恩來說，天分是個面具，掩蓋了其他真相。他的人生實在太如意了，大家根本不必擔心哪天要是不那麼如意，他會有何反應。但布雷拉克倒是很擔心，因為他平常就看得到。比利失敗的那一刻，會到處找東西來砸。有回他被三振出局後，就把鋁棒往牆上重重一擊，力道大到整根鋁棒彎成九十度。下一次輪到他上場打擊時，他還是氣自己氣得要命，竟然堅持拿那根打彎的球棒上場。還有一次他發脾氣鬧得太凶，搞得布雷拉克把他趕出球隊。「我們隊裡有個人被三振之後回到休息區，其他隊友會識相地往另一邊移動，」布雷拉克說：「那個人就是比利。」

在球場上不順時，比利．比恩與他的棒球天賦之間就彷彿有一道牆，他不曉得該如何突破這道牆，只想用暴力在牆上轟出一個洞。他不但不喜歡失敗，而且似乎也不懂得如何接受失敗。

球探們從未考慮到這點。比恩高四畢業那年，對於比恩，他們只關心一個問題：我搶得到他嗎？隨著一九八〇年大聯盟選秀大會逼近，他們愈來愈不抱希望。第一個原因，是大都會隊球探主任楊沃德對比恩的興趣異常濃厚。一九八〇年選秀會，大都會隊握有第一順位選秀權，只要他們願意，比恩就是他們的人。當時的傳言是，大都會隊已經將目標鎖定了兩個人：一個是比恩，另一個是一名洛杉磯的高中球員，名叫戴若．史卓貝瑞（Darryl Strawberry）。而且傳言說楊沃德似乎比較屬意比恩（這麼想的大有人在）。「選秀會有好球員，也有超優的球員，」楊沃德說：「而比利是超優中的超優。他兼具身材、速度與臂力，非常全面。他在其他運動也表現很好，是不可多得的真正運動員。除此之外，他的學業成績也很好，漂亮女生喜歡跟他約會。他有魅力，未來有無限的可能性。」

另一個讓球探們萌生退意的原因是，比恩一直嚷嚷著自己不想打職棒，要繼續念大學。講得更具體點，他想接受史丹佛大學的足球與棒球聯合獎學金。南加州大學棒球隊負責召募新生的人員，曾試圖打消比恩進史丹佛的念頭。「他們會為了期末考，而要你停止練球一個禮拜。」他告訴比恩。而比恩則回答說：「本來就該這樣，不是嗎？」還有些球探則指出，比恩其實很久沒打美式足球，因為怕受傷而危及棒球生涯，他高二後就放棄美式足球了。不過史丹佛大學不在乎，該校正在尋找能打四分衛的新生，好接替大二的明星四分衛艾威（John Elway）。史丹佛大學棒球隊對該校入學註冊組的影響力，比不上美式足球隊，因此棒球隊教練便要足球隊教練好好瞧瞧比恩。經過幾個小時的測試，足球隊教練馬上為比恩背書，認為這小子確實是艾威離校後的接班人。比恩只要數學這科拿到B，就可以順利入學，其他的，交給史丹佛體育部門打點就行了。

換作是你，會選擇史丹福，還是打職棒？

大聯盟選秀會的前一天，幾乎所有球探都把比利．比恩的名字刪掉了，因為反正也簽不到。「比利嚇跑了好多人，」球探維佛回憶：「沒有人相信他會跟職業球隊簽約。」對球隊而言，將寶貴的第一輪選秀權浪費在一個無意打球的小孩身上，那真是瘋了。

唯一沒被嚇跑的球探是楊沃德。大都會隊一九八〇年有三個第一輪選秀權，因此楊沃德推估，球團或許願意用其中一個名額，冒險去選一個可能簽不下來的球員。另外還有一個原因則是：選秀大會之前幾個月，大都會隊球團答應加入一項奇怪的實驗。《運動畫刊》（*Sports Illustrated*）向大都會隊總經理卡申（Frank Cashen）要求派一名記者，全程採訪該隊決定全美選秀狀元的過程。大都會隊把最後的考慮人選名單告訴了《運動畫刊》，該雜誌隨即表示，大都會隊最好能選擇戴若．史卓貝瑞，那樣在新聞上會更有看頭。

史卓貝瑞確實是個很棒的報導題材。一名出身洛杉磯貧民窟的窮小子，還不知自己即將要名利雙收。屬意比恩的楊沃德表明，反對《運動畫刊》的任何介入，他後來回憶說：「我們會引來一個怪物，會害我們多花很多錢。」但球團否決他的意見，他們認為全國性媒體的宣傳價值，遠高於史卓貝瑞加碼的花費，就算選錯人也在所不惜。大都會隊最後以第一輪第一順位選走史卓貝瑞，付給他當時很驚人的二十一萬美元簽約金。藍鳥隊則以第二順位指定哈里斯；科爾斯被水手隊以第六順位挑走；白襪隊則以第八順位相中艾思比。大都會第一輪的第二個選秀權，果然順了楊沃德的意思，以第二十三順位選了比利．比恩。

楊沃德看過太多口口聲聲說要繼續念大學的小孩，一看到大把鈔票放在面前，就全改變主意了。但沒想到選秀會結束後那幾個禮拜，他向比利的父母奉上十萬美元，對方的口氣卻絲毫沒有改變。楊沃德開始擔心，比利是認真的，於是決定長期纏著比恩家。不過這卻惹毛了比利的母親，因為她一直希望孩子上史丹佛大學。「整個氣氛很不妙，」楊沃德說：「因此我決定，帶比恩去參觀一下大聯盟。」

當時是一九八〇年。來自軍職中產家庭的比恩，很少離開聖地牙哥，更別說是去到千里之外的紐約市了。對比恩而言，「紐約大都會隊」所代表的不是職棒球隊，而只是個遙遠的概念。

那年夏天，當大都會隊造訪聖地牙哥與教士隊交戰時，楊沃德帶比利．比恩去參觀客隊休息室。在那兒，比恩發現一件已經印了他名字的大都會隊球衣，以及一群熱情歡迎他的球員：馬澤里（Lee Mazzilli）、威爾森（Mookie Wilson）、巴克曼（Wally Backman）。球員們都知道他是誰，主動走過來跟他開玩笑，說球隊多麼需要他，要他趕快來大聯盟打球。就連大都會的總教練托瑞（Joe Torre），也表現得很熱誠。「我想，那讓比利改變了心意。」楊沃德說：「他親眼見到大聯盟球隊，然後心想：『我可以跟這些人一起打球。』」

「那真是個神聖的地方，」比利說：「一般人根本進不去，我卻在裡面。那是夢想成真。」

一切就看比利如何決定了。大約一年前，老比恩曾要兒子跟他坐下來比腕力。比利覺得有些突兀，這不太像是父親的作風。他的父親雖然熱情，不過從來不是肢體上有侵略性的人。父子倆比腕力，結果比利贏了。隨後老比恩對兒子說，如果他已經大到比腕力能擊敗父親，也就大到可以自行做人生的重大決定了。大都會的合約，是比利．比恩這輩子第一個重大的決定。比利告訴楊沃德，他願意簽約。

接下來的發展頗詭異。多年後，比利．比恩竟無法確定那是他夢到的，還是確實發生過。在同意與大都會隊簽約後，簽約前夕他又改變了主意。比利告訴父親，他很猶豫，不確定自己是否想去打職棒。然後他父親說：「你已經做了決定，這約一定要簽。」

於是，比利接受了大都會隊的十二萬五千美元簽約金。他安撫母親（與自己的良心），說職棒球季結束後的休假期間，他會去史丹佛修課。但史丹佛不同意，該校入學註冊組一得知比利．比恩不會加入校隊時，就表明史丹佛大學教室不再歡迎他。史丹佛大學入學註冊組長哈格登（Fred A. Hargadon）寄了封信給比利的母親：「親愛的比恩太太，我們決定取消比利的入學資格……祝福他職棒生涯或繼續接受教育的計畫都能成功。」

就這樣，他的一生改變了。前一天，比利．比恩還擁有各種未來的可能性；第二天，他就變成了尋常的小聯盟球員，甚至還不是很有錢的。比利的父母在友人的建議下，將十二萬五千美元的簽約金全數投資在房地產，一下子就賠光了。接下來好多年，比利的母親都不肯跟楊沃德說話。

第2章

政變，上演中

沒見過這樣選球員的

多年以後，他會說他當年去打職業棒球的決定，是他這輩子唯一一次為了錢去做某件事。在那之後，他絕對不再只為錢做任何事，絕不再讓市場支配他的人生方向。

有趣的是，他現在的工作，是經營一支窮兮兮的大聯盟球隊。身為球團總經理，他的工作幾乎離不開錢——去哪裡找錢、如何花錢、花在誰身上。每年球季開打後不久，到業餘選秀會之間的那幾個禮拜，是他這輩子財務運作最密集的時間，也是他最享受的幾個禮拜。他其實不介意金錢占據他生活的中心——只要是把錢花在別人身上，而不是花在自己身上。

二〇〇二年夏天。這一天，他面對著滿房間自家的球探。如今的比利．比恩變了，他年過四十，擔任奧克蘭運動家隊總經理已進入第五年。沒有了青年時期的筆挺身材，棕色的頭髮也稀疏了，前額兩側的髮際線後退得厲害。至於中年人的鬆垮身材與皺紋，在他身上倒是還看不太出來。如今的比利不同於年輕時代之處，不是「曾經發生」在他身上的事，而是「尚未發生」的事。他沒能實現自己年輕時的人生願景，他心裡清楚，他只是希望別人沒發現。

當年那些老球探，將十六歲的比利·比恩視為棒壇未來的巨星；而眼前房間裡的這些球探，可以說是老一輩精神上的後代。一般球迷或許看不到他們，但他們卻是美國職棒的核心人物。他們決定誰能打球，因此也決定球怎麼打。選秀大會七天前，將散布各地的球探召回主場「競技場球場」（Coliseum）潮濕的房間內開始討論，算是運動家隊的傳統。

如今，這個傳統即將被改變了。

他抓了椅子，猛力往牆上砸去

一年以前——也就是二〇〇一年選秀會前，運動家隊總經理與自家球探們開會的目標，就是針對選秀會前幾輪的指定人選，達成雙方都滿意的共識。原本比恩都讓球探們帶領討論，並左右他的決定。在前幾輪選秀時，他會讓球探們去選他們中意的球員。

但是在二〇〇一年選秀會、一場昂貴的災難之後約五秒鐘，改變了一切。那年，運動家隊有首輪第二個及最後一個順位的選秀權，但在輪到他們之前，比恩與球探們講好的精英好手，都被其他球隊先選走了。剩下的都是球探中意、比恩卻幾乎一無所悉的球員。

在一片混亂中，即將丟掉運動家隊球探主任飯碗的傅森（Grady Fuson），選了一位名為邦德曼（Jeremy Bonderman）的高中投手。這小子的快速球時速可達九十四哩（一五一公里），投球動作乾淨俐落，身材看起來就像是天生要穿棒球衣的。簡單說，他完全就是比恩要旗下球探們避開的那種投手。

邦德曼最後能否上得了大聯盟還很難說，但那不是重點。他的成功機率很小，任何高中球員都一樣。球探特別鍾愛高中球員，尤其是投手。高中投手成長期間，會蛻變得令人完全意想不到，未來發展的想像空間也特別寬廣。同時，高中投手還有全新的手臂，而全新的手臂可以製造出球探們測得出來的重要數據：球速。但投手最重要的特質，不在於他的力量，而是他欺騙打者的能力，而欺騙，有很多種形式。

無論如何，只要研究一下選秀會歷史，就可以發現：高中投手打進大聯盟的機率，只有大學投手的一半、大學野手的四分之一。第一輪選秀挑個高中投手（同時花一百二十萬美元簽下），就是順著球探意思做的結果。這不僅成功機率小，也違反理性。

而理性，還有科學，正是比恩試圖帶進棒球界的兩項元素。在棒球界裡，他用過很多非理性的手段——憤怒、熱情，甚至肢體威脅。「我心底所深信的那套建立棒球隊的方式，是違反我平常個性的。」他說：「這是我心中長久的矛盾。」

我們很難知道，當初傅森用第一輪選秀權挑來一個高中投手時，自己是否想像過後果。選秀會當天，運動家隊的選秀室是個正經的地方，所有妻眷、老闆、老闆的朋友——那些讓你罵「幹」之前會猶豫一下的人——全都禮貌地聚集在這個房間的後方牆壁邊，觀看運動家隊決定他們的未來。身高一七三公分的傅森身旁，是如今體型依然威嚇、有一九三公分的比利．比恩，傅森心裡也許以為有這些貴客在場，可以緩衝比恩的怒氣。

傅森錯了。

職業棒球曾經狠狠逼著比恩告別青春時的自己，但骨子裡，他還是那種三振後回到休息區時、其他隊友會自動閃到一邊的人。當傅森湊近話筒說要選邦德曼時，比恩從椅子上跳起來，抓了椅子猛力往牆上砸，整個動作一氣呵成。椅子撞上牆壁後，不光是發出吭噹巨響，而是炸開來。看著比恩用椅子砸出的大洞，這些球探才發現，自己的未來就像這道牆壁，並沒有想像中牢靠。

在這天以前，傅森一直深信自己捧的是鐵飯碗。每當其他球隊想搞清運動家隊為什麼能用那麼少錢贏得那麼多比賽，而自己花了大筆鈔票卻輸得一塌糊塗時，總會向運動家隊球探請益。因此，傅森從未想過自己領軍的球探部門，即將出現大地震，他的工作也將不保。

能看穿假象，就能看到賺大錢的機會

但比利．比恩就是打算往這個方向走。他無法忽視自家的球探部門是全球團裡最像傳統棒球界的部分，因此也最需要改變。「長期以來，選秀他媽的就跟擲骰子沒兩樣。」比利．比恩曾這麼說：「我們挑了五十個人，只要有兩人上大聯盟，我們就很慶幸了。換了其他哪個行業，五十分之二的機率，算哪門子的成功？如果這是股票市場，你早就破產了。」傅森無從得知比恩有多麼不滿他種種根深柢固的觀點——比恩進而相信，棒球界球探這一行在二十一世紀的進展程度，大概跟十八世紀的醫療專業差不多。在傅森選了邦德曼的那一刻，更強化了比恩的這種想法。

但另一方面，傅森並非完全沒察覺到比恩的敵意。選秀前一週，當比恩的副手保羅．迪波德斯塔（Paul DePodesta）帶著筆記型電腦出現在選秀室，他就感覺到不太對勁了。哈佛大學畢業的迪波德斯塔沒打過職棒，言行舉止就像個名校畢業生，一點也不像棒球人。或許說白一點，迪波德斯塔根本不該出現在選秀室。選秀室是球探的地盤，不是協理的。

令傅森耿耿於懷的，是保羅．迪波德斯塔的電腦。會後他問迪波德斯塔：「你帶電腦要幹嘛？」似乎意識到這台機器挑戰了他的權威。「你帶了電腦坐在那裡，我完全不曉得你在做什麼。」

「我只是在查統計數字，」迪波德斯塔說：「省得用印表機印出來。」

保羅．迪波德斯塔拿的是經濟學的學位，成績優異，但他的興趣其實是心理學與經濟學之間的不安衝突地帶，可惜哈佛經濟系沒讓他往這個方向發展。他是那種可能在財經界輕鬆致富的人，只是他覺得棒球員市場比華爾街有趣多了。

他查看攻守統計數字，是因為這些數字提供了他認識業餘球員的新方式。首先，所有打過職棒的人都有一種傾向——老愛根據自己的經驗，將所有事情胡亂下結論。大部分人都以為，自己的經驗有代表性，但其實並非如此。其次，職棒圈內人還有一個傾向，就是會被選手「最近的表現」過度影響。但一個球員過去的表現，不代表他未來的表現。第三（但不是最後一點），**人們往往會因為偏見，而被眼前的事物矇騙，以至於看不到事情的真貌**。

能看穿假象、認清事實的人，就能從中看到賺大錢的機會。觀看棒球比賽時，有很多東西是眼睛看不到的。對比利．比恩來說，就是那一點點些微差異，少了一點腦袋的理智，多了一點內心的感覺。比恩想要直接抽掉球探決定誰能打職棒、誰不能打職棒的權力，保羅．迪波德斯塔就是他的祕密武器。

電腦選出來的「怪胎」，卻稱霸亞歷桑納新人聯盟

傅森並不知道這點。先前迪波德斯塔在電腦裡發現一些球員，要球探去觀察，傅森都沒理會。例如，迪波德斯塔曾建議球探去看一個叫尤基里斯（Kevin Youkilis）的大學球員。尤基里斯是個胖胖的三壘手，跑不快、臂力差、守備也不好。去看這種貨色有什麼意義？三個月後，迪波德斯塔可以告訴他，尤基里斯的上壘率在各層級職棒中排名第二，僅次於全壘打王邦茲（Barry Bonds）。在迪波德斯塔眼中，他已成為希臘「走路之神」的化身[2]。

還有一回，迪波德斯塔要傅森跟他的球探去看一個叫沙魯斯（Kirk Saarloos）的大學投手，球探們還是把他的話當耳邊風。沙魯斯是個矮矮的右投手，快速球時速只有八十八哩（一四二公里）。幹嘛浪費時間在一個矮小的右投手身上？不到一年之後，迪波德斯塔就可以告訴他，因為二〇〇一年選秀會的新人中，到此時只有兩個升上大聯盟，其中一個就是沙魯斯。

比恩的暴怒，讓傅森提高了警覺。球探部主任與球探們可以自行外出尋找新秀，不用擔心總經理在後面檢視，唯一的理由就是「遵循棒球界傳統」。但傅森知道，比恩從來不鳥什麼傳統，他只在乎贏球。

二〇〇一年選秀會結束幾天後，傅森溜進保羅．迪波德斯塔的辦公室，以求和的口氣告訴迪波德斯塔，他需要簽下一位投手，給運動家隊位於亞歷桑納州的新人聯盟球隊。迪波德斯塔先前曾提過一個叫貝克（David Beck）的小子，不過跟尤基里斯及沙魯斯一樣，都被傅森忽略掉。貝克在選秀會中完全沒被選走，三十支大聯盟球隊，每隊有五十個選秀權，都還是沒選到他。

怪的是，迪波德斯塔會在電腦裡注意到貝克的名字，純粹是因為貝克在田納西州康伯蘭大學（Cumberland University）棒球隊的隊友，那是個球速九十八哩（一五七公里）的大塊頭小子，也是所有人心中可能的第一輪人選。迪波德斯塔留意到，這個與眾所矚目第一輪好手同隊的一九三公分無名左投，他的統計數字竟然更突出——防禦率更低、被全壘打數更少、更多三振數、每九局的保送次數更少。迪波德斯塔只是納悶：這小子搞不好有某些本事，只是被球探忽略掉了。

幾個月後，球探部還是沒有任何關於貝克的消息。迪波德斯塔只好問傅森，傅森才說：「喔，我忘了，我會找個球探去看一下。」

但他只是嘴巴說說，並沒有認真找人去看。等到迪波德斯塔後來又問起，運動家隊負責田納西州的球探比利．歐文斯（Billy Owens）很不情願地回報說，貝克「丟球軟趴趴」。在球探的辭彙中，「丟球軟趴趴」，就表示「這小子不值得我花時間去看」。但迪波德斯塔覺得，根本就沒有球探去觀察過貝克。

但是當傅森在選秀會後去找迪波德斯塔時，主動提起貝克。我們是不是該簽下你的人？他問。

哪個人？保羅．迪波德斯塔問。他已經忘了貝克。

貝克。傅森說。

他不是**我的**人，迪波德斯塔說，我只是要你去看看他。

傅森急著想跟球團經營高層重修舊好，以為向迪波德斯塔施點小惠會有用。於是他趕緊跟貝克簽約，但還是沒親眼測試過他。幾天後，貝克到運動家隊位於亞歷桑納州史考茲岱爾（Scottsdale）的訓練營報到，在牛棚裡暖身時，大多數球探與迪波德斯塔剛好都在那兒。接下來在投手丘上發生的怪異景象，是大多數人畢生僅見。當這小子左臂往後拉準備投球時，他的左手猛然下落，而且扭轉得很厲害。他的手腕也彷彿不存在：那隻手好像隨時會與身體分家、向外飛出去一樣。這小子有兩個關節，說不定還是殘障。

從那一刻起，在場的球探提到貝克，就不再提他的名字了，只管叫他「怪胎」。另一支球隊的球探還跑到歐文斯面前，低笑著問他怎麼會簽下這個「怪胎」。歐文斯指著保羅．迪波德斯塔說：「我沒有要簽他，是保羅要我簽的。」

而這個「怪胎」，後來稱霸了亞歷桑納新人聯盟。他跟他那隻萬聖節鬼手及時速八十四哩（一三五公里）的速球徹底封鎖對手，對方打者完全不曉得怎麼回事。在那個短短的球季中，「怪胎」一共上場救援投了十八局，三振了三十二名打者，防禦率剛好是一。他還被選為新人聯盟明星隊的終結者。

「怪胎」是迪波德斯塔從電腦選出來的球員中，第一位被球探部簽下的。以後即將會有更多。二〇〇二年的選秀會，將會是比恩在業餘球員身上進行的第一次科學實驗。

他們的人生，就像同一個故事的不同版本

早上十點不到，選秀室裡除了保羅．迪波德斯塔，每個人口中都嚼著菸草。大團菸草在嘴裡咬來咬去，讓每個人的臉都一副猙獰又堅決的模樣。

任何人的名字只要不是兩個音節的，或者不是以母音或爆擦子音結尾的，都會被改掉，以利於這場棒球會談。例如霍普金斯（Ron Hopkins），會被叫成「哈皮」（Hoppy）；皮塔若（Chris Pittaro）成了「皮特」（Pitter），波格（Dick Bogard）變成「波奇」（Bogie）。

他們大都是曾在小聯盟表現傑出的退休內野手，少數幾個還上過大聯盟，只是都短暫得像是沒發生過。波洛尼（John Poloni）一九七七年曾為德州遊騎兵隊投過七局；西斯（Kelly Heath）曾經是皇家隊的候補二壘手，一九八二年曾在大聯盟有過一次打席，因為當時的先發二壘手法蘭克·懷特（Frank White）比賽途中痔瘡發作。有個球探曾打趣說，西斯是史上唯一一位大聯盟生涯得感謝屁眼相助的人。皮塔若曾在底特律老虎隊（Detroit Tigers）與雙城隊擔任過二壘手。一九八五年皮塔若的菜鳥球季時，老虎隊總教練史帕基·安德森（Sparky Andersen）曾公開表示皮塔若「有機會成為史上最偉大的二壘手」。結果完全不是那麼回事。

他們的人生，就好像同一個故事的不同版本。他們是沒有爆炸的炮竹，沒有彈開的彈簧。整個房間裡真正當過大聯盟正規軍的，是一九八〇年曾在運動家隊拿過十六勝的麥特·奇歐（Matt Keough）。他在一九七八年的菜鳥球季，就入選明星對抗賽。大家管他叫麥提（Matty），他是球探群中跟大夥兒最疏離的。他有種氣質，像是靈魂長年都在夏威夷度假，只是偶爾跑來和老夥伴們聊幾句。

二〇〇二年的業餘球員選秀會，對運動家隊的前途影響非常重大。運動家隊一直靠尋找廉價勞工過日子，大聯盟職棒有許多違反自由市場法則的做法，最明顯的就是業餘球員的待遇。球隊在選秀會裡選走業餘球員並完成簽約後，便擁有該球員小聯盟前七年、大聯盟前六年的權利。此外，球隊還有權付給這位球員遠低於身價的薪資。比方說，運動家隊二〇〇〇年只付給他們入選明星賽的投手齊托（Barry Zito）二十萬美元；二〇〇一年二十四萬美元；二〇〇二年五十萬美元，這一年他還是美國聯盟最佳投手，贏得了賽揚獎（Cy Young Award）。這一切，只因運動家隊在一九九九年選秀會選了他。

齊托的大聯盟前三年，等於被運動家隊綁死了，接下來三年他可以申請薪資仲裁，年薪或許可以一躍至幾百萬美元，不過比起他在公開市場可得到的一千至一千五百萬美元年薪，還是少了好幾百萬。一直要到二〇〇七年，也就是他在大聯盟滿六年之後，齊托才能像美國其他公民一樣，拍賣自己的身手給出價最高者。到那個時候，運動家隊當然已經雇不起齊托了。這就是為什麼，在選秀室裡多找幾個齊托如此重要，這樣球團只要付他們等同於奴隸的薪水，就可以得到他們職棒生涯的前幾年。

這一年，是他們最有機會多找幾位齊托的一年。在二〇〇一年，運動家隊三位頂尖的自由球員，都被有錢的球隊挖走。一壘手傑森・吉安比（Jason Giambi）以七年一億兩千萬美元代價，轉戰洋基隊；外野手強尼・戴蒙（Johnny Damon）被紅襪隊以四年三千兩百萬美元挖角過去；終結者投手傑生・伊斯林豪森（Jason Isringhausen）也以四年兩千八百萬美元價碼跳槽聖路易紅雀隊（St. Louis Cardinals）。這三位轉隊球員的新年薪加起來，高達三千三百萬美元，只比運動家隊全隊的總年薪少了五百萬美元。

根據大聯盟規則，這三支搶到他們陣中好手的球隊，都要把自己的首輪選秀權送給運動家隊，運動家隊另外還可獲得三個首輪最末段的「補償」選秀權。加上原本就有的首輪選秀權，運動家隊實際上擁有七個首輪選秀權。自一九六五年選秀制實施以來，從來沒有球隊同時擁有七個首輪選秀權。對於比恩來說，關鍵是如何好好利用這些選秀權。他不想重蹈傅森去年的覆轍，或是重複老棒球人過去三十七年走過的老路。「聽好，」在選秀室會議前，比利．比恩告訴保羅．迪波德斯塔：「我們今年再怎麼亂選，也不會比以前糟！」

球探們已經將北美業餘棒球選手的人數削減到六百八十人，而且名字都黏在小磁鐵條上。接下來，他們有一個星期的時間，進行一連串刪減，把這一堆磁鐵名牌排出某種順序。艾瑞克．庫波塔（Erik Kubota）會從名單中念出球員的名字，然後球探會以不帶感情的冷靜口吻，簡短描述這個球員。接著，看過這位球員打球的人，可能會補充一些資料。然後所有人進行討論，直到大家該說的都說了為止。

一個洗心革面的酒鬼

這個星期的第一天上午，他們先對名單進行淘汰。

由於各種原因，很多業餘球員實在不值得認真考慮。例如，艾瑞克．庫波塔會念：「拉克

（Lark）」。年輕的庫波塔是比恩找來接替傅森的球探部主任，他嚼著一大團菸草，好掩飾他其實是畢業於柏克萊加大的高材生，他在奧克蘭運動家隊的第一個職位，是公關部的實習生。他連高中棒球都沒打過，但在比利．比恩的心中，反而是一大優點——至少，他沒有學到錯誤的經驗。比恩自己打過職棒，卻認為自己如果想把球隊搞好，就得先擺脫自己的經驗。他形容自己，就像個「洗心革面的酒鬼」。

拉克是個快速球投得嚇嚇叫的高中投手。有一位年紀較長的球探最看好他，介紹他時講的話簡直不像英語。「好身體，大手臂。快速球好，滑球過得去，變速球平平，」他說：「有點小毛病，不過都能整理的。我看過他有時候很好，有時候沒那麼好。」

「他有沒有可能去念大學？」庫波塔問。

「他不是讀書的料，」這位資深球探說：「我看他甚至不會考慮念大學。」

「所以這小子是石頭腦袋？」皮塔若問道。皮塔若是北卡羅萊納大學畢業的，與比恩一起替雙城隊效力時，兩人曾經是室友。比恩早就看出皮塔若是從打球中學到東西後，會再認真思考咀嚼的那種人。

「這個嘛……」資深球探思索著要怎麼回答這個問題。棒球選手有可能笨到不適合打棒球，但太聰明可能也不行。「他有可能太聰明了，」隨後的一週內，這句話將會一再出現。

「這小子很有自信。但是……」

「但是什麼？」庫波塔說。

「可能有些……，呃，家庭問題。」老球探說：「我聽說他老爸吃過牢飯。A片之類的。」房間內沒人應聲，似乎都不知道該做何反應。看得出，三十個大男人同時在想：**A片有罪嗎？**

「他到底行不行？」有個人終於問，氣氛馬上撥雲見日。

「我可以想見有一天他會在牛棚裡猛吞阿斯匹靈。」老球探說：「不過這傢伙有管大砲。」老球探已年近五十五歲，不過仍然精瘦而敏捷，彷彿還未完全放棄重返球場的夢想。這位老球探偏好高中球員，而且理直氣壯。

「我擔心他的個性。」有個人說。

「背景資料怎麼說？」另一人問道。

一個年輕人靜靜坐在房內唯一的桌上型電腦前，聞言敲了幾個按鍵。他正在找拉克的心理測驗結果——所有參加大聯盟選秀的新人，都得接受測驗。

「不妙，」他說：「滿分十分。鬥志，一分；領導力，一分；認真度，一分。」他繼續念下去，但不管項目是什麼，這小鬼的得分都是一分。

「靠！」波奇終於按捺不住，「他連一個**兩分**都沒有？」波奇是年紀最大的球探，一九七二年擔任休士頓太空人隊（Houston Astros）球探時，曾替一個球員做心理測驗，他本人相信是棒壇首創，受測者是個叫狄克．魯斯文（Dick Ruthven）的投手（結果他通過了）。

「個性不良。」有人說，沒有人反對。

球探們習慣用幾個形容詞，描述他們要避開的球員特質。「石頭腦袋」顯然不是好事，不過這項缺點還是可以克服。「軟弱」也相當負面，那意味著「身材走樣」與「軟腳蝦」，不過也還不是致命傷。

但「個性不良」，等於宣判死刑。「個性不良」表示「這小孩有我們無法解決的根本問題」。這個形容詞有很多種可能——從坐過牢、酗酒，或是人格嚴重異常，都有可能。每當有球員被宣判「個性不良」時，另一個年輕人就會從一個紙箱裡拿出一塊貼了照片的小磁鐵片，照片是以前運動家隊的職員費爾・米洛（Phil Milo）。米洛曾經是比恩的助理之一，短短的任職期間內，得罪了球團裡幾乎所有人。

我問過保羅・迪波德斯塔，怎麼可能會有一個人同時兼具這麼多項人格異常特質？迪波德斯塔說：「這麼說好了，我被雇用的那一天，米洛跑來跟我打招呼。他開口說的第一句話是：『我得老實跟你說，球隊決定聘用你，我實在不太爽。』」米洛就是那種人。

米洛小照片，漫天飛舞

選秀會議的頭幾天，米洛的小照片就像五彩紙花般滿天飛。若是一段討論結束後，米洛的小照片被貼在某位新秀候選人名字旁，就表示這些棒球人非但不信任這位球員的性格，也對即將花大錢的對象所知有限。

例如輪到一位高中投手時——

「他要去哪兒念大學？」比恩隨口問道。

「他不念大學。」最了解他的球探說。「他是基督徒，爾灣加州大學原本帶他去校園參觀，介紹他認識幾個大學校隊球員，然後他們帶他參加派對，一堆人喝得醉醺醺。這小子氣得掉頭就走，還說：『我不念大學了。』」

「喔，那他很適合職棒圈了，是嗎？」比恩說。

「賞他一個米洛。」庫波塔說。

還有一位大學右投手——

「這傢伙很臭屁。」為這位投手辯護的奇歐說。「他會講一些很跩的屁話，嘲笑你。人緣很差。比賽中途被驅逐出場過幾次。」

「可是沒嗑藥？」庫波塔問。

「沒嗑藥。」奇歐說，然後想了想。「有謠言說他呼過大麻（hash）。」

一位老球探笑了起來：「牛肉馬鈴薯餅（corned beef hash）嗎？」

「我們又沒證據！」奇歐抗議。

「可是無風不起浪呀。」另一位老球探說。

庫波塔抬起頭：「他就是在高中校園賣大麻的那個小子嗎？」

「要命，」奇歐真的火了：「那是三年前的事情了！」

所有人都發出噓聲。「賞他一個米洛！」庫波塔說，吐了口菸草汁。

再來，是一位強打外野手——

「我不確定他肯不肯簽約，他說想去念法學院。」

「法學院？」

「我想是女友給他壓力吧。」

「聽起來，他要追求的是愛情。」

「賞他一個米洛！」

另一位大學左投手——

「這小子沒成績。」一個球探說。

「你是說成績很糟？」另一個問。

「不，我是說沒成績。」第一個球探說。

「在加州州大奇科分校念書怎麼會沒成績？」第二個球探說。

「他根本無心念大學。」第一個球探說，幾近讚賞。「這小子天生就是要打球的。」

「我可不欣賞無心念大學的人。」比恩說：「那可不是件光榮的事。」

「賞他一個米洛！」

當這些球探要挑出「個性不良」的球員，比利・比恩通常不會太介入，保羅・迪波德斯塔也會一言不發。以他們的觀點來說，這些會議的目的，是要把風險降到最低。他們可不能找來一堆不成材的球員，冒險去挑性情上、法律上不適合職棒的球員，並沒有意義。中間有一次，比恩抬頭問：「去年我們找進來後，因為搶銀行又解約的那個兔崽子叫什麼來著？」其他人由於太專注於剔除掉「個性不良」的球員，所以沒有回答，甚至沒工夫去思索這問題。

頭幾天的時間，大部分是用來剔除原始名單中的六百八十人。除了太遷就女朋友、有犯罪前科、有其他個性不良跡象的球員，運動家隊不願浪費時間在某個球員上的因素只有兩個。第一個是年紀，除了少數例外，新任球探部主任庫波塔會立刻把所有高中球員丟進垃圾區，讓一路觀察這些小朋友的年輕球探覺得自己白費力氣。另一個原因，則是他們在選秀室所說的新秀「期待值」。

「他的期待值怎樣？」庫波塔問起一位有潛力的大學投手。

跟他最熟的球探回答：「他老爸說：『四百二十萬美元簽約金，應該是不錯的起步。』」

「把他丟過去！」庫波塔說。他的名字被丟到垃圾區那一堆，球團高層沒有人在乎。

老球探，就像希臘古典戲劇中的合唱隊

新秀篩選進行到第三天尾聲，球探將所有新秀候選人分成兩類：不值得進一步考慮的，以及值得的。第二類約有四百人，依守備位置再進行細分。他們將會按照順序排名——比方說，一百二十位右投手、三十七位捕手、九十四位外野手。不過此時，他們把關注焦點與心態，從「剔除」轉換成「選擇」。比利．比恩已經表明，今年他對投手的興趣並不高。過去幾年他已經養出了不少強投，現在需要的是強棒。在離比恩最近、綽號「大板」的白板上，空著六十個新秀名字的空格。唯一填上的，是第一格：

史威許

尼克．史威許（Nick Swisher），俄亥俄州立大學的中外野手。過去六個月，比恩一直很確定該選史威許，而且知道旗下球探們不會有一絲的不同意。在迪波德斯塔的電腦與老棒球人內心的盤算之間，史威許是極少數獲得兩者共識的人選。他具有球探稱羨的運動天分，還有比恩與迪波德斯塔最看重的統計數字。他已在球場證明他能打擊，有強打能力，他不斷地被對方投手保送上壘。

怪的是，比利．比恩從未親眼看過史威許打球。有幾度他都想飛到美國另一邊去看看這位球員的比賽，不過球探部門卻警告他，如果他親自出馬，「比利．比恩盯上尼克．史威許」馬上會在大聯盟傳開，史威許的身價將水漲船高，運動家隊以手上第一個選秀權（首輪第十六順位）挑中他的機會也將會驟滅。球探們把嚴禁比恩接近史威許的計畫，稱之為「完封行動」。

「完封行動」也有一些意想不到的怪異效果。其中之一，是搞得比恩每次提到史威許，渴望的口氣就像是太久無法見到愛人般。史威許是他未曾謀面、只能拿著照片渴盼的郵購新娘。

「史威許很出風頭，是吧？」比恩說，想多聽聽史威許打球的模樣，以及他到底好不好。

「喔，你很難不注意到他，」一個老球探說。「他打從下了巴士，嘴巴就沒停過。」

「他的背景很有趣，」比恩說。「他老爸打過大聯盟，真不得了，這是對他很有利的籌碼。這種人會成功的。」（史威許的父親史提夫〔Steve Swisher〕曾是芝加哥小熊隊、紅雀隊與教士隊的捕手。）

「他確實很有架式。」一個老球探同意道。

「完封行動有效嗎？」比恩問。

「太有效了，」一名老球探說。「可是白襪隊有個傢伙昨天打電話來說，你一定是迷上了史威許，才會一直沒去看他。」

比恩大笑。「出了這房間，史威許是最高機密。」他說。

話題從史威許身上一轉開，大家的對話就立刻變得爭論不斷。但不會太激烈——因為這些人知道往後還要相處共事。整個談話的氣氛，就好像一家大公司剛打算關掉某條生產線，或是將資源由行銷轉到研發部門會議一樣。儘管如此，爭辯主要分成兩方，各有一些基本立場上的差異。這兩方，一邊是老球探，另一邊是比利．比恩。老球探就像希臘古典戲劇中的合唱隊，他們的工作就是不斷複誦著棒球的永恆。而這樣的永恆，正給了比恩獲利的機會——而他的獲利方式就是：完全置之不理。

老球探們所喜愛的球員，一個個被比恩拿出來挑毛病。他第一次這麼做時，就被一個老球探出言抗議。

「這小子可是位優秀運動員，」那老球探說。「他優點太多了。」

「他打擊不行。」比恩說。

「但也沒多差。」老球探說。

「是嗎？他連對方投手要投快速球時，都不知道該怎麼辦……」比恩說。

「他是全能型的。」老球探繼續挺。

老球探們是一群退休棒球員組成的嚴密組織，他們通常不善於爭辯，而是善於附和的。但老球探說完後左看右看，居然沒有人願意幫腔。

「可是他打擊很好嗎？」比恩問道。

「他能打。」老球探說，口氣已經沒什麼說服力。

保羅．迪波德斯塔查閱這位球員大學時代的打擊統計數字，結果清楚顯示，他缺乏長打和被保送的能力。

「我唯一的問題是，」比恩說：「如果他是個不錯的打者，為什麼打不出好成績？」

「揮棒需要調整一下，必須對他進行改造。不過，他真的能打。」

「職棒不是重新改造球員的地方。」比恩說。

當年無法成為大聯盟球星的人，無論原因是什麼，他們看年輕人時，就會想像這小子以後能不能成為大聯盟巨星，但這正是比恩要革除的習慣。他自己就曾是老球員幻想的對象，他知道那些夢一點也不值錢。一次又一次，老球探說「這小子身材很棒」或是「這傢伙大概是整個選秀會中身材最棒的」，每回有人這麼說，比恩就會回說「我們又不是賣牛仔褲的」來堵住球探的嘴，然後將深受球探喜愛、吹捧上天的球員名字，一再列入他的垃圾區。

就這樣，球探們評價很高的球員，一個個從白板上消失，最後連一個都不剩。問題來了，擁有首輪七個選秀權的運動家隊，如果不挑球探中意的球員，那到底要挑誰？

比恩把另一個名字丟進垃圾區後，在白板加上一個名字，答案開始浮現。

提亨

老球探們往後靠在椅子上，手裡拿著吐菸草汁的小杯子。保羅・迪波德斯塔向前湊近筆記型電腦，靜靜地從大學網站挖出統計資料。球探部主任艾瑞克・庫波塔手上則拿著全美業餘棒球員排名表。他翻了很多頁，找了幾百個名字後，終於找到提亨。「跟我們說說提亨吧。」比恩說。

庫波塔表示，提亨（Mark Teahen）是聖瑪莉大學校隊三壘手，該校所在的小城莫拉加（Moraga）就在奧克蘭附近。「提亨，」艾瑞克・庫波塔說：「一九〇公分，九十五公斤，左打右投，打擊策略很好。目前長打率平平，是我們喜歡的那型，投手要花很多球才能解決他。」

「為什麼我們從沒談過這個人？」老球探問道。

「因為我們的球探沒評估過他，」庫波塔說。「他是安打型選手，全壘打不多。」

「長打力是可以慢慢學習的。」比恩很快接著說。「優秀打者會發展出長打能力，但巨砲打者就不會變成安打率高的優秀打者。」

「你要他守三壘還是游擊？」另一位老球探像檢察官引導證人似地追問。

「我們先不要去想守備位置，只問：誰是最好的打擊者？」比恩說。

迪波德斯塔的目光從電腦螢幕前抬起。「提亨：四成九三上壘率，六成二四長打率。一百九十四次打數，三十次四壞，只被三振十七次。」看不出運動家隊的球探怎麼看待這些統計數字，其他球隊的球探一定會說：誰鳥這些統計數字？那是大學棒球賽，你得仔細觀察球員，想像他未來可能會變成什麼模樣。

所有人一言不發地盯著提亨的名字大概有三十秒。庫波塔說：「我真不想這麼說，但如果要談誰會是吉安比第二，我認為就是這傢伙。」吉安比是天生打擊好手，在運動家隊選進他之後，才逐漸發展出長打能力。當初球探們嫌他不會跑壘、不會傳球、不會防守、缺乏長打能力而強烈反對，但運動家隊還是在第二輪選了他——這位二〇〇〇年美國聯盟最有價值球員。

接下來又是一陣沉默。幾十年的老球探，功力被貶得一文不值。「我很不想潑冷水，」一位球探終於開口說：「不過我一整年聽都沒聽過提亨這個名字，也沒聽其他球隊提起過他。我一整年在球團裡沒聽過他的名字，並不是因為這傢伙是**五十五**，我們太喜歡了才要對外保密。」球探習慣以數字評價球員，這些數字是他們用來讓自己的工作看起來更精準的小伎倆。被稱為**五十五**的球員，代表他們認為將來會成為大聯盟的正規軍。

「那你比較喜歡誰？」比恩問。

老球探將身體靠向椅背，雙臂交抱在胸前。他說：「裴瑞（Perry）怎樣？他揮棒情況好的話，真是令人印象深刻。但還是有些要加強的，得稍微修正他一下。」

「球員是無法改變的，」比恩說。「他們就是這個樣子。」

「那只不過是我的意見。」老球探說，手臂又交抱在胸前。

提亨的名字確定填入白板高處的一個格子內後，比利．比恩又拿出奇異筆，在上面寫了另一個名字。

布朗

坐在比恩對面的四位球探不是皺臉，就是笑了出來。布朗？布朗？比利一定是在開玩笑。

「我們來談談傑瑞米．布朗（Jeremy Brown）吧。」比恩說。

在球探心中，比恩剛談完那個沒人聽過的提亨，現在又提起另一個沒人聽過的布朗，不僅不合常理，簡直是荒謬透了。布朗勉強擠上球探有興趣名單的最後一頁，但基本上都認為他是墊底候選人，未來最多只能混到低階小聯盟。他是阿拉巴馬大學棒球隊的大四捕手。這群老球探中只有三人看過他，沒有人認為他能接近大聯盟，差太遠了。在這三個人的心目中，至少有一千個球員比布朗還好。

「傑瑞米．布朗是個身材不好的捕手。」三人中話最多的球探說。

「他的紀錄只能在阿拉巴馬大學校史上稱霸。」皮塔若說。

「他是大學棒球東南聯盟史上，唯一擁有三百支安打跟兩百次保送紀錄的球員。」迪波德斯塔看了電腦抬頭說。

真正有趣的，其實是迪波德斯塔沒說出來的部分。整個大聯盟裡，沒人關心大學球員被四壞保送的頻率，但迪波德斯塔對這一點的關心程度，卻壓倒其他一切。他沒解釋為什麼四壞保送很重要，沒解釋自己研究過以往哪些業餘打者上了大聯盟、哪些沒有，以及為什麼。他沒解釋棒球員身上的幾項重要特質，並不是每項都同等重要。奔跑速度、防守能力，甚至打擊的長程火力，往往被高估得離譜了。此外，選球能力其實是未來能否成功的最大指標，而四壞保送的次數，就是球員是否懂得選球的最佳指標。

迪波德斯塔也沒說，如果一個球員在大學打球時有選球眼，上了職棒後很可能繼續保持。他沒解釋選球能力可能是教不來的，而是一種與生俱來的特質，那些習慣亂揮大棒的業餘球員，升上職棒後未必能學會選球。迪波德斯塔也沒提起，他從其他統計數字中所得到的領悟，可以用來精確評估一個打者的攻擊能力，比方上壘率的重要性壓倒一切、平均每打席所消耗的投球數具有重大的意義。他沒有強調從大規模資料所歸納出來的推論，比小規模資料更重要。

他什麼都沒解釋，因為比利．比恩不要他解釋。比恩老是對迪波德斯塔說，去跟老棒球人解釋或然率理論，只會讓他們更糊塗而已。

「這小子穿的內褲很大件。」一個老球探說。這是兩天來，這位球探第一次開口講話。一時之間，他似乎很享受大型會議中眾人難得將注意力轉到沉默的自己身上。房間中的其他人原先一定認為，如果這傢伙肯破例開口，那一定是因為有驚天動地的重要事情非說不可。結果並沒有。

「好吧。」比恩說。

「身體太軟了，」話最多的那名老球探說。「渾身肉嘟嘟的。」

「喔，你是指像貝比·魯斯？」比恩說。大家都笑了，坐在比恩兩邊的人，笑得比坐在對面的那些老球探更開心。

「不曉得耶，」這位球探說。「不過這種身材，體能應該不太好。」

「有時候體能差也不成問題。」比恩說。

「是沒錯，」這位球探又說。「不過這傢伙體能差，是因為他走路時，兩條大腿會黏在一起。」

「我再重複一次：我們不是賣牛仔褲的。」比恩說。

「很好，」球探說：「因為要是叫他穿燈芯絨，他可能會著火。」

這種球員，怎麼會有人肯要？

比恩抓起布朗的黃色名牌，慢慢走向貼著「前六十」好手名字的大白板。球探們紛紛挪動身子，朝小杯子裡吐菸草汁。權威的球探雜誌《棒球美國》（*Baseball America*）剛發行的二〇〇二年選秀專刊上，列有全美排名前二十五的業餘捕手，布朗榜上無名。《棒球美國》雜誌多少是在表示，布朗選秀會有人要，就得謝天謝地了。而比利·比恩卻將布朗保送進入選秀會前五輪。

「比利，他真的該放在那裡嗎？」那個老球探哀怨地問道。「去年他在第十九輪被選中，今年不退步就該偷笑了。」前一年，紅襪隊選走布朗，不過布朗最後婉拒紅襪隊開出的小兒科簽約金，決定回阿拉巴馬大學念完大四。現在看來，這似乎是個明智的決定。

其他老球探也都抱著同樣的懷疑。其中一個胖胖的老球探曾被比恩指派前往阿拉巴馬大學觀察，回來後打電話給比恩說，他實在無法推薦布朗，就這樣。光在北美就有一千五百位更佳人選，勝過這位身材走樣的捕手。跟其他球探一樣，這位胖球探對於布朗最深的印象是很胖，而且愈來愈胖。他另一個印象是布朗除了打擊尚可，其他方面都不太行。「他蹲捕時機動性不行，」胖球探這會兒說。「他的傳球都是彈弓球。」這指的是捕手從本壘傳至二壘時，往往不夠筆直，尾勁會偏向右側。

比恩朝大白板走了一步，將布朗的名牌貼上白板第二欄的最上方，也就是第十七格，然後說：「好吧，就這樣決定。」布朗現在已高居選秀會第二輪頭，甚至第一輪尾。如果球探有辦法倒抽一口氣的話，這些人都會這麼做。不過，眼前他們只能把菸草渣吐進杯中。就在那一刻，球探們終於體會到，比恩為了推行他認為合理又客觀的棒球觀念，一切在所不惜的決心。

「不要這樣嘛，比利。」話很多的那位球探說。

「找個有打擊能力的捕手——選秀會裡沒有其他能打擊的捕手，」比恩說。「這小子能打擊。」

庫波塔望著長桌子對面說：「這小子大四，有很顯赫的歷史。」

球探們不明白歷史有什麼重要的。在他們看來，業餘球員還沒蛻變前的「歷史」，其實意義不大。

「拜託，」庫波塔說：「你們全都跟身材不怎麼樣的好球員共事過嘛。」

「沒錯，」比恩說：「我就跟皮特一起打過球。」大家都笑了，連皮塔若自己都笑了。「布朗的另一個特點是，」比恩說：「他拚命賺四壞保送。」

「他的被四壞保送率是全國最高的。」迪波德斯塔說。保送！

「他最好是被保送，因為他跑不快。」一個球探說。

「那種身材，比利，」話最多的那名老球探說：「實在沒天賦。」現在的口氣是在請求了。

「他大腿很粗，」胖球探邊吃特大號巧克力餅乾邊說。「大屁股，臀部肉很多。」

「他的身材一年比一年糟、愈來愈糟、愈來愈糟！」第三個球探說。

「可是他能打擊嗎？」比恩問道。

「想聽更多嗎？」迪波德斯塔盯著電腦螢幕上的阿拉巴馬大學網站說。「過去兩年，三百九十個打數，九十八次四壞，三十八次三振。這種數字比任何小聯盟球員都好。喔對了，還有二十一支『大支的』。」「大支的」，是全壘打的意思，跟「紅不讓」、「巨彈」一樣。棒球人要表達對一件事物的喜愛，就會想出很多不同的說法。

忙著吃巧克力餅乾的胖球探抬起頭來，試圖表達出他有多麼不在乎這些數字。「嗯……」他說，刻意把平常慢吞吞的口氣拖得更嚴重，「我一定是嚴重低估了布朗的打擊能力。」

「我就是看不出他有潛力。」話很多的那名球探說。

「那不打緊，」比恩說：「我們會綜合大家的看法，不過，可不能被眼睛看到的東西蒙蔽。」

這次的辯論重點其實不是傑瑞米．布朗，而是要如何找出有潛力上大聯盟的球員。在球探眼中，想找到這樣的球員，就得開車奔馳過六萬哩、住過上百家爛汽車旅館、在平價連鎖餐廳丹尼氏（Denny's）吃過天曉得多少頓，才能在四個月內密集看完兩百場高中與大學棒球賽，其中有一百九十九場是完全浪費時間。你大部分的價值，源自於你成為職業老球探圈子的一員，另一小部分則是來自兩百場比賽的其中一場，當你走進球場，坐在本壘板正後方第四排的鋁製座椅，突然看到了其他人未曾看過的——或至少沒有人領悟出其中意義。

「只要看過一次，就夠了，」庫波塔說：「這是球探界深信不疑的看法。」而只要你看到了，你就會曉得其中意義：你找到可以讓你成名的那個孩子了。

不是決策，而是學習新的決策

對於去哪裡尋找未來的大聯盟球員，比利．比恩有獨到的看法：在保羅．迪波德斯塔的電腦裡。他曾經想過，乾脆把所有球探都炒魷魚，選秀時就直接從保羅的電腦裡挑新人。網際網路上幾乎可以找到全國所有大學球員的攻守統計數字，而保羅很清楚要怎麼找。雖然保羅的筆記型電腦上端沒有一個紅色小警鈴，只要某位大學球員上壘率超過四成五，就會自動旋轉作響，不過也差不多了。依保羅的看法，那是大學球員最棒之處——他們的統計數字特別有意義。比起高中球員，大學球員比賽場次更多，競爭更激烈。相關統計數字的樣本規模愈大，就愈能真確反映事實真相。你評估大學球員的未來潛力，會比評估高中球員更為精準可靠。統計數字讓你避開球探眼見為憑的各種偏見：不喜歡身材矮小的右投手，不相信上壘率高的瘦小型選手，以及討厭胖捕手。

這就是衝突的來源。比恩、迪波德斯塔，外加庫波塔與皮塔若，他們所重視的，不是一個年輕球員「現在」的模樣，或是「未來」可能會變成怎樣，而是**過去做過什麼**。對於完全不懂職業棒球的人，這聽起來好像是非常基本的事；但在棒球人眼裡，這卻像是異端邪說。球探們甚至為比恩與迪波德斯塔的做法取了個名字——表現評估法。在球探圈子裡，表現評估法是一種侮辱，它牴觸了傳統棒球人的看法：評估年輕球員要看球探對於他未來發展的想像。表現評估法卻認為，所有關於球員的重要特質，甚至包括性格，都能從統計數字中找到答案。

比利．比恩一說出「不能被眼睛看到的東西蒙蔽」後，大家都不知道該說什麼才好了。所有球探的眼睛都盯著傑瑞米．布朗的名牌。也許那一刻，他們全都明白，**他們來開會不是要做決策的，而是要來學習新的決策方式**。

「今年我們採用的，是最先進的方式。」庫波塔說，他的任務愈來愈清楚：充當比恩與老球探之間的橋梁，調解雙方的意見。「五年之後，大家可能都會採用這個方法。」

「希望不會。」迪波德斯塔說。但他的意思，顯然跟其他老球探所想的不一樣。

「波奇，」庫波塔對著長桌另一端最年長、最有權威的球探波格說：「你覺得這個方法合理嗎？」庫波塔很崇拜波格，不過他從來沒有當面說出。從未打過棒球的庫波塔當初宣布他要離開運動家隊廣告部門，進入核心的棒球部門時，波格不但沒嘲笑他，還鼓勵他。庫波塔稱波格是「我的棒球父親」。

波格不僅是最年長的球探，也是曾為最多球隊服務過的球探。在球探圈裡，他可以說是一本活字典。儘管年歲已高，也或許正因為如此，當老東西將被淘汰時，他總是知道的。

「喔，絕對合理，」波格指指迪波德斯塔的電腦說。「這是個新局面。幾年前我們沒有這些現成的統計數字可以查，只好相信自己的眼睛。」

「幾年前要簽下這些新秀，只要花十萬美元。」庫波塔說。

其他老球探無動於衷。「嗯，」庫波塔說：「以後大家會指著我跟皮特說：『你們在搞什麼東西？怎麼會用第一輪選秀權選來布朗？』」

沒有人吭聲。

「最難的是，」比恩說：「要把這件事做得正確，需要某種自尊，或是要拋棄某些自尊。你用那麼優先的選秀權去選個沒人喜歡的球員，心裡多少會不舒服。不過老實說，誰鳥哪個球員是在第幾輪被選中的？還記得齊托嗎？當初我們在首輪第九順位選了齊托，大家都說我們瘋了。我們早就知道，大家一定會這麼說，可是才過他媽的一個月，顯然我們就讓大家都閉嘴了，現在這事情壓根兒沒人記得了。所以請了解一點，**只要我們停止揣測其他人怎麼看，事情就可以做得更好。**」

「傑瑞米．布朗不是齊托。」一個球探說。但其實就是。這個房間裡很多人都忘了，當初球探部並不想選齊托，因為他的快速球時速只有八十八哩（一四二公里）。他們偏愛球速驚人的班．席茲（Ben Sheets）。「是比利要我們選齊托的。」波格後來坦承。

「我問你，」比利．比恩說：「如果布朗穿上球衣後，看起來像麥祖斯基一樣帥[3]，你會把他的名字擺在這面白板的哪裡？」

球探們假裝在思考這個問題。沒有人吭聲，所以皮塔若代替大家回答：「會把他擺在第一欄。」也就是選秀會第一輪。

「你們真以為我們是在賣牛仔褲，對吧？」比利．比恩說，隨著這句熟悉又讓人受不了的話，他結束了這場辯論。他把布朗的名牌從大白板第二欄的最上端，移至第一欄的最下端，選秀順位從第十七上升至第十五。傑瑞米．布朗，他的名字沒登上《棒球美國》全國前二十五大業餘捕手名單，認真的球探相信他根本不該打職棒，但現在，他成為運動家隊選秀會第一輪的目標。

「既然談到布朗，」迪波德斯塔說（事實上，在場的球探們根本不想談布朗），「這裡有幾個我想討論的打者名單。這些球員有共通的特質，這八位球員我們要定了，一個也不想漏掉。」他接著念出名單：

傑瑞米・布朗
約翰・貝克（John Baker）
夏恩・拉金（Shaun Larkin）
布蘭特・科拉馬里諾（Brant Colamarino）
史提芬・史坦利（Stephen Stanley）
馬克・奇格（Mark Kiger）
約翰・麥可迪（John McCurdy）
布萊恩・史塔維斯基（Brian Stavisky）

八個都是大學球員。其中大部分是球探們沒特別感興趣的，少數是根本沒什麼印象。一個年輕人起身把這八人的名牌貼上白板。迪波德斯塔趕緊為他們排序，動作之快就像個不小心讓葡萄酒濺出酒杯的晚宴客人，想趁主人沒注意時趕緊清乾淨。等他排序完畢，白板就成了一個深知內幕的玩家眼中的市場。

就這樣，「政變」大功告成。迪波德斯塔的那份打者名單中，顯然沒有球探們來回奔波所找到的球員。他們是迪波德斯塔上網找來的，有些名字老球探根本沒印象。評估年輕棒球員這檔事，已經從老棒球人手中被拿走，轉交到另一批人手中，這批新人擁有比恩最看重（而他自己卻缺少）的特質：棒球以外的資歷與專長。

「這些人的上壘率很不錯哩。」比利・比恩說。沒有人再吭聲，整個房間一片肅靜。

「板子最上方有三個球員，是沒人聽過的。」皮塔若終於說，口氣中沒有什麼驕傲的成分。

「棒球界裡，沒有其他球隊的白板是這個樣子的。」波格也贊同。

在選秀室裡，波格擁有他人沒有的獨特價值：客觀的豐富經驗。他在棒壇打滾已接近半個世紀。如果你問他的話，很多事（說不定是所有事）他寧可忘掉。其中一件事發生在一九八〇年，聖地牙哥的一場高中球賽。

那一年，大都會隊以選秀會首輪第一順位指名要戴若．史卓貝瑞。但那一年，還有另一位能讓球探們心生種種幻想、足以與史卓貝瑞匹敵的高中球員。當時，波格代表休士頓太空人隊去看這位球員，他擁有絕佳的身材、腳程、臂力，不錯的棒球本能，以及把球轟個老遠的長打能力。更棒的是，他的心理測驗分數比當年其他新秀都高。波格於是打電話向太空人隊回報，告訴球團他找到了一位比戴若．史卓貝瑞更棒的人選：比利．比恩。

運動家隊選秀的這面白板上，哪位球員最像當年的比利．比恩？在被問到這個問題時，波格說：「狗屎，老兄。沒有比利．比恩，這個板子上沒有。」問他為什麼，他說：「比利是那種可以讓你做夢的天生好手。」然後讓你自己去領悟：如今身為總經理的比利．比恩，正在有計畫地刪除掉那些「可以讓你做夢的」新秀。可是在被追問到那些依然難忘的夢想，後來怎麼樣了？波格欲言又止，他望向年紀漸長的比利．比恩，兩人目光交會。

「夠了！」比恩說，假裝沒聽到剛剛那段話。波格只是微笑，聳聳肩，再也沒開口。

| 第3章 |

我不要打球了，我要當球探

一個晚了十年的人生領悟

對他，大都會隊充滿期待。他們想在道奇球場舉辦一場盛大的記者會，宣布將他正式簽下來的消息。

但比利．比恩要求他們不要這麼做。他對於任何形式的儀式，都充滿類似幽閉恐懼症的不安。記者會就是一種儀式，只會讓他覺得受困。何況，他不想對進入職棒這件事小題大作。這決定沒什麼值得慶祝的，只是個讓他隱隱感到不安的事實。

然而，大都會隊沒認真去想比恩低調的原因，背後是否有什麼意涵。他們深信比起戴若．史卓貝瑞，比利．比恩更有進入職棒的準備，於是將史卓貝瑞和其他高中球員送到低階的菜鳥聯盟球隊，而把比利．比恩跟其他大學球員送到位於紐約小瀑布市（Little Falls）的高階菜鳥聯盟球隊。

位於紐約州的小瀑布市，離比恩的故鄉加州聖地牙哥，真是遠到不能再遠。比起以前一起打球的高中球員，他的新隊友簡直是不同的人種。現在的隊友不但背上毛髮濃密，肚子還有些肥肉。他們比賽前抽菸，比賽後喝酒。有的人已經娶老婆。所有的投手都會投滑球。

他可以說服一隻狗，放棄嘴上的肉

大都會隊賭的是，比起史卓貝瑞，比利．比恩更能處理壓力與無可避免——與年長許多的球員對抗時一定會碰上——的挫折感。大都會隊的球探部主任楊沃德，就滿心以為比恩會遙遙領先史卓貝瑞，更早衝出小聯盟，躋身大聯盟。

然而，大都會隊球探部門嚴重錯估了比恩的本性，也注定了他的失敗。比恩最無能處理的，就是失敗。打完高階菜鳥球隊第一個短暫的球季後，面對紀錄表上自己區區兩成一的打擊率，他完全不知該如何是好。他無法想像，也不知該如何面對不再成功的自己。球季結束後，比恩回到老家，去聖地牙哥加州大學註冊上課，忘掉自己是職業棒球選手。直到次年三月春訓開始前，他都沒有再拿起球棒或手套。這應該是個不祥之兆，可惜沒有人留意。

第二年，他的表現進步很多——畢竟，他是比利．比恩——因此到了一九八二年夏天，他升到了大都會隊位於密西西比州傑克生市（Jackson）的二A球隊。比恩守左外野，史卓貝瑞守右外野，而且全隊一起追女人。對於大多數隊員來說，這是他們生平第一次接觸到美國南方女性，她們擁有讓男人無法抵擋的女性魅力。口紅，美美的頭髮，溫柔體貼！

棒球只是遊戲，追馬子才是正事，比恩不用嘗試，就已注定會成功。比恩就是會說話，他的老隊友里奇阿迪（J. P. Ricciardi）曾說他「可以說服一隻狗放棄嘴上的肉」。比恩當時老是跟另一個隊友史普林格（Steve Springer）說：剛認識女生時，絕對不要一開口就說自己是職棒球員——因為這對女生不公平，你得給對方一個拒絕你的機會。比恩讓女生拒絕他的方式，就是宣稱自己的職業是收拾當地高速公路上被撞死的動物屍體。

史普林格並沒有比恩那種罩得住女人的天賦，他認為自己非得搬出「大都會隊」才有機會，這也因此讓他悲慘的小聯盟生涯留下了一刻難忘的回憶。那回他們準備離開一家速食店，身後突然有兩個美女以一口迷人的南方口音問道：「你們是洋基隊的嗎？」史普林格轉過身回答：「不，我們是大都會隊的。」

想太多，反而害了自己

球場外的比恩還是比恩；但場內的比恩，卻開始崩潰。

身為一個心理矛盾的小聯盟球員就已經夠糟了，更糟的是他害怕失敗，還被迫每天下午都要跟戴若・史卓貝瑞比較。「大家會看著比利與戴若，想像他們還沒發揮出來的無窮潛力，」當時隊上的王牌投手畢提格（Jeff Bittiger）回憶，「他們不但應該上大聯盟，還應該成為大聯盟明星球員。」那一年結束時，史卓貝瑞獲選為德州聯盟最有價值球員，而比恩的打擊率只有二成二。他們兩個通常打第三棒與第四棒，比恩守外野時老是想著史卓貝瑞的英雄成就，以及自己的失敗。「那一年，我開始認真懷疑，自己進職棒的決定是否正確。」比恩說。

史卓貝瑞對比利．比恩形成了一種困擾，雷尼．戴克斯卓（Lenny Dykstra）則是另一個困擾，說不定還更嚴重。從一九八四年起，有將近兩年，比恩與戴克斯卓一起在小聯盟守外野，同時也是室友。一九八四年春天，兩人同時受邀參加大都會隊的大聯盟春訓營。當時，史卓貝瑞已經是大都會隊固定先發的右外野手，小聯盟裡盛傳比恩可望取代大都會隊左外野手喬治．佛斯特（George Foster），而戴克斯卓則將取代穆奇．威爾森鎮守中外野。戴克斯卓認為，自己與比恩是在跑道上並肩向前的好哥兒們，不過比恩卻感覺到兩人之間的根本差異。在體格上，兩人根本不是同一國的。戴克斯卓的塊頭大概只有比恩的一半，棒球天分也只有比恩的零頭——這也是大都會隊一直到選秀會第十三輪才選他的原因。

但在心理層面上，雷尼．戴克斯卓就比較優越了。這說起來有些奇怪，因為他並不是大家口中那種「不斷學習型」的球員。比恩記得有一次跟戴克斯卓坐在大都會隊的球員休息區，看著對方投手熱身，「雷尼說：『站在投手丘那個大笨驢是誰？』我說：『雷尼，你在開玩笑吧？那是史提夫．卡爾頓（Steve Carlton），搞不好會是棒球史上最偉大的左投手。』雷尼說：『喔對了！我知道！』他安靜了一分鐘又說：『那，他有什麼厲害的？』我說：『雷尼，不要鬧了。史提夫．卡爾頓耶！他的快速球驚人，還有可能是有史以來最刁鑽的滑球。』雷尼坐在那裡又看了一會兒，好像在消化這些訊息。最後他只是說：『狗屎，我要把他打爆！』我心想：投手丘上的那個傢伙，是登上雜誌封面人物的大明星，雷尼唯一能想到的，卻是要把他打爆。」

對比恩而言，戴克斯卓的特質很清楚：他不會想太多而害了自己。就某些層面來說，打職業棒球所需要的體能天賦，不如心理天賦來得重要。只有神經超大條的選手，才能滿懷信心，去面對瞄準自己頭部附近的一百哩速球。「雷尼的情緒與個性，天生就適合打棒球。」比利．比恩說。「**他可以轉頭就忘記挫敗，卻能從每次成功中吸取力量。他對失敗毫無概念，也從不在乎面子問題，我則是剛好相反。**」

與戴克斯卓住在一起愈久，比恩愈懷疑自己能否成為大家口中注定成功的職棒球星。他開始暗自盤算，要如何分散自己的生涯風險。他告訴隊友，他可能放棄棒球，回到大學改打美式足球。他又說自己可能從政，人人都說他有這方面的天分。有些晚上他會專心讀書——這在小聯盟球員裡面是很罕見的——彌補錯過的正式教育。戴克斯卓回到家，常會看到比恩蜷曲著身體，坐在椅子上讀書。「他會看著我，」比恩回憶，「然後說：『大哥，你不應該這樣，那會搞壞你的眼睛！』戴克斯卓很清楚：我可不幹任何會破壞我晉級大聯盟的事，包括學習。」或許更準確的說法是，第十三輪才有人要的戴克斯卓，從來沒有懷疑過自己，他不但要打進大聯盟，還要成為大明星。「我開始明白，真正的棒球選手該是什麼樣。」比恩說：「我看得出自己並不是，雷尼才是。」

這個想法，也導致了另一個想法：**我並不確定自己喜歡眼前的處境**。比恩在一九八四年大聯盟春訓營第一波淘汰時就被刷下來，被送回小聯盟，在此之前，大都會隊總教練戴維．強森（Davey Johnson）當面告訴比恩，他不認為他真的想打棒球。「我不認為那是批評，」比恩說：「我覺得他說得沒錯，我很想回去念大學。當時有一半的心思都不在球場上了。」

原來，他一直偽裝著眾人指定演出的角色

但他在球場內的那一半，還是繼續留下。他沒有放棄棒球。在自己的內心恐懼與他人夢想的激勵之下，他努力在小聯盟往上爬。隨著時間一天天過去，真正的比恩與別人想像中的比恩差距愈來愈大。很多人看了比恩打球後，感想與第一年在小瀑布市與比恩同隊的里奇阿迪一樣。「他天生的身體條件太好了，我一直以為他能克服各種困難。」里奇阿迪說。「我還記得打完第一個球季回家後跟朋友說，『我有一個很棒的隊友，你沒親眼看到一定無法相信，他真是與眾不同！』」隊友們看到比恩，彷彿看到大都會隊的光明未來。球探看到他，就好像看到寶一樣：水管（臂力）、跑胎（腳程）、身體，還有那張帥臉。

聰明的比恩，一直偽裝出眾人指定他演出的角色，也就是：一個有前途的年輕球員。「即便陷

入低潮，比恩看起來從不糟糕。」當年簽下他的球探楊沃德回憶。「他是我同隊過最有天分的球員。」順利在大聯盟老虎隊站穩腳步、之後在雙城隊拿過世界冠軍的皮塔若說。

「他有能力在比賽中，做出九五％的大聯盟球員練習時都做不出來的動作，因為那些球員的身體素質不夠。十五年前的比賽細節，我大都忘記了，不過卻還記得比恩幾次美技。一九八七年我們在阿布奎基市（Albuquerque）一起打三A，當時比恩在右外野秀了這一手好球：他一路奔跑穿過牛棚的投手丘接到球後，精準將球傳回本壘，把跑者刺殺出局。我記得，當時看得目瞪口呆，第一，我訝異他居然接得到這一球。其次，他全速跑上投手丘又下來，步伐一點也沒停頓。第三，他居然想得到要把球傳回本壘。速度、平衡感、處變不驚，我想那位衝回本壘的跑者，看到球在捕手的球套裡等著他時，一定比誰都驚訝。」

比利．比恩能跑、能傳球、能接球，而且在場上冷靜沉著。他的腦筋快、魅力十足，善於觀察別人，但未必擅長自我剖析。他有一種讓半徑五十哩以內的所有人都看不穿的「氣勢」，比真正的超級巨星看起來更像超級巨星，很自然就成為年輕球員間的領導者。但是，比恩有一個明顯的弱點：打擊。或者該說，他那「時好時壞」的打擊。

當他打不好時，就會變得很抓狂。「比利總認為自己永遠不該出局。」皮塔若說：「救援投手總是從牛棚跑出來看比利打擊，只為了看他被三振出局時會做什麼。」被比恩砸牆壁打爛的球棒，多到隊友都數不清了。有一次他還砸爛了球員休息室的馬桶；另一次更離譜，他在塔科馬市（Tacoma）三A比賽中，抓狂地衝進看台追打一位觀眾，讓那些自以為坐在觀眾席相當安全、不斷挑釁叫囂的球迷知道，最好不要跟球員動手打架。比恩每次一站上打擊區，整個人就開始被不斷高漲的怒氣沖昏頭，然後四處找對象發洩滿腔怒火。「他沒有棒球人應有的心理狀態。」畢提格說。「他比較像是籃球或美式足球員。不管做任何事，情緒總是深深影響他。一、兩次打擊不如意，接下來的打擊就跟著完了。」

不過，即便在幾秒鐘內就可以令他抓狂的打擊區裡，比恩還是有過人的成就。一九八三年，為了克服面對右投手起伏不定的打擊率，比恩決定左右開弓。你見過有誰的棒球生涯是到了二A，才頭一次嘗試換手打擊嗎？但在那個二A球季中途，面對許多大聯盟水準的強投，他的左打打擊率居然高達三成。不過接下來就陷入低潮，也失去了勇氣，他又改回只以右手打擊。

為了避免出糗，只好縮小揮棒幅度……

一九八四年球季進入尾聲的最後幾個星期，比恩與戴克斯卓雙雙被叫上大聯盟。比恩從傑瑞·庫斯曼（Jerry Koosman）手中敲出生平第一支大聯盟安打，但隨即在一壘被牽制出局。這事情有點滑稽，也有點感傷。正當情勢看似對他有利時，卻又立刻倒轉過來，搶走剛剛送給他的恩賜。一九八五年後期，戴克斯卓正式升上大聯盟，從此成為固定一員，此時史卓貝瑞已經為球隊轟出超過七十支全壘打。戴克斯卓守中外野，史卓貝瑞守右外野，比恩則是那個永遠沒機會實現的左外野明日之星。次年，戴克斯卓在國家聯盟冠軍賽與世界大賽中，分別擊出關鍵全壘打，後來出了書，並且在書中坦承，應該變成大聯盟球星的是比恩，不是他（戴克斯卓不讀書，他只寫書）。

大都會隊沒把比恩長期拉上大聯盟，而是將他交易至雙城隊。一九八六年，雙城隊的新總教練雷．米勒（Ray Miller）宣布，比恩將是雙城隊先發左外野手。雖然那年春訓時比恩受傷，不過當他傷癒歸隊後，馬上成為固定先發左外野手，而非替補，這是他大聯盟生涯頭一遭。那一天，雙城隊正在洋基主場作客，面對洋基隊先發投手古德瑞（Ron Guidry），比恩五次打擊打出五支安打，包括一支全壘打。接下來連續兩個晚上，他打擊都繳白卷，就此被雙城隊從先發名單除名——結果成了永遠的除名。比恩可以理解——至少他嘴巴上這麼說，當時球隊一直吃敗仗，米勒教頭剛掌兵符沒多久，在強大壓力下只能放棄新人，重用老將。

接下來的三個半球季，比恩待過雙城隊、老虎隊，最後是運動家隊，一直在三A與大聯盟間上上下下。在打擊區裡，比恩費勁地調整，不過不太是為了追求成功，主要是避免出糗。為了減少被三振，他縮小揮棒幅度，全壘打機會大減，至少可以打得到球。他也會彎著身、拱起背打球，讓自己體型小上兩號。他的三振或許因此減少，但也犧牲了天生的長打火力。在某個角度來看，職棒打到第八年的比恩，打擊能力比自己十七歲時還要弱。

至少，在事關球賽輸贏時是如此。但如果和輸贏無關，這時他就不會想太多，也就什麼都有可能發生。比恩短暫效力老虎隊一個月的期間，有一天休兵的下午，總教練比爾．拉喬（Bill Lajoie）要他來老虎隊球場。拉喬當天找來幾個替補球員，要幫一位名叫華特．特瑞爾（Walt Terrell）的投手進行復出準備。之前一直名列傷兵的特瑞爾，即將重返先發投手行列。在復出前，投手教練希望特瑞爾先投一場模擬賽。比恩是站在打擊區的陪練員。

所有人都就定位後，大家心裡只有一個想法：**特瑞爾能恢復昔日身手嗎？**比恩坐在休息區，看著他迅速解決掉兩個打者，身手確實依然如昔。輪到比恩打擊時，所有人的目光都仍緊盯在特瑞爾身上，根本沒有人留意比恩，管他是三振還是一棒把球轟上天際。在這個情況下，反正他沒什麼好輸的。

一時之間，比恩變回了當年的高中棒球神童。就在教練群與總教練緊盯著他們的心愛強投時，比恩看準第一顆自己喜歡的球揮棒，把那記大聯盟級的快速球轟到老虎球場的上層看台。

剎那間，所有人心裡都浮現這樣的疑問：**哪個混帳幹了這檔子事？**

比恩又變成眾人的焦點。總教練拉喬走過來說：「比利，你看起來變了個人。姿勢、態度——完全不一樣了。你何不一直保持現在這樣？」但這時人人都知道，他就是那個注定要進入棒球名人堂，卻從來沒能成功的比利．比恩。「身為一位棒球員，他的年紀還有繼續成長的空間。」拉喬說。這位總教練認為還有希望，但他壓根兒不明白。

沒有人明白。一旦比賽時站進打擊區，比恩就再也無法當自己。比恩天生好動，站在打擊區時卻必須完全靜止。打擊區是個牢籠，是設計來摧毀他靈魂的。

職棒球員生涯的最後三年半，比恩看的球比打的球多出許多，還有成為焦點人物身邊龍套的特異功能。「棒球界的阿甘。」他後來如此稱呼自己。一九八七年雙城隊贏得世界冠軍時，他只能坐在板凳。一九八九年運動家隊封王時，他同樣也坐在板凳上。他不斷發現身邊的隊友一個個變成球星：他與戴克斯卓及史卓貝瑞一起守過外野；他當過馬克・馬怪爾（Mark McGwire）與荷西・坎塞柯（Jose Canseco）的替補。他的置物櫃曾經就在瑞奇・韓德森（Rickey Henderson）的隔壁。他斷續的五年大聯盟生涯裡，經歷過四位知名教頭：史帕基・安德森（老虎隊）、湯姆・凱利（Tom Kelly，雙城隊）、戴維・強森，以及東尼・拉魯沙（Tony La Russa，運動家隊）。

帶著恐懼揮棒，把恐懼偽裝成積極

到了一九八九年底，他的生涯打擊數據——三〇一個打數，二成一九打擊率、二成四六上壘率、二成九六長打率、十一次四壞、八十次三振——簡直就是一頁受苦受難的滄桑史。你根本不用認識比利・比恩，只要看他的統計數字，就知道他每回要上場打擊時都陷入困境。他沒養出選球眼和鎮定，他永遠學不會放過壞球，他很容易就被投手騙過。後來太常受騙，進而讓他每次都等著自己又會被騙。他帶著恐懼揮棒，把恐懼偽裝成積極。這種積極讓他得以盡快出局而離開打擊區，大聯盟五個球季中，有一季他共計七十九個打席，竟然一個四壞保送都沒有。這種球員並不多。

許多人試圖解釋比利．比恩為什麼失敗，而這些解釋，比失敗本身還精采。

他的隊友兼好友皮塔若說：「和我共事過的球員之中，比利的鬥志與專注力不輸別人。他從沒讓他的天賦引導他。他把自己逼得太緊。」比恩的高中教練布雷拉克說：「他如果能再擁有多一些無形的東西──如果他的自我評價更高一些，他就能成功了。我本來認為他可以成為大聯盟的大明星。不，我認定他一定會。他真是令人嘆為觀止。如果他想要的話，他甚至可以成為大聯盟投手。」十七歲時把比恩捧上天的球探們，在他二十五歲時談起他還是一副奇特的口吻，彷彿他確實就變成了他們當年預期的那樣，只不過受到某種「怪力」影響，拿不出數據來證明這點。

聖地牙哥教士隊球探維佛說：「這傢伙萬事俱備。不過有些人就是一脈未通。不管那一脈是什麼，反正就是能讓你一天又一天保持水準、自我調整，但他就是沒打通。棒球就是這樣。」而楊沃德則說：「他擁有成為超級巨星的天分，是麥克．施密特（Mike Schmidt）那型巨星。他的問題出在個性。我想比利其實有成功的性格，但他努力過頭，想硬逼出來。他無法保持放鬆。」

在棒球圈，老棒球人有一個共識：比利．比恩的失敗跟身體因素無關，而是心理因素。他將天分逼得太過頭，而不是讓這些天分自然地循序發展。於是不意外地，這些老棒球人想到，比恩真正需要的是心理醫師。

他也的確短暫接受過心理諮商。在一九八〇年代初期，運動家隊為棒球心理諮商重新賦予一整套全新的觀念[4]。

新世代心理醫師的第一人，是曾擔任大學預校教師的朵夫曼（Harvey Dorfman），他受過正式的心理學訓練，充滿領袖魅力。運動家隊小聯盟聯絡員庫爾（Karl Kuehl），還叫朵夫曼在比賽時穿著球衣，和球員一起坐在球員休息區，隨時應付球員的各種突發心理狀況。這兩人曾一起合著深具影響力的《棒球的心理遊戲》（*The Mental Game of Baseball*）一書。比賽時，庫爾沒空處理那些忽然抓狂的球員。「如果你砸球具或什麼的，就一定得找朵夫曼報到，不管你願不願意。」庫爾說。隊友眼中最會摧毀球具的比利．比恩，就注定要跟朵夫曼報到。朵夫曼對比恩的主要印象，就是他一直與自己的心魔在玩捉迷藏，而且球團一直幫著他成功躲過去。

「那些球團一直沒有搞懂，碰到某種無法處理失敗的超級天才型球員，你就必須忍著，讓球員自己成長。」朵夫曼說。「你不能把他們推得太快。要慢慢來，這樣他的失敗才不會當眾暴露，造成羞辱。你要教他放寬眼界：棒球很重要，不過沒有那麼重要。要教他剛剛被三振出局並不重要，重要的是他在競賽中已經盡了全力。這傢伙相信自己的天分，卻不相信自己。他只用統計數字來看自己，如果數字難看，他的自我價值就變成零。他從沒發展出一套面對失敗的自我調整機制，因為他之前未曾失敗過。」

比利．比恩對於自己的看法則是截然不同。棒球界並不曾遷就他的個性，他認為，說他的個性——或者說得更精確些，是他的「情緒傾向」——是可以被改變的，這種話根本是狗屁。「你知道嗎，」他說：「如果一件事情未曾發生過，那就永遠不會發生。如果你以前沒辦到過，那麼其實你根本就辦不到。」他把那些試圖操控他心理的努力全當成狗屎。「運動心理學家是一把撐住你的拐杖，」他說：「那是你為什麼做不到的藉口，而不是解答。如果有人需要藉口，那就是你有個阻止你成功的弱點。那其實不是什麼性格缺陷，是在棒球界才會變成性格缺陷。」他還是他，棒球界還是棒球界，只是兩者根本不合罷了。「這並不是誰的錯，」他說：「我只是與棒球無緣。」

一個整整晚了十年的領悟

一九九〇年春訓期間，比利．比恩終於領悟了這個道理。

他不再是男孩，現在他是個男人了。他娶了他的高中女友，而太太當時正懷著第一胎，已經七個月了。他有種種責任，眼前的未來卻承擔不了這些責任。他已經從充滿希望變成令人失望，雖然始終不太明白怎麼回事或為什麼，但他不是瞎子。只要看一看四周，就知道有些事情變了。「昔日的光環已經漸漸褪色，因為有一整批新人加入了，」他說：「當時我已經二十七歲；整體來說，你二十七歲時，發展就到了極限了。」他的體格確實已成長至當初球探夢想的模樣，不過，棒球卻讓他益顯渺小。

棒球也同時讓比恩和其他一切格格不入。一九九〇年，大聯盟隊友都認為，比利．比恩會和他們一塊參加春訓，接下來一個球季又是在大聯盟板凳與三A間來回穿梭。

但是，比恩卻做了一個完全不同的決定：他走出運動家隊的場邊球員休息區，進入球團辦公室，自願改當前哨球探（advance scout）。

前哨球探的工作，是在大聯盟球隊客場出征前，比球隊先一步出發，去分析未來對手的強處與弱點。照理說，比恩當時的年紀正是職棒球員的黃金時期，但他卻放棄打球，寧願看球。「我一直說我很喜歡打棒球，但我其實無法確定是否真的如此。」他說：「我從來不覺得自在。」

當隊上排名第五的外野手突然要求改任行政工作，運動家隊不知道該怎麼辦。這就像成功的政治家突然放棄競選，說要改當別人的幕僚一樣，或者就像電影演員演到一半，離開幕前，改去當片廠的場務，都是不太可能發生的事。所有球團的職員都沒打過大聯盟，也都很希望自己擁有這個資歷。如果能穿上大聯盟球衣一年，就算讓他們少了幾根手指甚或是一隻手，他們可能都願意。

運動家隊總經理山迪．艾德森（Sandy Alderson）是其中最迷惑不解的人。「沒有人會這樣做，」他說：「沒有人會說：『我不打球了。我想當前哨球探。』」不過，最後他還是改聘比恩當球探。「我不認為雇他當前哨球探有什麼風險，」艾德森說：「因為我從來不覺得前哨球探有什麼功能。」

皮塔若自己先前因為運動傷害，被迫提前結束職棒生涯，轉行改當球探。當比恩打電話告訴他自己即將轉行時，皮塔若無法置信。「你打球的時候，總以為很快就會轉運，沒有人會自動放棄。

我自己就沒放棄，我是不得已才退休，而比恩卻選擇自動退休。那是我難以想像的事。」到頭來，比恩證明了他早在十七歲起就想說出口的事：他不想打棒球。

就這樣，他結束了多年來自己與天賦之間徒勞無功的爭執。他如何看自己的天分——如果不能讓你成功，算哪門子的天分？——並不是重點。棒球是一種技術，或是一種伎倆，不管是哪一種，他都不是表現得很好。在他心中，他不再是那個應該飛黃騰達的明日之星，而是一位被眾人不理性的夢想與憧憬壓垮的傢伙。他有理由對棒球的神祕本質感到不屑，很快地，他就取得摧毀這種本質的武器。

數字，能幫助你破解胡說八道

艾德森還清楚記得，一九九〇年春天稍早，他看過比利．比恩的打擊練習。他對比恩所知有限，也不曉得他是哪一種球員。「他選球很差，」艾德森說：「沒什麼長打力。我記得仔細看完他打擊後還問：這傢伙怎麼還能留在隊上？」但他怎麼想並不重要，當時東尼．拉魯沙是運動家隊總教練，而按照大聯盟大牌教練的傳統，他不太理會總經理說的話。

這是艾德森決心改變的棒球界眾多傳統之一。比恩一九九三年進入運動家隊球團工作時，碰上了幾項棒球科學實驗的早期階段。十年前，艾德森被運動家隊聘為總經理時，他完全是棒球門外漢。這種情況很少見，大多數總經理都是球探出身，然後逐步在球團內部攀升。

艾德森是受過昂貴名校教育（達特茅斯學院、哈佛法學院）的舊金山律師，除了在學校操場玩過球外，對棒球完全沒有經驗。他也曾是海軍陸戰隊軍官，給人的感覺比較接近「前海軍陸戰隊軍官」，而不像「衣著光鮮的大律師」。「艾德森對棒球連屁都不懂，」被艾德森塑造成棒球心理醫師的朵夫曼說。「他是生手，不過思想卻很先進。他想了解棒球如何運作，也有令人不寒而慄的本事。」

艾德森進入棒球界後，想先設法搞清楚狀況，也的確做到了。他的結論是：從臨場策略到球員評估等一切，依據科學研究——分析過去的棒球資料所獲得的假設——所得到的結果，都勝於參考老棒球人的集體智慧。

分析棒球統計數字，可以讓你識破棒壇許多胡說八道。例如，球隊總教練談到得分時，都傾向於聚焦在全隊打擊率。然而，透過科學分析可以輕易發現，全隊得分與打擊率的關係很小。與得分關係密切得多的，是上壘率及長打率。許多讓教頭們成名的進攻戰術——觸擊、盜壘、打帶跑——在大多數情況下要不是意義不大，就是弄巧成拙。「我想大多數教練會這麼做，是因為這樣很安全，」艾德森說：「他們不會因此遭到責難。」他對數字並不特別擅長，不過也夠懂，足以歸納出其中結論。「我不會做統計回歸分析，」他說：「不過我知道回歸分析是什麼。而做出來的結果，我也認為很合理。」

一開始，艾德森並無意重新檢驗職業棒球的種種既定觀念，不過到後來就演變成這樣了。有很長一段期間，他的研究偏重在理論上。「別忘了，」他說：「當時並沒有證據，可以證實這些鬼東西真的可行。而且我沒什麼可信度，因為我完全沒有棒球背景。」以高薪打造、由拉魯沙領軍的運動家隊，在八〇年代末期、九〇年代初期表現相當不錯，因此艾德森覺得他應該「向成功順從」。有超過十年，他確實也大可如此做。

小華特．哈斯（Walter A. Haas, Jr.）在七〇年代末期成為運動家隊的老闆，感覺上，他比較像是慈善家，而非生意人。哈斯把職棒球隊所有權視為某種公益信託，因此不斷砸錢。一九九一年，運動家隊全隊薪資在大聯盟排名第一，哈斯不惜虧上數百萬美元，也要組成一支能讓奧克蘭引以為傲的強隊，而他也真的辦到了。一九八八到一九九〇年，運動家隊連續三年打進世界大賽。

一九九五年哈斯過世，「向成功順從」變成了一種難以為繼的戰術。哈斯的球隊股份被賣給了舊金山灣區兩位不動產開發商蕭特（Steve Schott）與哈夫曼（Ken Hofmann），這兩人感覺上比較像是生意人，而非慈善家。蕭特與哈夫曼要艾德森繼續經營球隊，不過給的預算少了很多。「我們的新老闆不打算再花任何錢，」艾德森說：「他們說的很清楚：經營球隊就是做生意。於是我們忽然就得面臨這麼個處境：我們只負擔得起擁有一項專長的球員，那要挑哪項專長呢？」這問題就等於——錢要怎麼花在球員身上，才是最有效率的？

首先，答案很清楚，根據艾德森委託製作的一本小冊子，就是：把錢花在打擊好手上。這本小冊子的作者，是曾任航太工程師、後來轉任棒球作家的艾瑞克・沃克（Eric Walker）。沃克寫道，防守「在棒球裡最多只占五％」，剩下的就是投球與進攻，而儘管「好投手的價值通常受到合理評估，但打擊好手卻被低估」。以下文字來自他的書：

分析棒球運動，可以得出許多有趣且寶貴的數字。但整個棒球運動中，最最最重要的數字就是「三」：一局有三個出局數。在第三個人出局前，任何事都可能發生。三人出局後，一切都免談。任何讓進攻一方增加出局機會的事情都是不好的，任何減低此機會的事情都是好的。接下來，什麼是上壘率？簡單而精確地說，就是打者不會出局的機率。一用這個方式陳述，我們就應該很清楚，進攻上最重要的單一統計數字，就是上壘率。它衡量了一位打者會將進攻局往終點多推一步的機率。

經營一個組織時，艾德森會參考他在海軍陸戰隊擔任軍官時的經驗。他以海軍陸戰隊處理新兵訓練營的手法，去管理運動家隊的小聯盟球隊。在他看來，全隊的表現才是最重要的，單一明星球員只是其次；球隊要打出好成績，必須紀律嚴明劃一。一旦他判定打擊最重要、別的都是其次之後，艾德森便開始以海軍陸戰隊的嚴格精神，在運動家隊各階層的球隊中實施統一的打擊準則。這個準則包括三項規矩：

一、每一位打者都要表現得像首棒打者，將上壘視為首要目標。
二、每位打者都得具備打全壘打的能力，部分原因是長打能力會讓對方投手投得更小心，於是更容易形成四壞保送，因而提高上壘率。
三、對於任何有天分成為職棒球員的人來說，打擊主要是一種心理技巧，而非身體技巧。或至少，打擊能教的部分是屬於心理層面。

到了一九九五年，艾德森以上壘率數據為唯一標竿，創造出全新的棒球企業文化。新的觀點是：與其說得分是一種藝術或天分，不如說是一種**程序**。如果將此過程視為慣例——如果每位球員都在生產線上克盡其職——你得分所花的代價，就可以遠低於市場行情。艾德森以海軍陸戰隊那種嚴厲執行、毫不通融的作風，建立起這套體系。「艾德森對於仔細選球的好處與壞處，提出了厚厚的一疊報告，」負責執行艾德森新規矩的庫爾回憶。「他想好好逼一下那些正在小聯盟裡往上爬的孩子們。之前從來沒人聽過上壘率，不過當你的上壘率能決定你是否可以升上大聯盟時，你自然就會注意到了。」

這套系統的中心信條，用艾德森本人的說法，就是「這套體系本身就是明星。這體系之所以能運作，是因為大家都相信它。要是有人不信，整個體系就會出現弱點。」一個小聯盟球員最不可取的缺點，就是喜歡揮棒打壞球；而最值得稱許的優點，就是願意熬到四壞保送。任何小聯盟球員，除非每十個打席至少獲得一次四壞保送，否則根本不用想獲獎，或是向上晉升。

很多人原本相信，四壞保送主要的責任在投手身上，而非打者；而艾德森這套新規矩的效果，對這種人來說非常有意思。彷彿在一夜之間，運動家隊所有小聯盟球隊的上壘成功率，全都衝到所屬聯盟第一。為了確保他們不會失去這個領先地位，艾德森會定期檢視各球隊的打擊數據，並對上壘率欠佳的球隊總教練施壓。例如，他留意到奧克蘭二A球隊在整個球團體系中是個例外：該隊的四壞保送率，不像運動家隊其他小聯盟球隊那麼高得離譜。「我拿到報告，」艾德森說：「發現他們根本沒拿到任何保送，就打電話跟總教練說：『保送率再不提升，你就滾蛋！』結果數字馬上就提升。非常快。」

即便艾德森順利將海軍陸戰隊精神帶進來，運動家隊的整個系統還是存在一個弱點：大聯盟球隊。像比利．比恩這種喜歡亂揮棒的安打型打者，在一九九〇年竟然還能在他們的大聯盟隊待得下去，光是這一點，就證明了艾德森的觀點並沒有主宰力。不同於對待小聯盟球隊，在大聯盟，總經理對於插手球隊的事情會比較謹慎。艾德森並沒有走進拉魯沙的辦公室告訴他：「四壞保送不提升，你就滾蛋。」沒有人這樣說過。至於為什麼不去講，倒是沒有什麼很好的理由；情況就是這樣，因為球團決策階層通常沒在大聯盟打過球。

對於喜歡秩序和紀律貫徹到底的艾德森而言，得將大聯盟隊伍視為一群「打過大聯盟」聖地的子民，簡直是一件瘋狂的事。「有哪個行業，」艾德森問：「會把整個集團的命運交到一個中階經理人手上？」然而，運動家隊和大聯盟其他球隊一直都是這麼做。拉魯沙是中階經理人，對於球隊如何得分有自己的一套想法，而這些想法便引導打者的棒子。在運動家隊小聯盟系統裡力爭上游的球員，會被教導要耐心點，必須多等四壞保送；但一旦升上大聯盟，卻被要求盡情釋放攻擊火力。

即便是一路接受艾德森新方法洗腦的小聯盟球員，面對這種矛盾也開始動搖。很多人一逮到機會，就回到老樣子，又開始一看到球就猛揮棒。「可能因為這些球員在球場上向來能稱霸。」艾德森說。「打擊時的選球與耐心，從來就沒有受到重視。他們會說：『球團付錢雇我，不是要我來拿四壞保送的。』如果你不對他們持續施壓，他們就不會聽話。」

新、舊棒球人之間的衝突，在還沒有機會進行適當辯論之前，就被預算危機化解了。新老闆宣布要停止以往賠上幾百萬的習慣後，拉魯沙去職。艾德森於是開始尋找不會自以為是老大的總教練人選，最後選中了剛被休士頓太空人隊炒魷魚的總教練亞特．豪爾（Art Howe）。「我們找豪爾來，是要執行球團的想法，不是他自己的想法。」艾德曼說：「這點很新鮮。」

他的心終於找到一個逃生口，它指引他來到一片綠色草地

比利．比恩後來說，他太太離開他是因為受不了他的感情太強烈——她甚至可以從他開車時握方向盤的雙手看得出來。無論如何，他很快就發現自己失去了職棒球衣，也失去了妻子。棒球婚姻

都是這樣的：球員剛退休那段時間，往往是婚姻最脆弱的時刻，這時夫妻倆會發現，他們必須真正朝夕相處。「棒球生涯結束，婚姻也跟著完蛋。」比恩說：「在那之前，球員什麼都能容忍，反正你隔天就會離開家。」他太太帶著襁褓中的女兒凱西搬回聖地牙哥，比恩當時週一至週五當球探，週末則在奧克蘭與聖地牙哥之間的高速公路飆車往返。他搭不起飛機。

當時驅使他向前走的動力，依然是焦慮多於渴望。此刻的他，有兩個焦慮：第一，是跟自己的女兒愈來愈陌生，第二是無法融入球團。「如果你只懂棒球，而且你知道自己只能做這行，」他說：「那會讓你內心產生某種絕望感。」那段時間，他不是在加州的高速公路開快車趕路，就是搭飛機在全美各地看比賽，聽其他球探討論球員。以前他有點懷疑，大部分球探都在吹牛、不知所云，現在他完全確定這一點了。

他想贏的欲望，還是強烈得嚇人，只是轉移到另一個地方——從打球，轉到評定球員狀況。不過，這次有人指點他——一位擁有兩所常春藤大學文憑的高手——而比恩也願意遵循他的指引。「比恩想通了，」艾德森說：「他比較想成為我這樣的人，而不想成為坎塞柯第二。」一九九三年，比恩對於任何交付的任務都能熱情且有創意地完成，艾德森對此印象深刻，決定將比恩拉進經營團隊，當他的助手。艾德森告訴比恩，他的工作就是出去挖掘被低估的小聯盟好手，然後將自己委託沃克寫的那本手冊交給比恩。

當比恩看了沃克的手冊後，有種無法言喻的興奮。「那是我讀過的東西中，第一次嘗試用客觀角度來看棒球。」他說。「不同於一般資料中只是列出一大堆人的主觀意見。當時我的想法還相當主觀，不過我覺得這小冊子講得很有道理。」這本小冊子，不光是讓他覺得很有道理，也讓他認清了自己。由棒球局外人提出的嶄新觀點，暴露出局內人製造的假象。比利．比恩自己，就曾是那些假象。

比恩從來不會浪費時間，去思索自己的動力究竟是來自追求成功的渴望，還是探索真相。在他看來，這個問題太不切實際，因為探索真相就是成功的關鍵。他是聰明人，他本來就一直對棒球界的傳統智慧抱著懷疑、保留的態度。他看出沃克寫的這本小冊子只是個開始，這套理性的方法將會從根本上改變棒球界——史無前例地將種種權力集中至總經理手上。

他不禁納悶，沃克到底是何方神聖？除了他筆下的東西之外，還有什麼料嗎？

「比利拋開了種種球員出身的偏見，採納新觀點。」艾德森說：「但大部分像他這樣的人則會說：『我打球時不是這樣搞的。』」為了回答比恩的問題，艾德森指著一排翻得很舊的平裝書，作者是比爾．詹姆斯（Bill James），他曾打開艾德森的眼睛，讓他用新的方式思考棒球。

詹姆斯寫的東西，艾德森幾乎都收集齊全了，包括詹姆斯一九七七年至一九八〇年間自行出版的四本廉價油印書。艾德森從未見過詹姆斯，也沒和他講過話。艾德森不是典型的棒球圈內人，但還是分得清自己這種實際負責棒球決策的人，和詹姆斯這種棒球作家截然不同。不過他發現，詹姆斯看待棒球的方法太有說服力了，於是以詹姆斯的精神，重新塑造一支職業棒球隊。這就是他雇用沃克的原因，希望他能寫出一些「有詹姆斯味道的東西，專屬於我們的」。

至於比利．比恩，倒是從未聽說過比爾．詹姆斯。「不過那是重要的一刻，」他說。「那時我搞懂了，原來艾德森滿口談的那些東西，全都是源自詹姆斯。」他的心終於找到一個逃生口，它指引他來到一片綠色草地。在那裡，讓他得以盡可能遠離職棒圈，卻依然在棒球場中。

第4章

無知的球場

撥開棒球場上濃霧的一個人、一本書

我不關心其他任何事物的統計數字。我從不在乎股票市場、天氣、犯罪率、國民生產毛額、雜誌發行量、足球迷識字率高低，以及如果每個月不花三・六九美元認養，二〇五〇年之前有多少人會餓死的統計數字。我只關心棒球的統計數字。為什麼？因為它跟其他領域的統計數字不一樣，棒球統計數字已經取得語言的力量。

比爾・詹姆斯《一九八五年棒球摘要》（*1985 Baseball Abstract*）

有一種作家，他們寫作的動機很神祕。出身於文人世家的作家、試圖以作品處理個人創傷的作家、四歲起就能夠且願意待在房間內編故事的作家——這些都是一般人印象中的作家典型。他們的作品或許不錯，但你不會特別想知道他為何寫作。

有趣的作家，是像詹姆斯這種。他成長於堪薩斯州梅耶他（Mayetta，人口數：二〇九）一個還算幸福的家庭，他最接近「離鄉背井」的經驗，就是搬到州際公路另一邊的勞倫斯市（Lawrence），去就讀堪薩斯大學，主修經濟學與文學。他沒有文人朋友、沒有特別崇拜的榜樣，也沒有受到任何鼓勵把想法寫出來。他在美國陸軍經歷了一段荒謬日子——他是最後一位被徵召去越南打仗的堪薩斯男丁，不過卻從未被派到前線——之後，又去研究所鬼混了一陣子，然後他在一家Stokely Van Camp豬肉與豆子罐頭工廠，找到一份夜班警衛的工作。

在看守豬肉與豆子罐頭期間，詹姆斯覺得自己有些事情非說出來不可，卻無法用其他方式表達，於是，決定認真地將自己的想法寫下來。「每一種優勢，也都同時是一種弱點。」他曾如此寫道。「漂亮女生容易變得討人厭，因為她們長得漂亮，大家就太包容她們的錯誤。財產令人陷溺，財富使人癱瘓。我之所以嘗試寫作，是因為我無法駕馭那些充滿微笑或手勢的尋常溝通，必須使用文字，來表達一些其他人從不認為非說不可的事。」

更怪的是，詹姆斯非說不可的，不是棒球，就是與棒球相關的事。「如果世上沒有棒球這檔子事，我大概還是會成為一位作家，」他說。「不過因為世上有棒球，我就無法想像自己會寫其他題材了。」有時他也感覺，把所有時間用來鑽研棒球攻守數據表的箇中意義，實在有點荒謬。他似乎從未抗拒去做這件事的衝動。成為成功的作家後，他曾對讀者說：「我父母都因癌症去世，我想我自己也早晚躲不過。對我而言，從事癌症研究應該比鑽研棒球更加重要，可是我卻從來沒這麼做。我可能會一個月內好幾度想起癌症研究，但只要我醒著的每一刻，幾乎都在想棒球。」

一共賣了七十五本的「暢銷書」

詹姆斯的第一本書，是自己出版的——自己影印並裝訂，總共只有六十八頁，花了他一一二・七三美元。這本書的全名是《一九七七棒球摘要：十八項你在其他地方絕對找不到的棒球統計資料》（*1977 Baseball Abstract: Featuring 18 Categories of Statistical Information That You Just Can't Find Anywhere Else*）。為了促銷新書，詹姆斯在《運動新聞》（*The Sporting News*）雜誌買了個一吋的小廣告，結果有七十五個人覺得這書不錯而購買。

打開淡藍色的封面，讀者會看到一段短短的開場白，但並未解說太多，隨後就是一連十六頁的棒球攻守統計資料。一篇驚人簡短又突兀的文章，緊接著一頁又一頁的數字，這就是詹姆斯早期表達他「非說不可」之事的奇想手法。要不是他自己一再聲明（比方說，他寫道：「在本書的第二部分……」），實在沒理由把《棒球摘要》視為一本「書」，更沒有理由相信，作者有能力引導讀者通盤了解他的主題。

詹姆斯處女作中寫的那些東西，看起來確實有些「怯場」。他所提出的問題——有些投手是否特別具有觀眾號召力？裁判對於比賽時間長短的影響有多大？——恐怕除了瘋狂的棒球癡之外，沒有人會有興趣。此外，詹姆斯也無法利用單一球季蒐集到的資料，自信地回答這些問題。

直到《一九七七棒球摘要》的結尾，詹姆斯才讓他為數不多的讀者們瞥見到他的潛能。終於讓詹姆斯渾身來勁、花了好幾頁文字敘述的主題，是「守備統計數字」。對於棒球人評估球員守備能力的方式——把失誤的次數加起來，並讚揚失誤最少的球員——讓詹姆斯義憤填膺。

「什麼叫失誤？」他問道。「它是主要的運動統計項目裡，唯一由統計者主觀認定球員**應該做到的**。這在同隊球員間那種奇特的準道德觀中，其實是一種道德判斷……籃球紀錄員計算技巧上的失誤，依據的是客觀事實（例如，甲隊持球時，球被乙隊奪走），但在棒球比賽裡，失誤卻是『守備時沒讓對方球隊產生出局，而紀錄員卻認為應該有出局發生』的狀況。它純粹只是個**意見的紀錄**，如此而已。」

詹姆斯進一步解釋，就像其他棒球概念，棒球失誤的概念只適用於和現在完全不同的早年棒球比賽。「失誤」是在一八五〇年代晚期創造出來的，當時防守球員並不戴手套，外野雜草叢生，內野的草地也沒有整平，比賽用球則是被打到歪曲變形才會更換。在一八六〇年，連一個簡單的小飛球，都得冒險才能接殺。一八六一至一八六五年南北戰爭期間，阿兵哥休假打球時，球被打到離野手幾呎外，都是接不到的。

詹姆斯說，在那種情況下，看球員如何處理朝自己方向擊過來的球，來判斷他的防守能力，還有幾分道理。一個世紀之後，這個統計項目卻仍繼續被沿用，沒有其他數字輔助。任何有眼睛的球迷都看得出，打向大聯盟野手的球，其意義在整個比賽中實在微不足道。大聯盟球員要避免太明顯的失敗，並不算太困難；想要避免失誤，最簡單的方式就是一開始就刻意慢下來，根本沒機會接到球。畢竟，詹姆斯寫道：「你得做**對**一些事才會被記失誤；就算球是直接朝你過來，那也要你一開始就站對位置。」

這種統計數字不但過時，還會騙人。它們所編織的謊言，讓大聯盟球隊的經營者誤判旗下球員，經營球隊也失當。詹姆斯以一個句子總結他的不滿：**守備數據只有數字的意義，而非語言的意**

義。令他感興趣的是語言，而非數字；是文字，及其傳達的意義。「當這些數字取得語言般的重要性，」他隨後寫道：「也就取得權力去做語言所能做的一切：化為小說、戲劇、詩歌……**這些數字藉由一面破裂的鏡子，所描述的不只是棒球，還有個性、心理學、歷史，力量、優雅、榮耀、穩定度、犧牲奉獻、勇氣、成功與失敗、挫折與厄運。它還描述企圖心、貪功、紀律，以及白癡潛意識才能真正理解的勝利與挫敗。**」大多數人覺得那些短暫事件的無聊紀錄，缺乏深刻意義與長久價值；在詹姆斯眼中，卻是收藏人生祕密的藏寶箱。

撥開籠罩在舞台上的濃霧

棒球是戲劇。如果不能完全理解場上的種種表現，就無法體會它的藝術價值。而要理解場上的表現，就要看統計數字是否清楚了。不理想的守備數據，有如籠罩在舞台上的濃霧。這也引出一個明顯的問題：為什麼那些參與其中的人，會讓職業棒球被扭曲得如此明顯？

答案與問題一樣明顯：他們相信，光靠看球賽，就能判斷球員表現。就這點，詹姆斯以為，他們錯得離譜。

這就是詹姆斯最概括性的觀點，隱藏在他對守備統計數據的憤慨之下：我們的肉眼，是不稱職的工具，不足以讓你獲得評估棒球選手與比賽所需的資訊。

想想看：一個人光憑看球，是絕對無法區分打擊率三成與二成七五打者之間的差別的。兩者的差異，就是每兩星期差一支安打。每場比賽都親自到場採訪的記者，如果不做任何紀錄，看個一年下來，或許可以感受兩者的差別，不過我不太相信。一般球迷或許只看球隊的十分之一比賽，當然更永遠無法精確評估這兩種表現水準——事實上，如果你一年內看上述兩位球員的比賽各十五場，那麼在你看過的比賽中，有四〇%的機率是：那位二成七五的打者，安打數比三成的那位還要多。一位優秀打者與普通打者間的差別，很難用肉眼看出來——必須靠紀錄才行。**但打者總是全場的聚焦點**。我們會注意他做了什麼，會低頭查計分卡上他的資料。如果他敲出一支三壘邊的強勁滾地球，三壘手飛身將球撲了下來，然後傳球將打者刺殺出局，我們會對三壘手鼓掌叫好。但是，在這記強勁滾地球擊出前，有誰會注意到三壘手？如果他事先料到，依打者特性調整站位，向旁邊移動兩步就好，這招撲球美技可能變成尋常的反手接球，觀眾也不會特別鼓掌……

那是詹姆斯第一次針對棒球界常見的錯誤觀念開砲。他以一個問題當總結：

如果我們無法從紀錄冊中精準分辨出誰的守備比較好，用眼睛也無法精確看出來，那到底該怎麼做？

「可以透過計算一件事情發生的次數。」他回答。接著，他提出一個新的統計項目，他稱之為「範圍因素」（range factor）。一位球員的範圍因素，就是他每場比賽在場上以守備，**成功**讓對方出局的次數。範圍因素也有明顯的問題，例如，隊上如果有多位飛球型的投手，其外野手成功接殺高飛球的機會，就比隊上有多位伸卡球投手的外野手要高。不過，這樣的小細節不是那麼重要，重要的是詹姆斯在暗室裡燃起熊熊火炬，在塵封多年的老問題上投射新光芒的能力。

我們到底誤解了多少球員？

詹姆斯讓你思考。他思考棒球的方式有令人振奮之處——他的熱情，他的幽默，他對愚蠢的不耐，他**寧可丟出誠實的爛攤子讓大家去收，而不是布置一個乾淨的謊言讓大家讚賞**——他激發其他人加入他為理想奮鬥的行列，這個理想比守備統計更大，那就是：**有系統地追尋新的棒球知識**。

詹姆斯不是頭一個察覺出棒球還有很多學問可供探索，注意到可以透過統計分析、歸納出棒球基本道理的人。一八四五年，棒球的攻守紀錄表（box score，亦簡稱box）問世，隨後於一八五九年由一位生於英國的記者亨利·查德維克（Henry Chadwick）加以改良後，不少分析家發現，比起其他運動，棒球給球迷更多有意義的東西去計算，而計算這些東西，就可以判定場上球員的價值。只是過去被拿來計算的，往往只是最容易算的，或是查德維克以板球為基準，認為重要的東西。

查德維克是這部分棒球史的關鍵人物。要是有人問：「棒球統計數字怎麼會搞得一團糟？」答案通常會從查德維克開始講起，偶爾也會以他為結束。

查德維克計算場上發生事情的次數，目的就是改革：他希望能根據對比賽輸贏的具體貢獻，對每位球員作出評價。他對於球員在棒球場上的不端行為，就和他對市區四處可見的酗酒和賭博同樣不齒——對於後者，他的批評也從不手軟。

他渴望釐清棒球場上的功與過，為了做到這點，他把事情過度簡化。「守備失誤」只是查德維克道德感作祟的一個例子，另一個例子是他對「四壞保送」的詮釋。由於在板球運動裡，沒有四壞保送這種事，因此查德維克得想出一個新概念才行，但結果他設計出來的統計工具，卻不是很有用。查德維克對推廣棒球統計數字比較在行，但他沒想透其中的意義。他判定，「四壞保送」完全是投手造成的——與打者完全無關。在查德維克最早的攻守紀錄表中，他把四壞保送記為失誤；後來有人強烈反對後，他不願把四壞球歸為打者的功勞，乾脆從紀錄裡完全移除。「關於打者的技巧，只有一項真正的標準，」他寫道：「那就是他以安打製造上壘的次數。」

「打擊率」於是出爐，並從此成為衡量球員進攻價值的主要指標[5]。

愈是仔細審視這些老舊的評估方式，你愈會發現：它們真的不適當。在其他人的協助下，查德維克為所有打棒球的人，發明出一套荒謬的激勵制度。其中，迷戀「打點」，是這種瘋狂制度的另一個例證。

「打點」（runs batted in, RBI），被棒球人視為個人成就。自由球員們會因為「打點製造機」美名，而換來高薪合約，事實上，他們不見得真的有貢獻。大聯盟球員為了美化自己的打點，常會猛揮大棒去打不該打的球，憑什麼還能因此得到那麼多功勞？為了把跑者送回來，你上場打擊前，壘上就必須有跑者。這種機會，帶有相當的幸運成分，同時也得靠別人的成就。「問題出在，」詹姆斯寫道：「我們習慣上，總把棒球的統計數字視為兩組人馬對抗所達到的單純成就，但其實並不是。這些統計數字是一群人與情境結合產生的成就。」

棒球人未能正視上述數據上的問題，正是查德維克當初創造棒球統計數字時想要改變的。深嵌在棒球紀錄裡的各種不公平與誤解，衍生出奇特的低效率。大家往往堅持錯誤的棒球戰術，球員也經常被誤解。查德維克成功地讓統計數字成為棒球運動的主角，不過也製造出職業運動最大的會計醜聞。

在查德維克與詹姆斯的時代之間，斷續有人重新思考那些舊偏見。傳奇職棒總經理布蘭奇．瑞基[6]，就曾聘請一位專業統計學家艾倫．羅斯（Allan Roth），協助他撰寫一篇文章，並以瑞基之名於一九五四年發表在《生活》（*Life*）雜誌，文中主張「上壘率」與「長打率」的重要性，高於打擊率。約翰霍普金斯大學機械工程學教授厄恩蕭．庫克（Earnshaw Cook）寫了兩本頗受矚目的書，以生花妙筆指出棒球統計分析的價值。一九六〇年代初期，一對任職於IBM的兄弟，利用公司的電腦分析棒球戰術與球員。不過，想利用統計數字讓棒球更有效率的欲望——也就是精確地測量並評價球場上發生的事，讓數字得到文字般的新力量——只有在它變成實用後，才能發揮影響力。

年薪一千五百萬美元，值得嗎？

詹姆斯出版《一九七七棒球摘要》這本書時，即將發生的兩項變革，讓他提出的問題不但更容易回答，也更有價值。首先，是電腦科技的突飛猛進：因而大幅降低編纂、分析大筆棒球資料所需的成本。接著是棒球球員薪水暴漲：大幅提高了擁有這類統計知識的優勢。

「如果我們一年要支付這些傢伙十五萬美元來打球，」詹姆斯在他談守備的文章結尾指出，「我們至少該知道他們有多行，意思就是：要知道他們防守時讓對方有多少表現，一如他們在打擊時有多少貢獻。」如果職棒球員年薪十五萬美元聽起來很嚇人，當他們的年薪暴增至一千五百萬美元時，震撼力就多了一百倍。

詹姆斯初試啼聲之作，只是他驚人作家生涯的開端。他只剩下一個問題沒問——雖然這個問題讀者可以在他的字裡行間中強烈感受到——如果一位職棒球員的身價，在三萬多名現場觀眾、數百萬看電視的球迷前，都可以如此離譜地被錯估，那麼，其他行業工作者的表現，又要如何評估呢？如果職棒球員的身價都可能被高估或低估，那有誰不會呢？

話雖如此，如果詹姆斯一九七七年後就此封筆，那他可能只會被當成另一位對攻守統計表喋喋不休的怪人罷了。但是詹姆斯並沒有封筆，他的書只賣出七十五本，並沒有令他失望，相反的，他很受到鼓舞！從來沒有一位作家從這麼小的回響中，得到如此大的振奮。詹姆斯的太太蘇珊・麥卡錫（Susan McCarthy）後來說：「一整頁的盜壘研究和壓在下面的兩頁投手數據，並沒有躺在罐頭食品工廠的地下室裡塵封多年，相反的，他咀嚼多年的觀念與問題，從此得到了滋長與成熟的環境。」[7]

一九七八年，詹姆斯出版了第二本書。這一次，在開始討論主題之前，他不再像先前那麼低調。這本書的書名，是《一九七八年棒球摘要：第二份棒球界資料最豐富、最具想像力的年度回顧》（*1978 Baseball Abstract: The 2nd Annual Edition of Baseball's Most Informative and Imaginative Review*）。「我想在此勾勒出棒球運動最完整、最詳細、最完善的全貌。」他寫道：「同時，我想避免重複別人以前寫過的東西。」

這次消息傳開了，一共有兩百五十人買了這本書。對於一個把七十五本銷售量視為鼓舞的作家而言，兩百五十本的銷售量，簡直是意外的大豐收。詹姆斯手上那枝筆從此一發不可收拾。接下來九年，他每年冬天都愈寫愈有信心；而每年春天，他逐漸擴充的讀者群都會發現，統計數字的篇幅比例逐漸下降，文章所占的篇幅則愈來愈吃重。文字可能連續好幾頁，不過通常都與數字無關，而是題外話。

比方說，為了表達多年來對棒球的執迷，他會把相關想法偷渡在一篇討論皇家隊年末數據的文章中。而由於實在太厭惡那些用大把鈔票買球員與球隊的富豪嘴臉，詹姆斯寫完亞特蘭大勇士隊之後，接著就提到該隊的新老闆。「泰德．透納（Ted Turner），」他寫道：「似乎從不想要什麼溫和、尊嚴與自制。他會在君子之爭中無所不用其極，然後抱怨打敗他的贏家不是君子。不管他跑得多遠，總會有一群平庸之輩在後頭追隨，所以他才會永遠是贏家。」（洋基隊球迷沒多久就會發現，詹姆斯更加藐視另一個人，因為他曾說：「史坦布瑞納一直夢想成為透納。」）

在一個球季裡敲出一九一支安打的，絕不可能是「怪咖」

《棒球摘要》是一部精心製作的長篇悄悄話，這些悄悄話，也引發各種奇奇怪怪的新問題。例如：如果麥克．施密特的對手都是小熊隊，他的打擊成績會如何？年輕腳程快的黑人球員，是不是真如詹姆斯所說的，會隨著年紀增加，速度流失幅度比腳程快的年輕白人球員大？已過世的打者中，誰最棒？

即便是那些關於棒球與棒球史最冷僻的問題，其實都有實用的含意。要算出施密特如果只對小熊隊會打得怎麼樣，你就得了解在小熊隊主場瑞格里球場（Wrigley Field）打球和其他球場打球的差異。要比較白人與黑人快腿，你就得找出方法，測量他們跑壘與防守時的速度；一旦做到這點，你可能就會開始對腳程的重要性提出相關問題。要找出誰才是已過世的最佳打擊者，你必須建立起一套可以衡量打擊的工具，而這些工具同樣能用在還活著的球員身上。

上述最後一個問題，讓詹姆斯倍感興趣。從展開寫作生涯第二年起，他多少就把棒球守備擱到一邊，而將重心擺在進攻。在第二年的《棒球摘要》裡，他向讀者解釋，書中大約收錄了四萬筆統計數據。其中少數是他輕易取得的，但「大部分是從攻守紀錄表一個個擷取、整理，費心分門別類為大約三十組，書中諸如『由尼諾・艾斯皮諾沙（Nino Espinosa）先發主投的比賽中，所出現的雙殺』、『拉瑞・派瑞許（Larry Parrish）七月打出的三壘安打』」等標題，他坦承，除非是真的迷上棒球進攻，否則蒐集棒球統計數字真是一種極為瘋狂耗時的事。「我是數字的技工，」他在第三年的《棒球摘要》中向讀者表白：

> 整理棒球比賽的種種紀錄，以了解棒球進攻機制如何運作。我開始接觸數字，就如汽車技工接觸萬能扳手一樣。我從比賽著手，從我看到的東西以及人們所談論的事開始。我會問：真的嗎？你能證實嗎？你能測得出來嗎？它如何套在整個機制的其他地方？為了尋找這些答案，我埋首於棒球紀錄中……特別值得一提的是，我找不到太多同好。棒球紀錄長篇累牘，人們不斷談論、辯論、思索各種紀錄。為何沒有人善用這些紀錄？為何沒有人在爭辯時大聲說：證明給我看？

現在看來，理由似乎很明顯。對詹姆斯而言，棒球上的「進攻」遠比其他兩項主要研究項目——守備與投球——來得有趣。打擊的統計數字很豐富，而且在他看來，它們具有語言的力量。以他日耳曼語的造字方式，它們是「形象數字」（imagenumbers），是文學材料。當你閱讀這些統計數字時，會引發大腦形成圖像。「我們從一九一這個打擊欄的數字談起，」他寫道：

我們可以斷定，一個怪咖（我希望閱讀這本書的讀者，都知道什麼是怪咖）是不可能在一個球季裡敲出一九一支安打的。一個混蛋有可能辦得到，一隻非洲疣豬有可能辦得到，你不希望你老妹嫁的很多男人也可能辦得到。不過想要在一個球季裡打出一九一支安打，需要（或者說「似乎」需要，聽起來比較有戲劇效果）穩定性、日復一日的投入、自律、願意忍受傷痛打球，而且（在某種程度上）天生就喜歡團隊運動，而這與怪咖的特質是完全格格不入的。另一方面，一位怪咖絕對有可能單一球季轟出四十八支全壘打，但打出四十八支全壘打的人，通常是身材碩大、速度緩慢的悲劇角色……

詹姆斯是審美家，但他也是實用主義者：碰到殘缺不全的東西，他就會想把它修好——只不過，他只會修他有工具能修的東西。

統計分析的力量，取決於樣本大小：分析者取得的數據資料愈龐大，就愈有信心達成特定結論。一位右打者面對左投的十個打數有兩支安打，要預測他面對左投打擊率是兩成，可靠度就不如一千個打數、擊出兩百支安打的打者。詹姆斯一九七八年所取得的進攻統計資料已夠完善豐富，足以讓他達成特定的、有意義的結論。進攻部分他能「修理」，但守備他就沒轍了，原因正如他在第一本《棒球摘要》裡提到的，守備部分的數據不夠完整，無法做出有意義的評估。投手部分則不需要修理，或至少，詹姆斯不認為有這個必要。

一個神奇的方程式，能預知一場比賽的得分

一九七九年，詹姆斯在第三本《棒球摘要》（當時，已是每年出版一本了）中寫道：「一位打者應該以他是否成功達到目的來衡量，而他想達到的目的，就是製造得分。當你想到竟然有那麼多人搞不清楚這一點，真是令人震驚。值得注意的是，聯盟在列出團隊進攻統計排行時，名列第一——表示最佳的那一隊——的是全隊打擊率最高的球隊，而不是得分最多的球隊。棒球進攻的目的，不是製造出高打擊率，這點應該很明顯。」正因它不夠明顯——至少對職棒隊的經營者是如此，詹姆斯嗅到了龐大的改革契機。得分是怎麼來的？「我們不能直接看到每位球員製造出多少分，」他寫道：「不過我們可以看到每支球隊製造出多少得分。」

他開始著手建立一個利用四壞保送、安打與盜壘次數等數據，預測球隊能得多少分的模型。例

如，他挖出一九七五年紅襪隊的攻守統計數字（拜查德維克之賜，一九七五年個別球員的四壞保送數據非常難找到，不過全隊四壞保送數據找得到）。他也能查出，一九七五年的紅襪隊得了多少分。他必須判斷的是，紅襪隊球員在打擊區與跑壘上的各種表現，對於全隊得分有多少相對重要性——也就是說，對球員的出局、四壞、盜壘、一壘安打、二壘安打等等，進行加權評分。

他解決這個問題的方式，一點也說不上優雅或高明。他只不過是在等號右邊試過各種加減乘除，直到找到與左邊的得分總數相等為止。詹姆斯稱之為「製分產量」（runs created，簡稱RC）公式的第一個版本，看起來像是這樣的：

製分產量＝（安打＋四壞保送）×總壘打數÷（打數＋四壞保送）

這個等式雖然粗糙，卻完全稱得上是一種科學假設：利用這個模型，只要已知四壞保送、盜壘、一壘安打、二壘安打等數據，就可以預測球隊得分。

你可以把過去幾個球季各種實際數據，套到等式的右邊，看看算出來的是否就是當季球隊的總得分。從某種含意來說，詹姆斯是試圖預測過去。如果一九七五年紅襪隊真正的全隊得分，與預測的得分有很大的出入，那他的模型就顯然是錯的。如果兩者得分一樣，那詹姆斯大概就真的很行。

結果，詹姆斯真的很行。比起各隊自己搞出來的東西，詹姆斯的模型遠遠更貼近每支大聯盟棒球隊的真正總得分，每一年都是如此。

這暗示著，職棒人對於進攻的看法是錯誤的。也尤其顯示，職棒人過去對於「製分產量」中相當重要的四壞保送與長打不夠重視，反倒是把打擊率與盜壘捧上天，而這兩者，詹姆斯根本就沒納入模型。

這也意味著，任何形式的「犧牲打」都正如其名——「出局」比棒球人所相信的還要珍貴。當然，並不是所有棒球人都這樣。詹姆斯派的分析方法，符合了前金鶯隊總教練厄爾・維佛（Earl Weaver）率先大聲疾呼的棒球觀念。維佛的進攻設計，是把三分全壘打的機會推到最大。他不會要球員擺短棒觸擊，他對於能上壘與全壘打能力強的球員，特別有好感。他喜歡打大球，而不是小球。

不過話說回來，詹姆斯這個等式的細節也沒那麼重要。他為科學家創造機會的同時，自己也在從事科學實驗。其他技術更嫻熟的人，很快就能提出更接近事實情況的估計。重要的是：一、它是一種合理、可測試的假設。二、詹姆斯把等式寫得明白、有趣，因而能引發許多聰明人一起加入討論。「此一公式很精確的這個事實，也就表示：打擊率、全壘打、四壞保送和其他進攻元素，與得分有某種實質上的穩定關聯性。」詹姆斯寫道。

為了怕出糗，他們寧可放棄會贏的戰術

對於那些一生都在看似無常的世界中尋找穩定關聯的人，這種觀點具有無比的吸引力：比如物理學家、生物學家、經濟學家。「我一直在思索棒球統計如何才能精進，」當時一名任職於知名智庫蘭德公司（RAND Corporation）、後來成為哈佛大學統計系系主任的年輕統計學家卡爾．摩里斯（Carl Morris）說：「看到有人想的不但跟我一樣，還寫得非常非常有趣，印象相當深刻。」摩里斯幾乎每年都數著日子等待《棒球摘要》的出版。詹姆斯把大問題點了出來，摩里斯則可以處理得比詹姆斯更縝密。

還有一位是任職於白宮預算局、年輕聰明的經濟學家艾迪．艾普斯泰（Eddie Epstein）。他在偶然的機會看到了《棒球摘要》後，判定自己入錯了行。「讀了《摘要》後，」他說：「我突然茅塞頓開：我也辦得到！詹姆斯清楚展示出，從一大堆的棒球統計數字中，可以擷取出什麼來。過去很多資料都被認為是無從得知的。」艾普斯泰隨後纏著巴爾的摩金鶯隊老闆艾德華．班尼特．威廉斯（Edward Bennett Williams），希望能給他一份工作。

另外還有幾位在詹姆斯開始寫《棒球摘要》前，就頗為活躍的棒球愛好者。迪克．克瑞默（Dick Cramer）是史克美占藥廠（SmithKline，現易名為Glaxo-SmithKline）的研發科學家，因此有機會使用電腦。白天他使用藥廠電腦研發新藥，晚上則用電腦來測試自己的棒球理論。例如，克瑞

默對於「關鍵打擊」（clutch hitting）有一種假設：它根本不存在。不管播報員如何吹噓，不管教練們如何深信不移，大聯盟棒球員在輸贏關鍵時刻，打擊並沒有特別好，也沒有特別壞。

一方面，他的假設有幾分滑稽的道理：在壓力下表現就走樣的球員，是不可能升上大聯盟的；另一方面，它又與棒球界神聖的、公認的智慧相牴觸。克瑞默很得意這個見解完全違背一般直覺。「它違反了每個人面對壓力、如何克服壓力的親身經驗。」他說。不過這個觀察是真實的，或至少無法證明是錯的。克瑞默反覆測試後發現，沒有證據顯示球員在某些情況下打擊特別不同——除了兩個例外：有些左打者面對左投時，表現比面對右投更糟；有些右打者面對右投時，表現比面對左投更差。

克瑞默的觀察，隨後承受了嚴密的批評與檢視，不過在詹姆斯出現前，沒有人特別注意。「在詹姆斯冒出來之前，」克瑞默說：「大概只有我們三、四個人相互通信。就連我的家人都說：『這種消磨時間的方式真是瘋狂。』」

跟詹姆斯一樣，克瑞默了解，粗糙的統計數字限制了棒球知識的探索，因此開始認真考慮成立一家公司，把資料蒐集做得比大聯盟更好。克瑞默和一些棒球同好通信時談到這個話題，其中一個叫彼特・帕瑪（Pete Palmer）。帕瑪是國防承包商雷神公司（Raytheon）的軟體工程師，負責維護美國在阿留申群島用來監控俄羅斯飛彈試射的雷達站。至少那是他謀生的方式，但他的最愛還是拿起表格與計算尺，分析棒球策略。

帕瑪與克瑞默兩人，曾分別創出與詹姆斯大同小異的棒球進攻模型（後來，他們一起憑空想出如今被廣泛使用的長打與上壘率統計方式，成為評估進攻最重要的指標：「攻擊指數ＯＰＳ」）。帕瑪對統計很有天分，他為了興趣投入不少時間與精力，證實許多傳統棒球戰術愚不可及。觸擊、盜壘、打帶跑——全都很容易弄巧成拙，而且還有一個共通特質：害怕在大庭廣眾下出糗。

「總教練們總是傾向於選擇最不可能失敗的戰術，而不是最有效率的戰術，」帕瑪說：「**公然出糗的痛苦，壓過了選擇最佳戰術得到的報酬**。」早在一九六〇年代，帕瑪就寫過一本書闡述這一切。他的手稿一直放在書桌上招灰塵，直到比爾．詹姆斯出現，為這類書打開市場。一九八四年，詹姆斯闖出名號後，帕瑪終於可以出版這本書：《棒球裡的隱藏遊戲》（*The Hidden Game of Baseball*）。「比爾證明這類書有人要買，」帕瑪說：「否則我不確定這本書有機會問世。」

在瘋狂世界中，聽見一個正常人發出理智的聲音

詹姆斯的文字力量加上他樂於回信，開創了一個社會運動。大公司的研究科學家、物理學和經濟學和生命科學的大學教授、專業統計學家、華爾街分析師、對工作提不起勁的律師、三天兩頭換工作的數學鬼才——這些人很快地將他們的想法、批評、模型與問題寄給詹姆斯。他的讀者群絕對是聚集在同一興趣下最奇特的一群人。在找到出版商之前，詹姆斯有四位他認為是「名人」的讀

者。他們是：作家諾曼‧梅勒（Norman Mailer）、棒球作家丹‧歐克倫（Dan Okrent）、電影劇作家威廉‧古德曼（William Goldman，《虎豹小霸王》）、電視情境喜劇影集 *Laverne & Shirley* 中扮演「史鬼奇」（Squiggy）的男子。

詹姆斯的讀者很難分類，因為他自己也很難被歸類是哪種人。不切實際地自願投入大量腦力追求棒球新知，不是令人歡喜、就是教人沮喪，全看你對棒球的感覺而定。同樣的智力資源也許能研發出治好普通感冒的新藥，或是登陸冥王星；不過這些人卻用來推測棒球比賽中隱藏的邏輯，以及創造出質疑總教練的新方法。

實驗了四年後，詹姆斯還是自行出版他的《棒球摘要》，不過讀者來信多到令他受不了。原先的內心獨白，一開始發展成幾十個聰明人的討論，最後變成完全容不下笨蛋的系列爭辯——最令人難堪的爭辯與詹姆斯無關：「棒球真的有七成五要看投手？一九八〇年，史基伯（James Skipper）在他的書《棒球研究手札》（*Baseball Research Journal*）裡試圖回答這個問題。他的方法是逮住眼前的人，問他們覺得投手主宰比賽的百分比，然後將全部答案加起來除以受訪人數……」

到了一九八一年，一大堆讀者寫信問詹姆斯對棒球記者湯瑪斯‧鮑斯威爾（Thomas Boswell）發明的新棒球進攻模型看法如何時，詹姆斯直率地回答：「棒球需要新的進攻評分系統，正如卡士達需要更多的印地安人[8]（或者是說，就像印地安人需要多一個卡士達）……我們真正需要的，就是為業餘人士掃除障礙。」此時已經有不少嚴謹鑽研棒球的分析家。詹姆斯把這些人的研究領域，命名為「賽伯計量學」[9]。

詹姆斯的追隨者和通信者不斷增加，使得詹姆斯的這項社會運動在兩方面愈來愈有力量。其一，是有了一個同儕審查的形式：到了一九八〇年代初期，棒球統計數字都由完全不同於詹姆斯的人在檢查，這些人對統計學理論極有興趣，而且也很懂。於是，之前被視為古怪嗜好的棒球研究，正式成了學術上的一門學科。就某方面來說，它是達成進步更有效的手段：這些受過嚴格訓練、極為成功的科學家與數學家的努力是為了愛，而非金錢。對於某種有過動傾向、分析型且通常為男性的腦袋而言，再也沒有任何事比探索棒球新知更快樂的事了。「棒球就是一齣很適合或然率思考的肥皂劇。」克瑞默如此描述這種快感。

另一項好處，是陣容日益壯大的棒球分析者們，樂意且有能力製造新的棒球數據。過去，詹姆斯總是哀嘆大聯盟球隊所記載的資訊有多麼貧乏，在他早期的某本《棒球摘要》中，便曾向讀者解釋：「我所得出的答案——也因此所選擇的種種方法——雖然不會教人全然失望，但也無法令人完全滿意。最持續碰到的問題，就是我的資訊來源有限。我唯一能拿到的，就只有攻守紀錄表。」

詹姆斯無法取得更多的資料，原因是每次他要求資料，負責大聯盟紀錄的伊萊亞斯運動紀錄公司（Elias Sports Bureau）都完全不予協助。「伊萊亞斯的問題在於，」他寫道：「除非收到錢，否則就不會釋出任何資料。他們人生唯一的目標，就是從你身上得到能拿的每一塊錢，然後回報給你的資料是愈少愈好——我想，就像大多數營利事業一樣，只不過表現出來的貪婪更加赤裸裸。」

換做是你，要不要把全壘打牆內移一點？

棒球圈內人對於這些興趣異常濃厚的球迷表現得漠不關心，令詹姆斯很震驚。大聯盟沒把球迷當作顧客，所以根本不曉得顧客需要什麼。顧客需要統計數據，大聯盟卻設法不給。對於有興趣研究棒球的局外人，大聯盟的局內人頂多只會充滿敵意。詹姆斯覺得這太離譜了，此時他已經完全掌握用字遣詞的功夫，像一個正常人在瘋狂世界中發出理智的聲音。「職業運動的整個基礎，就是公眾對這種運動感興趣，」他寫道：「拒絕提供大家所關切的資訊，就形同將球場鎖起來，關在裡面偷偷打球，不讓別人發現是怎麼回事。」

一九八四年，詹姆斯在文章裡向急速暴增的棒球瘋子讀者們，提出一個革命性的想法：把累積棒球統計資料的工作，從圈內人手裡拿過來。建立一個由數百位義工紀錄員組成的團體，他們會蒐集大家所需要知道的資料，以便將棒球當成一門科學解析。「我的建議——據我所知，是百年來頭一遭——是重新來過……我建議重新建立攻守紀錄表，不是根據舊的表格修改，而是根據當初匯整出攻守紀錄表的工具：攻守詳情紀錄表（score sheet）。」他接著解釋，職棒球團蒐集到的大多數資料——例如，右打者對左投手的表現——都沒有對大眾公開。

更糟的是，職棒球隊根本不知道應該蒐集什麼資料，也因此很多重要的數字根本沒記下來。例如打者在不同球數、不同比賽情況下的表現；盜壘發生時，投手是誰；不同的外野手如何影響跑壘者的膽量；安打的落點都落在哪裡、被擊出去的力道有多大；一位投手在一場比賽中投出多少球。缺少關鍵數據，意味著「我們這群棒球分析者，在進行各式各樣數不清的研究時，無法接近所需資訊的源頭」。

這個打算將職業棒球知識從職棒人士手中拿過來的行動，詹姆斯稱之為「攻守詳情紀錄表計畫」（Project Scoresheet）。這個計畫，很快就和克瑞默所成立、但業績不佳的小公司 STATS Inc. 結合，因為該公司本來就想做同樣的事。克瑞默自己說過，STATS Inc. 成立的目的，是「盡可能完整地記錄每一場棒球比賽中所有發生的事」。早在一九八〇年，STATS Inc. 公司就曾著手想把這種資訊賣給各球隊，不過沒有球隊有興趣。克瑞默堅持下去，進軍大聯盟比賽：從一九八一年春天芝加哥小熊隊與奧克蘭運動家隊的季前熱身賽（未來的運動家隊球探奇歐拿到了勝投）開始，該公司派出自己的記錄員。

除了慣常的數據，這些薪資微薄的工作人員一球接一球，詳細記錄了比賽實況，那是以往從未被有系統收集的資訊：每個打席的最終球數、球種和進壘點、擊出去球的方向與距離。他們將整個球場從本壘向外輻射，分割成二十六塊楔形。飛球的距離以落點判斷，滾地球則以接起來那一點決定。如果打者擊出一壘安打，並靠右外野手失誤推進到二壘，就會被記成兩個獨立事件。這些都是全新做法，而且對於運動分析新手而言，如果想要進入棒球核心，這是絕對必要的。

那些經營球隊的人，反而看不到這點。他們甚至懶得編纂所需資訊，以便明智地分析自己的行動。他們對 STATS Inc. 提供的新資訊沒什麼興趣，即使是免費送他們。STATS Inc. 執行長迪萬（John Dewan）說：「有些球團的總經理和總教練都打過職棒。他們認為，那些只懂電腦的人，怎麼可能告訴他們更成功的門路呢？我記得曾經好心打電話給白襪隊，告訴他們：『嘿，法蘭克・湯瑪斯（Frank Thomas）守一壘時，他的打擊率比當指定打擊時高出七〇％。』但沒有人想知道。」

每隔十八個月，STATS Inc. 公司就會新雇用一位聰明、受過良好教育的年輕人，這些人就是不相信大聯盟球隊不想知道能幫他們贏球的事情。接著這個年輕人會拚了命，想把 STATS Inc. 推銷給球隊。最後，他們總是幻滅而辭職。「球團經營者周圍環繞著想給他們出主意的人，」詹姆斯說：「所以他們早已築起一座高牆，將一切擋在外面。」

原因並非只是運動員在讀書人面前感到不自在而已。職業棒球界樂於讓知識分子在球員休息室、會長辦公室或球隊總經理的球場豪華包廂出入。好吧，或許未必「樂」，但只要這些讀書人對棒球怎麼打、誰來打沒有造成實際影響，大家也不會感到不安。球團們提供好座位給這些引述已故作家的話、叨念運動詩篇的文人墨客，而這些人讓棒球更高貴，就像領結一樣。他們沒有傷害性。

真正有威脅的，是冷靜、客觀的知識。

STATS Inc. 創辦人克瑞默講過一個故事，點出了更嚴重的問題。克瑞默曾誤打誤撞地將該公司蒐集數據與分析的服務賣給休士頓太空人隊。太空人隊總經理艾爾・羅森（Al Rosen）想知道，如果把主場太空巨蛋球場（Astrodome）的全壘打牆往內移一些，對球隊有何影響。太空人隊在陣容不變的狀況下，在更小、對打者更有利的球場裡，會表現得更好還是更差？克瑞默處理過那些數字——分析出太空人隊與對手打出深遠飛球的相對傾向——告訴羅森：「對不起，如果這樣做的話，太空人會輸更多場比賽。」

羅森的決定不是不把全壘打牆往內移，而是決定這項資料永遠不能曝光。「突然間，這項情報變成機密資料，」克瑞默說。「結果變成『我們不能跟任何人提！老天，我們絕不能讓這消息走漏！想想看，這對我們的投手會有什麼影響！』」他們要這個資訊，並不是要拿來當決定時的參考，而是他們早就下了決定——只是不想讓這項情報影響他們的決定（因為他們相信，全壘打有利於票房）。就某種意義來說，他們想獲得這情報，為的是避免應付它可能產生的效應。

一九八五年，STATS Inc. 公司放棄向各球隊兜售他們較優秀的資料，轉而賣給球迷。時間點抓得再恰好不過：正在逐漸轉變中的棒球迷，就自然成為 STATS Inc. 公司的顧客。這種對統計數據抱著半實用半興趣的新球迷誕生了！一九八〇年，一群以《運動畫刊》雜誌作家丹．歐克倫為首的朋友，在曼哈頓的餐廳「法國烤肉店」聚會，創造出如今通稱為「烤肉店棒球」（Rotisserie Baseball）的新遊戲，在全美掀起熱潮。

烤肉店棒球，你玩過嗎？

你或許可以說，是歐克倫「發掘」了詹姆斯。歐克倫是一九七七年偶然瞄到《運動新聞》雜誌上詹姆斯刊登的小廣告，然後把支票寄至堪薩斯州勞倫斯市的七十五位讀者之一。隨後他收到一本不起眼的油印本。他讀了，「我完全嚇呆了，」他說。「我不敢相信……(1)這傢伙真的存在，(2)他居然還沒被人發掘。」

歐克倫飛往勞倫斯市，好確認真有詹姆斯這個人，然後寫了一篇關於他的報導給《運動畫刊》。這篇文章後來被封殺，使得詹姆斯登上全國運動舞台的時間還要延後一年，因為《運動畫刊》的查證編輯擱下了這篇報導。「她逐行檢查，」歐克倫回憶，「她說：『每個人都知道這不是事實。每個人都知道諾蘭·萊恩（Nolan Ryan）投球時比較有票房號召力，知道吉恩·提內斯（Gene Tenace）是差勁的打者，知道……』」對棒球戰術與球員的傳統看法已成為事實的權威，而《運動畫刊》的資料查證組，不打算讓唱反調的證據印出來。

次年，一位對於歐克倫文章念念不忘的編輯要他再試試看。於是他再發一次稿子，這回文章登出來，終於讓更多讀者認識了詹姆斯。一年後的一九八二年，紐約的巴倫泰出版社（Ballantine Books）買下《棒球摘要》，把它打造成全美暢銷書。

許多詹姆斯的新讀者是「烤肉店棒球」的狂熱分子。這種棒球遊戲模擬真正的比賽，玩家擔任球隊總經理，挑選真實世界的選手組成自己的球隊。每天早上，玩家會打開報紙，看比賽的攻守統計表，計算自己的「球隊」表現如何。接下來十年，數以百萬計的美國人相繼玩起這個遊戲，很多人還沉迷其中。

在某種程度上，這些人會對詹姆斯產生興趣也很奇怪。「夢幻棒球」（fantasy baseball，「烤肉店棒球」遊戲後來的通稱）是以傳統的棒球統計數字為前提，也就是詹姆斯派出現之前的大眾棒球知識。一支烤肉店棒球隊的總經理成功與否，就要看他球隊的打擊率、打點與盜壘等等的加總。想贏得烤肉店棒球聯盟的冠軍，大致上你就得表現得跟真正的大聯盟總經理一樣蠢。你必須為打點、打擊率與盜壘付出過高的報酬；而且不理會上壘率與長打率。你當然不必吸收不斷擴充的新棒球知識。也就是說，「烤肉店棒球賽」只會是一股鼓勵傳統棒球觀點的力量。

話雖如此，球迷對於能幫他們做出明智決策的資訊，卻比真正經營棒球隊的人更有興趣——即使這些球迷做出明確的棒球決策，並不能直接從中獲益。但他們需要、或自以為需要這些資訊，好在夢幻球賽中獲勝。正如詹姆斯後來承認的，贏得這些球賽的渴望，確實是他原先重新思考棒球的最大動機。

在複雜的夢幻棒球問世前，球迷們玩的是複雜的桌上棒球賽。「我以前曾參加桌上棒球聯盟，」詹姆斯十年後向讀者從實招來。「那大概是十或十二年前……那個時候為了拿下聯盟冠軍，我開始著迷於棒球的進攻如何奏效、為什麼有時會失靈……為了找出自己需要的資訊，你必須以更精確的方式模擬比賽。當然，我以前也曾想過這類問題，但為了要贏那該死的桌上聯盟，我得找出答案。」

詹姆斯比地球上任何一個人都知道，在玩夢幻棒球賽的人有多少，想扮演大聯盟球隊總經理過乾癮的渴望有多麼普遍，因而這些人對棒球統計數字的興趣有多深。他成為重新振作的STATS Inc.的投資人和創意總監，這家公司後來一路快速地成長，運動專業頻道ESPN從一開始就是主顧，《今日美國報》（*USA Today*）隨後也跟進。它成為棒球迷取得資訊的主要來源，直到在一九九九年以四千五百萬美元賣給福斯新聞集團（Fox News Corporation）為止。

這家公司很成功，不過，成功的方式也很古怪：應該發生的事並未發生。應該發生的事是：真的總經理（而不是夢幻的總經理）應該跟這個羽翼漸豐的新資訊寶庫打交道才是。「詹姆斯派運動」製造了機會，讓一些「異類」趁機進駐職棒管理階層。在任何競爭的市場，善用科技者總是占有優勢。在資本主義市場發生的事，應該也要發生在職棒界：具有專業素養與魔術般分析能力的高手，應該要在棒球管理階層表現突出，正如在華爾街一樣才對。

一大堆新知識，就這麼被忽視了

自一九八〇年代初期開始，職棒圈所做的，就是偶爾雇用一些會用電腦的人。他們之所以這麼做，不太是出於單純的好奇，倒是比較像是旅客去摩洛哥時被眾人圍困，只好請個導遊，付錢給其中一個人，好讓其餘七十五人不會一直想用他們的駱駝交換你的老婆。至於要付錢給哪一個，基本上無關緊要。有些統計專家的電腦運算功力，讓總經理印象深刻，老總就會賞他一間私人小辦公室。

少數球團總經理在挑選這類專家時，缺乏鑑別力，導致所謂的「象人時刻」。象人時刻指的是：負責跑當地球隊新聞的記者，拉開球團辦公室的窗簾後，發現一個面容乾癟、臉上長著怪毛的傢伙，正將數字輸入麥金塔電腦。這就是球團運作的核心？所有人看見這一幕一定會尖叫，並後退三步。最具戲劇效果的象人時刻，大概是紅襪隊雇用一位叫作麥克．金波（Mike Gimbel）的怪人；這位老兄還不等媒體揭露，就奮力登上波士頓報紙的體育版，宣稱紅襪隊總經理丹．杜奎特（Dan Duquette）的一些高招都是出自他的傑作，引起波士頓各報體育版大篇幅報導。

《波士頓環球報》（*Boston Globe*）向紅襪隊球迷解釋，球隊請來的這位幕後高人，是「紐約皇后區社區大學的輟學生、無師自通的電腦程式設計師、烤肉店棒球的狂熱分子。三年前，警察突襲他位於布魯克林的公寓大通間，因為他的室內池塘裡養了六隻寵物鱷魚。警察同時也沒收他養的五隻海龜和一隻鬣蜥蜴」。

新英格蘭運動網（New England Sports Service）也播出了同樣的報導，標題是：**杜奎特對統計怪才言聽計從**。「白天時，金波住在布魯克林，在紐約市自來水公司上班，」報導一開始是如此，以恰到好處的語句和影像，激怒紅襪隊的死忠球迷。「彷彿一個懂電腦的愛德華．諾頓（Ed Norton）已經成為紅襪隊的祕密武器。金波在幾乎每一方面都是非正統的——當佛羅里達州溫度近攝氏二十七度時，他卻穿著長褲、長袖襯衫與夾克，看起來好像要動身前往西伯利亞。他對於棒球的評估方式，更不尋常——他甚至警告說，不要看太多比賽……」

杜奎特一直忍到球季結束後才告訴金波，說球團不會再與他續約，也間接向全世界證實了他對紅襪隊有多麼重要。

到了一九九〇年代初期，情勢已經很明顯，「賽伯計量學」，也就是對棒球新知的追尋，主要是在棒球圈外發生。棒球圈內對「賽伯計量學」有興趣的人，大概用一隻手就能數完，而且沒有一個能起什麼大作用。過了一陣子，這些人反倒比較像質疑總經理的球迷，而不太像是能影響決策的顧問。他們永遠只能揮舞著從電腦印出的數據，高喊總經理不聽他們的忠告是多麼愚蠢。

有位克雷格．賴特（Craig Wright）在德州遊騎兵隊當賽伯計量師，但多年不得志，之後又待過很多其他大聯盟球隊。最後他決定轉行。「如果真要實踐我的想法，就得當上總經理才行，」他說：「可是從來沒有人找我面談總經理的職位。」艾迪．艾普斯泰——那位受詹姆斯作品激起棒球分析興趣的年輕白宮經濟學家——設法讓金鶯隊與教士隊雇用他，但他後來也氣得辭職了。教士隊當初雇用他的主管拉瑞．魯奇諾（Larry Lucchino）公開表示，在棒球圈內探尋新知的這一小群人「是狂熱教派；而既然被視為狂熱教派，也就表示他們的建議可能被輕易的丟到一旁。一大堆的新知識，就這麼被忽視了」。

一群幫自己打預防針，好抵抗外來意見的人

到了一九九〇年代末期，人們無須仔細觀察大聯盟，就可以看出棒球人非常不願意被質疑任何事。大聯盟彷彿幫自己打了預防針，抵抗外來意見。例如，一位名為約翰・亨利（John Henry）的新形態有錢人，在一九九九年一月買進了佛羅里達馬林魚隊。大多數棒球隊的老闆不是繼承人，就是大企業的創建人，或兩者皆是，但亨利則是靠他的頭腦在金融市場致富。

他直覺地認為，透過統計分析，可以找出人類事務中效率不彰之處。金融市場的效率不彰讓亨利成為億萬富翁——而他在棒球的球員市場中，也看到了類似的蠢事。亨利後來寫了一封信給ESPN的棒球作家羅伯・奈爾（Bob Neyer）：

> 這兩個領域的人都憑著信念與偏見運作。你甚至可以將上述兩者刪去，代之以數據資料，就能取得明顯優勢。股票市場中很多人自以為比其他人聰明，而且認為市場本身沒有智慧，非常遲鈍。棒球圈也有很多人以為他們比別人聰明，認為場上的比賽就是他們固有的那套印象／信念。股票市場的實際數據意義勝過個人的知覺／信念。棒球界亦然。

不意外地，亨利是比爾・詹姆斯的長期忠實讀者。即便在他擁有真正的大聯盟球隊之後，他還

是利用詹姆斯派的工具，繼續玩複雜的夢幻聯盟遊戲；而且套句他自己的話：「擊垮所有人。每年都贏得冠軍。」但他所擁有的真實球隊，其運作方式卻彷彿詹姆斯從來沒存在過，馬林魚隊在那年球季輸了九十八場比賽後，唯一擊垮的只有破碎的自尊。

亨利面對的，是社會與政治問題。像他這樣從未打過職業棒球的人，要逼著一支悲慘的大聯盟球隊厲行全新的行事作風，就表示他要疏遠他所雇用的那些棒球圈內人：總教練、球探、球員。到頭來，他可能被自己的球隊排擠。如果無法真正打進棒球圈，買球隊又有什麼意義呢？

打從一開始，比爾．詹姆斯就假設他的讀者群並非一般大眾，而是對棒球有濃厚興趣的一小群人。但到後來，他擁有廣大的讀者群，但照理說對棒球應該最有興趣的人——也就是那些實際經營棒球隊的——卻大都沒看過他的作品。從一九八〇年代到一九九〇年代，詹姆斯只接到棒球界人士回應他的作品兩次。第一次是球員經紀人的投機請託：他們希望詹姆斯在薪水仲裁會議中，幫忙證實他們客戶的薪水被虧待了。另一個則是敵意的回應，來自幫大聯盟做紀錄的包商。

當詹姆斯派運動首度成形時，專門幫大聯盟做官方紀錄的公司內部，對於棒球統計數字的態度很奇怪，混合了獨占欲與漠不關心。一九七〇年代晚期，棒球作家歐克倫與兩位出版界的同業，一起向伊萊亞斯運動紀錄公司執行長席沃夫（Seymour Siwoff）推銷一個新點子。歐克倫回憶這個主意：「就是說服他跟我們一起合作，提供以前大家根本不知道、全新的、巨細靡遺的棒球統計資料。當時跟我們坐在一起談的那傢伙，看起來像隻年老退休的雪貂，寬鬆的短袖白襯衫裡伸出兩隻瘦巴巴的蒼白手臂，然後不屑地一揮手臂，打發掉我們的主意。他說：『小伙子，沒有人會鳥這些東西的。』」

撈錢、剽竊、貶低我，實在太有趣了

一九八五年，伊萊亞斯運動紀錄公司終於覺醒，出版了一本看起來跟一九八五年版《棒球摘要》像是雙胞胎的書，名為《一九八五年伊萊亞斯棒球分析》（*1985 Elias Baseball Analyst*，老雪貂是作者之一）。該公司雖然終於把長期瞞著詹姆斯和其他分析者的統計數據吐出來，卻沒有善用這些數據。該書作者模仿詹姆斯的文風，但因為缺乏有趣的內容，因而顯得空洞而狡猾。詹姆斯開心地確認，一般讀者對此書的印象是：伊萊亞斯運動紀錄公司有幾分薩利耶里的味道[10]。詹姆斯在最後一本《棒球摘要》裡寫道：當《棒球摘要》登上暢銷書榜，伊萊亞斯公司出了打對台的那本書，主要的目的是：

一、撈錢；二、剽竊我所有的點子；三、盡可能地貶低我。所以太有趣了。

那些人故意忽視他的作品，最後卻從中牟取最多利益，詹姆斯因此就更疏遠他們了。在早期的作品中，詹姆斯常常解釋自己的意圖，希望能藉此引起棒球專業人士的注意。他剛開始的直覺是，球團實際經營人士的種種做法應該是有些好理由，即便這些方法在詹姆斯眼裡顯得相當愚蠢。

但寫了幾年之後，詹姆斯顯然判定這些棒球專業人士需要的，是當頭棒喝。例如，他評論那一年的克利夫蘭印地安人隊時寫道：「冬季休兵期間，有人告訴我有關印地安人隊球團的事，真令我吃驚。他們很笨，反應遲鈍，一點也不聰明。」

他進一步解釋，自己一開始不能接受印地安人隊戰績差的原因是愚蠢，因為「那麼多人把希望寄託在這支球隊上，那麼多人關心印地安人隊的成敗，最後卻受到傷害。順便再說一下，整支球隊的前途被託付給一個沒有能力照顧球隊的人，實在令人難以想像。我們會讓小孩拿祖傳珠寶出來亂丟嗎？……有個跟我通信的朋友，是熱心的印地安人隊球迷，他是一所好大學的數學教授。他是個內行人，為何印地安人不聘用他呢？」

展開寫作生涯七年後，詹姆斯在一九八四年的《棒球摘要》裡，終於放棄棒球圈內人或許會講道理的一切希望。「我剛開始寫作時，以為如果我證實某件事是蠢事，大家就不會再做這件事。」他說：「我錯了。」一九八四年的這本書中，他在開場白中不祥地指出，各種運動新聞媒體紛紛保證要「深入棒壇內部」。各家媒體拚命製造出膚淺的表象，讓球迷以為自己瞥見每件事情的核心真相。光看電視節目與雜誌文章的標題，你可能會以為所有內幕全都被挖掘出來了。

全部都是謊言。「真正發生的是，」詹姆斯寫道：「在大眾與運動從業人員之間的圍牆，變得愈來愈高、愈來愈厚、愈來愈黑暗，而媒體則對整個情況覺得愈來愈絕望。」棒球圈是如此，美國大眾生活其他領域也是如此。而對於詹姆斯而言，唯一的方法就是：**丟棄一切偽裝，回歸局外人的本色**。

「這是局外人的棒球，」他寫道：「這本書所談到的棒球，就像是你往後退，從一段距離外客觀、認真而仔細研究的結果。」並不是說當個局外人比較好，而是不得不如此。「既然我們是局外人，」他寫道：「既然球員們要築起一道牆把我們擋在外面，那麼我們就盡可能地善用局外人的優勢吧。」

從此一直到四年後詹姆斯停筆不再寫《棒球摘要》為止，他形同公開宣布聲討圈內人。他變得更加不願承認棒球圈內人也許有點道理，他書中的一句話，可以總結他對圈內人的態度：「我真的以為，這麼多有智慧的人（等年紀到了）會退出棒球圈，原因之一是如果你真的關心棒球，一旦養成獨立思考的習慣，就一定會了解這項運動的傳統共識大都是荒謬的鬼扯淡。」

折斷魔術棒之後……

身為頭號棒球分析家的詹姆斯，就這樣在圈內圈外來回遊走。棒球圈內人把他看成一位怪記者，跟他們沒太多交集。棒球局外人則把他當成熟稔棒球技術問題的統計專家，是活電腦、推進器。即使他已經因為那些書而聲名大噪之後——即使他改變了許多讀者看待棒球以及其他事情的方式之後——詹姆斯還是從來不被人當成「作家」[11]。

真可惜，詹姆斯恰恰就不是活電腦。他的作品直接用量化資料去檢驗許多棒球假設——有時候的確是違背統計學法則的。不過，他的作品也在不經意之間，測試了文學的假設：寫作如果專精在某一主題，即使是像棒球統計數字這種看似瑣碎的主題，其實就已經足夠了。

問題是，棒球讀者還沒準備好接受詹姆斯的觀念。他愈來愈覺得，認為他的書還值得一讀的人是荒謬的。他對周遭世界的懷疑與疏離，使他變成作家，卻不適合成為暢銷書作家。「我很不想提起，不過我希望你不是其中之一，」他在一九八八年最後一本《棒球摘要》中寫道：「我碰到愈來愈多連我自己都不喜歡的讀者，這些呆子只看到書中一些膚淺的東西，卻誤解了真正的含意……因此，我以前每年會寫一封信給『親愛的笨蛋』，現在一年卻要寫上三十封。」

他覺得自己與讀者群之間的誤解愈來愈深，無助於增加世間的樂趣。「我再也不確定自己進行這種研究，符合一般棒球迷的最大利益，」他解釋。「我很想假裝每場棒球賽的電視轉播畫面上，如小精靈般隨時冒出的統計數字跟我不相干，這個狀況其實跟我毫無關係……但我不相信。這一團亂不是我製造出來的，不過我卻是幫凶。」

在一般人眼裡，棒球情報就等於引用神祕的棒球統計數據的能力。詹姆斯的廣大讀者群不了解的是，統計資料其實不是重點。重點是「理解」，是讓自己活得更聰明。而這個重點卻已消失不見了。「我懷疑，」詹姆斯寫道：「我們是不是被這些數字搞得太麻痺，因而再也無法真正吸收從這些數字歸納出來的任何知識。」

詹姆斯最後一本《棒球摘要》的最後一篇文章，標題為「折斷魔術棒」。「對大多數人而言，我寫的是統計數字，這點似乎毫無疑問，」他說。「但其實不是，從來不是；這些年來，我關於棒球統計數據的文章，不超過兩篇。這本書成功的祕密，就是在討論的核心中，我其實並不存在。我所寫的，正是其他人每天談論的問題，只不過談的方式不一樣。」

就這樣，他不寫了，宣稱自己不再是賽伯計量學家。「知道你是對的、全世界都錯了，實在是件很棒的事。」他總結道。「希望在死之前，上帝能讓我再次體驗這種感覺。」

他完全沒有料見——當時沒有，後來也沒有——並不是全世界都錯了。從來沒有人打電話告訴詹姆斯，真的有一支大聯盟球隊一路仔細閱讀他的文章，了解他所闡述的道理與精神，而且，已經開始發掘更多棒球新知，要一棒敲醒那些從來沒搞懂詹姆斯的呆瓜。

第5章

夢幻名單，出爐

二十一點賭桌上，一對精於算牌的搭檔

我寫作的目的，是讓棒球更加有趣。

詹姆斯新聞通訊，一九八五年

當你想到對人類有深遠影響的知識分子時，你會想到物理學家、政治理論家，或經濟學家。你會想到凱因斯（John Maynard Keynes）談人類行為的那些話——他們相信自己是受自己觀念的導引，卻不知自己其實是某個作古多年經濟學家的奴役。

你不會想到棒球，因為你不認為棒球有知識的根基。但是，棒球確實有，只是從來沒有人認真地觀察、嚴謹地提出質疑，並以夠份量的文字功力，吸引實際打棒球人的注意。一旦有人做到了，剩下的就是時間問題：還要經過許久，才會有某個人採取實際行動、善用這樣的知識，取得競爭優勢。

不要因為某人說某件事是真的，就以為那是真的

一九九七年，比利・比恩當上奧克蘭運動家隊的總經理時，已經讀完詹姆斯那十二本《棒球摘要》。

詹姆斯提到「成功棒球員要件」的錯誤觀念，比恩覺得簡直就是衝著他寫的；他也讀到詹姆斯針對他和其他有膽量，或是有需要傾聽的棒球隊總經理的評語：如果你挑戰傳統智慧，就會找到比現行方式更好的做事方法。

詹姆斯停寫《棒球摘要》的整整十年後，一支願意把這些書銘記在心的球隊，還是有兩個新的機會。第一個機會，是直接採用詹姆斯及其他圈外分析者所開發出來的知識，直接在棒球圈內實踐。另一個新機會，則是繼續開發並拓展這些知識。

奧克蘭運動家隊兩者都做了。不過，如果因為他們用了詹姆斯的觀念，就說他們模仿詹姆斯，那就錯了。詹姆斯是模仿不來的，伊萊亞斯運動紀錄公司試圖抄襲《棒球摘要》時，已經證明了這點。詹姆斯一再強調的重點就是：不要模仿別人！要學會循著理性的路線自行思考。**假設、反覆求證，絕不要以為答案已經完美無瑕；不要因為某位知名棒球員說某件事是真的，就以為它是真的。**「任何自以為在模仿我的人，其實都不是。」詹姆斯說。

遲至二〇〇二年六月四日，也就是業餘選秀會的當天，棒球界還有許多亟待回答的重大問題；棒球場，還是個無知愚昧之地。從來沒有人建立一套最有效率使用救援投手的方式；投手與守備各是防守的哪個部分，從沒有人能給予棒球知識分子滿意的答案，因此也沒有人能說清楚守備到底有多重要，沒有人能解答守備統計數據的問題。而且也沒人想出更好的選秀方式，來取代大家過去習以為常的瘋狂狀態。

詹姆斯過去不曾特別關心業餘選秀會——大概是因為網路時代來臨之前，他無從獲得業餘球員的攻守數據，也無從分析。不過在一九八〇年代中期，他曾針對一小群訂戶連續寫了十八個月的新聞通訊，在其中一期他曾頗具說服力地主張：美國南方已被球探翻遍，五大湖區則仍有待開發。

他同時詳查了選秀的歷史，發現「大學球員的投資報酬率比起高中球員，高得非常、非常荒唐」。棒球圈內人的傳統智慧——高中球員比較有機會成為超級巨星——也是可以證明的錯誤。詹姆斯不懂的是，為何大聯盟各球隊拒絕正視這個事實。「反知識分子的恨意，在美國社會經常可見，而且有各式各樣的表達方式，」他寫道：「拒絕選入大學球員，可能就是其中之一。」

儘管如此，詹姆斯從未嘗試證明：如何利用高中球員或大學球員的統計數據，來判定他們未來打職業棒球的發展性。大學時代的表現是否等同於進入職棒後的演出，這個問題從來沒人能回答，至少無人公開解答過。而運動家隊研發部門主任保羅．迪波德斯塔，就曾自行研究了這個問題。

運動家隊的經營團隊後來就根據這項研究的結論，不顧敢怒不敢言的資深球探反彈，針對棒球界與新人實施一項全新的觀念。不曉得自己是新觀念實驗品的那些人，人生也從此改觀。

利用自己的貧窮，掩飾心中真正的動機

正當球探們大口嚼著菸草、湧入選秀辦公室時，一位身材被所有棒球人公認不適合打職棒的捕

手，正坐在阿拉巴馬州塔斯卡魯薩市（Tuscaloosa）等待結果。傑瑞米．布朗，完全不曉得為何即將發生在他身上的事，會發生在他身上。

選秀會當天早上，比恩比平常早到競技場球場，坐進他過去七天坐的位置。天才剛亮，房間內的氣氛似乎比平常更嚴肅；煤渣磚砌的牆壁漆成像精神病院小房間的亮白色。四張以廉價相框裱起來的前運動家隊巨星海報：瑞奇．韓德森、馬克．馬怪爾、丹尼斯．艾克斯里（Dennis Eckersley）、華特．衛斯（Walt Weiss），是唯一會讓人想起外面真實世界的東西。

時間還早，離選秀會開始還有足足一個小時，幾位年輕球探陸續走進來，報告他們為球隊省了多少錢。事實上，球隊在選秀會前與球員談條件是違反大聯盟規定的，不過幾乎每隊都這麼做，只是其他球隊或許不像運動家隊如此積極。

第一批進來的球探，其中一位叫里奇．史帕克斯（Rich Sparks，暱稱史帕奇），他負責替運動家隊在五大湖區物色選手。史帕克斯才剛跟聖母大學的中外野手史坦利談過，結果令他相當滿意。當你不再以貌取人，不再以他那些意義不大的數據評斷選手，改以他有意義的數據觀察他過去的表現後，你會得到一些奇特的結果，史坦利就是又一個例子。

根據大聯盟球探部的資料，史坦利身高一七〇公分、體重七〇公斤，不過這是灌水的數字。他個子太小——或許正因為如此——上壘率卻特高。用肉眼初步觀察，他守中外野，已經比運動家隊現任中外野手泰倫斯．隆恩（Terrence Long）還要好。但在球探眼裡，早就判定史坦利不夠高大，不夠格打大聯盟。

史坦利告訴過史帕奇，他預計自己在選秀會第十五輪後才會被選中。換句話說，他預計挑中自己的球隊，只是為了填滿該隊小聯盟的名單，而不是看好他有晉升大聯盟的潛力。但是剛剛史帕奇告訴史坦利，運動家隊有意在第二輪選他，而且是真的把他當大聯盟潛力新秀看待，但條件之一，是他必須同意接受二十萬美元的簽約金——大約比其他第二輪球員少了五十萬美元。

其他球隊以為，比恩之所以會簽一些「怪咖」，是因為他付不起正常球員的薪水，比恩也鼓勵這種看法。事實上，他也的確簽不起其他球員。在比利．比恩面前的長條形餐桌上，有一架無形的收銀機，裡面有老闆給他的九百四十萬美元，要簽下可能多達三十五位球員。如果新球員的簽約金跟上個球季的行情一樣，運動家隊光是第一輪的七個選秀權，就得花掉超過一千一百萬美元。

但比恩利用自己的貧窮，掩飾了另一個事實：比起那些他買不起的好貨色，他其實心裡更想要這些怪咖。在他眼中，史坦利是貨真價實的第二輪選手。既然沒有球隊要選他，比恩也樂意在他身上省一點錢。

「史帕奇，沒問題吧？」比利．比恩問道。

「當然沒問題，」史帕奇說。「我告訴他的時候，我以為他要從電話那頭鑽過來謝我呢。」

比恩笑了。「真的賺到了，是吧？」

「我想他不拿錢都願意簽約。」史帕奇說。

用全新的角度，看看你自己的天分吧

史帕奇之後，負責南方各州的年輕球探比利・歐文斯（Billy Owens，綽號比利歐）也走進房間。因為責任區的關係，歐文斯是運動家隊與阿拉巴馬大學捕手傑瑞米・布朗的聯絡窗口。歐文斯一進來，比恩便大喊：「比利歐看起來就像個牙買加大毒梟，對不對？」歐文斯連微笑都懶得，因為太麻煩了。他還是設法傳達了笑意，沒有牽動到一根肌肉。

「還順利嗎？」比恩說。

「嗯，一切都很順利。」歐文斯說。

「他都了解了嗎？」

「都了解了。」

如果你用打樁機一直敲壓ＮＢＡ球星俠客・歐尼爾（Shaquille O'Neal）的頭，直到身高壓到一八八公分，那就是歐文斯了。

他又高又寬，而且除非百分之百確定為了活命一定得移動，他才會移動。他也很精明，可以看穿別人的心事，即使你沒表現出來。過去幾天內，歐文斯逐漸明白，自己有項新任務：讓布朗對自己有一番新的評價。

他一步一步慢慢來，因為他不想嚇到這孩子。「那小子原先告訴我，能擠進前十九輪就心滿意足了。」歐文斯說：「我告訴他，考慮前十輪吧。告訴你，那傢伙一聽樂翻了。第二天我打電話給他說：再縮到前五輪。這回，我不確定他相信我是認真的。昨天，我打給他說：你的簽約金有機會到達六位數，而且第一位數不是一。那孩子聽了之後腳都軟了。」

不過真正讓歐文斯好笑的，是在此之前發生的一段插曲。當他打電話告訴傑瑞米．布朗，說運動家隊想用他們手中七個第一輪選秀權的第五個——也就是整個選秀會的第三十五順位——來選他，布朗聽了沒有多說什麼，只淡淡的回答：「非常感謝你，我等會兒回你電話。」幾秒鐘後他回電，原來，他以為剛剛打電話過來的，是他的大學校隊隊友假裝成歐文斯來耍他，不是運動家隊的球探歐文斯本尊。「他以為那是惡作劇電話，」歐文斯說：「他說他想確定打電話的人真的是我，而且不是在開他玩笑。」

以捕手身分保有阿拉巴馬大學進攻最高紀錄的布朗，之前完全被傳統球探思維洗腦，根本不相信會有球團對他有高評價。正當他準備重新看待自己的棒球天分，歐文斯開出兩個條件：一，要接受運動家隊開出的三十五萬美元簽約金，這比一般第三十五順位選手可望拿到的，整整少了近一百萬美元。其次，他必須減重。

「我跟他說，這是奧克蘭運動家隊，我們用不一樣的方式做事情。」歐文斯說。這是他這輩子跟業餘球員間最奇怪的選秀會前談話。「我告訴他，這個簽約金是他能拿到的最高金額，而且沒有討價還價的空間。我說，運動家隊已經承諾你，現在你必須用你的身體對我們做出承諾。」

這真是有史以來最勁爆的減肥廣告，代言人跌破大家眼鏡。談到最後，布朗聽起來很樂意同意一切。但同時，他還是無法打從心裡相信這一切是真的。這一點，讓比恩擔心起來。

「你今天晚上要不要回家一趟？」比恩問歐文斯。其實他真正要說的是：你要不要親自過去，免得布朗昏了頭？他要歐文斯去提醒布朗，運動家隊剛剛大幅拉抬了他的「市場價值」，他應該心存感恩到簽下合約。一旦布朗真的在第一輪被選中，之前根本把他拋諸腦後的那些經紀人會全都黏著他，慫恿他打破與運動家隊之間的口頭協議。

「不用了，」歐文斯坐到其他球探旁邊。「我告訴他，那些經紀人會打電話給他，跟他講一堆屁話。這小鬼沒問題的。」

「嘿，」史帕奇開心地對歐文斯說：「你的小鬼可以拿我的小鬼當晚餐。」

「放心，他會的。」歐文斯說，然後閉上嘴巴，一動也不動。

數字是客觀的，「臭屁」是主觀的

比利．比恩的電話響了。

「嘿，肯尼，」他說。肯尼．威廉斯（Kenny Williams），是芝加哥白襪隊（Chicago White Sox）的總經理。

威廉斯最近常打電話來，想用交易取得運動家隊的先發投手科瑞・萊多（Cory Lidle）。不過，那天早上他打來想談的並不是萊多。他打來是因為白襪隊握有首輪第十八順位選秀權，比運動家隊的第一個選擇晚了兩個順位，他想知道，運動家隊打算要選誰。他沒有直接問，而是不斷向比恩打聽一堆球員，以為可以趁機套出口風。「我們排在你們前面，所以你就別玩諜對諜了吧。」比恩終於說。「別擔心，布蘭頓很可能會是你的。」喬・布蘭頓（Joy Blanton）是肯塔基大學的投手，比恩也很欣賞他。

比恩掛上電話。「他會選布蘭頓。」他說。很有用的小訊息，剛好填補運動家隊第一與第二選擇權（整個選秀會第二十四順位）中間的一小塊空白。

然而，當時沒有人在想選秀會第二十四順位的事。感覺上，第二十四順位好像還很遙遠，也不相干。運動家隊打算以手上的第二十四順位以及之後的選秀權，選進其他球隊看不出有啥了不起的球員。傑瑞米・布朗就是其中一個極端的例子。

尼克・史威許就不同了，很多球隊都想簽下他。沒有人講出史威許的名字，不過大家都知道比恩迷上了這小子。在活像精神病房的這個選秀室裡，大家都感覺史威許是囊中物了，球探們已經在交換他們最喜歡的史威許八卦。印地安人隊的總經理馬克・夏派若（Mark Shapiro）有一次跑去看史威許打球，史威許的表現，不像是個被大聯盟大人物檢視的年輕球員那樣戒慎恐懼，而是大步走到夏派若面前說：「芬利的老婆到底在搞什麼？」查克・芬利（Chuck Finley）是印地安人隊投手，他當時剛告太太家暴。

這小子真夠臭屁的。

比利．比恩必須努力掩飾他對「臭屁」這個詞的喜愛。臭屁是「主觀」的，而比恩宣稱的目標則是要大家保持「客觀」。不過這類有關史威許的極度主觀描述，還是不斷從他的嘴巴冒出來——史威許很臭屁；史威許什麼都不怕；史威許「不會讓任何事情阻擋他進入大聯盟」；史威許有「架式」。

你愈是聽比恩談史威許，就愈明白他不是在談史威許。他是在談雷尼．戴克斯卓，跟史威許是同一類性格。戴克斯卓當年暴露出比恩的缺點——讓比恩看清自己永遠無法成為人人看好的職棒球星，也讓他看清只能靠自己另謀出路。難怪只要話題談到史威許，比恩的口氣就不怎麼「客觀」。他是在談一個昔日的鬼魂。

糟了，他重重把手機摔在桌上……

剛開始，一切似乎都很篤定。球探們四處打聽後，大致已經掌握到選秀會前十五順位誰會選誰，而運動家隊以第十六順位選中史威許應該沒有問題。然而，選秀會開始前二十分鐘，比恩在棒球界最要好的朋友——藍鳥隊總經理里奇阿迪——打了通電話給比恩之後，情況就不再那麼篤定了。

電話剛接起來時，比恩一聽是里奇阿迪還臉色一亮，不過接下來電話那頭說的事情，讓比恩冒出：「靠！我得掛電話了！」他用力按掉手機，摔在桌上。

「我們被史潘害死了！」比恩說。「他的經紀人剛剛喊出兩百六十萬美元簽約金，該死的落磯隊沒辦法搞定。」史潘（Denard Span）是高中的中外野手，洛磯隊原本打算以手上的第九順位選他。現在看起來，史潘不會穿上洛磯隊球衣了。

當十七歲的史潘公開宣稱，他要兩百六十萬美元簽約金、一毛都不能少之後，他的「股價」頓時暴跌。沒有人敢碰他，因為害怕無法說服他接受較合理的簽約金。史潘的名字頓時落到第一輪的尾巴，引發前段順位一連串令人頭痛的複雜連鎖效應。在運動家隊前一位、握有第十五順位選秀權的大都會隊，原本打算要選下列四位投手的其中之一：傑夫．法蘭西斯（Jeff Francis），他也在比恩想要的球員清單中，以及三位高中投手：克林頓．艾佛茲（Clinton Everts）、克利斯．葛魯勒（Chris Gruler）以及柴克．葛蘭基（Zack Greinke）。其中，艾佛茲、葛魯勒與葛蘭基大概會分別被蒙特婁博覽會隊、辛辛那提紅人隊與堪薩斯皇家隊選走。剩下的法蘭西斯，就會穩當地被大都會隊以第十五順位拿到。

但因為洛磯隊沒能搞定他們的第一人選，一切都打亂了。洛磯隊現在會改選法蘭西斯，剛才里奇阿迪打來，就是告訴比恩這件事。他之所以知道，是因為大都會隊在上述四位投手之後，備案名單第一人羅斯．亞當斯（Russ Adams）就是藍鳥隊打算以第十四順位選入的球員。大都會隊接下來的備胎，正是史威許。史威許將穿上大都會隊球衣——跟戴克斯卓一樣！

比恩馬上打電話給大都會隊總經理菲利普斯（Steve Phillips），賭一賭或許能勸他別選史威許。但是稍早前威廉斯想拐比恩攤牌未能得逞，這回比恩也沒有理由相信自己會成功。職棒球團總經理這個職位的特性之一，就是你得跟你不斷想坑的對象保持密切互動。當上總經理六年來，比恩持續展現一種天賦：談成一些怪誕的好交易——找出其他總經理想要的（即便他們不應該想要），然後滿足對方，換來好得多的東西——而這回他認為自己也能辦到。但其實沒辦法，因為他手上沒東西可換。交換選秀順位是違反規定的，選秀室裡頭約三十個人，就聽著比恩尷尬地講電話：

「艾佛茲現在怎麼樣，你有消息嗎？」比恩說，吊對方的胃口。

菲利普斯告訴比恩，博覽會隊打算選艾佛茲。

「那葛蘭基和葛魯勒呢？」

菲利普斯說，這兩個人會被皇家隊與紅人隊選走。

「對呀，我跟你一樣不爽。」

他掛了電話，不再隱藏自己的痛苦，大叫：「幹！」

如果當時有人剛走進房間，一定會滿頭霧水——三十個大男人沉默坐在房間裡，驚恐地看著另一個人發脾氣。最後比恩說：「他們要選史威許。」選秀室中或許有人因而鬆一口氣，但比恩突然起身，把椅子朝房間的另一頭砸去。大夥兒進入選秀室已超過一小時，雖然滿腦子都想著史威許，不過在此之前，從來沒有人提起尼克．史威許的名字。

「我們應該還好吧。」有人白目地說。

「不！我們一點都不好！」比恩說。他的心情壞到極點。「葛蘭基、葛魯勒和艾佛茲都會先被挑走。該死的落磯隊會選法蘭西斯。里奇阿迪想選亞當斯，一旦亞當斯也沒了，我們就慘了。」

原本，史威許頂多只是大都會的第六志願：大都會根本不會珍惜他，而是選得很不情願。如果比恩擁有整個選秀會的狀元選秀權，他會拿來選史威許。他比全世界任何人更欣賞史威許……應、該、是、他、的！不過如今史威許即將落入大都會隊，簡直是被埋沒了。

「幹！」他又大喊了一聲，伸手去拿菸草。他已經連續兩天沒睡了，這是他的「傳統」——選秀會前一夜他從來不睡。太亢奮了，他說選秀日是一整年棒球球季裡，給他最純粹喜悅的一天。

只不過這回有麻煩了。他伸出一根手指，挖了一團菸草塞進嘴唇裡，臉上略微泛紅。此刻的選秀室有種「不是贏家通吃，就是全部輸光」的感覺，如果運動家隊真的得到史威許，再發生什麼事都不會破壞這可愛的一天。如果沒得到，往後再發生什麼都是生不如死。

任何大塊頭生起氣來，都會讓整個房間氣氛緊張，就算房間裡的其他人也都是大個子。掛掉菲利普斯的電話五分鐘後，比恩還是氣得要命，搞得房裡沒有人敢出聲，深怕火上加油。整個房間的氣氛，就像是每個人都拿到一小瓶極不穩定的強烈炸藥。你可以多少懂了，為什麼當年輪到比恩上場打擊時，連對方後援投手都會特別從牛棚裡跑出來，只為了看他被三振出局時的反應。要把他這種感覺形容成憤怒，似乎不夠貼切，那是一種孤傲者的暴怒：他相信，或許甚至想要相信，他是一個人單獨面對這個問題，沒有人能幫得了他，也沒有人**應該**幫他。

盛怒中的比恩，周圍一切完全靜止。迪波德斯塔靜靜看著自己的電腦螢幕，他看過比恩這種狀態太多次了，知道最好不要捲入。迪波德斯塔也知道，比恩想要成為比恩，就必須振作起來。「我想我們會拿到史威許，」此時迪波德斯塔心想：「不過眼前我可不會說。」

他媽的隧道盡頭出現一道他媽的光

最後，這片可怕的寧靜終於被球探部主任庫波塔的手機鈴聲打斷。但那不是一般鈴聲，而是帕海貝爾（Pachelbel）的古典名曲〈卡農〉，讓當時的氣氛格外荒謬。庫波塔趕緊從桌上抓起手機。「喔，是這樣嗎？」他的語氣明快，然後掛上電話。整個選秀室已經變成一齣象徵主義舞台劇。

比恩的電話再度響起，又是肯尼．威廉斯打來。這時的比恩對威廉斯沒興趣，不管白襪隊怎麼做，都無法改變比恩得到史威許的機會。

「肯尼，什麼事？」比恩說，口氣沒有詢問的意思。

威廉斯剛剛得知比恩得不到史威許之後，擔心比恩搶走他的第一人選。但比恩此刻根本沒空管其他人在害怕什麼；如果他會很慘，那其他人也要跟著慘。「你本來可以得到布蘭頓，」他說：

「不過現在得不到了。」

他掛了電話，馬上又打給大都會隊的菲利普斯。這是他的作風：如果他第一次沒有獲得他想要的答案，他就會一直打去，直到得到為止。在那一刻，若是擋在比恩跟他要追求的東西之間，就好比在母熊跟牠的小熊間搭起帳篷一樣不智。鈴響一聲，菲利普斯就接起來了。

「你聽說什麼了嗎？」比恩問。

菲利普斯說沒有。

「是喔，」比恩悶悶不樂地說。他開始**同情**菲利普斯只能被迫選史威許。然後菲利普斯又說了幾句，讓比恩的心情迅速轉變：由挫折變成好奇。

「喔，真的嗎？」然後他沉默聽了一會兒

「嗯，那真是他媽的隧道盡頭出現一道他媽的光。」

他把電話掛上，轉向迪波德斯塔。「他說如果史考特．卡茲米爾（Scott Kazmir）沒被選走，他們就要選他。」卡茲米爾是另一位運動家隊毫無興趣的高中投手。比恩太興奮了，甚至不怕麻煩地說只有笨蛋才會在第一輪選秀時挑個高中投手。所有人都抬起頭來看著白板，評估這位大都會隊新的第六人選，是不是真會落入大都會隊手上。很可能，因為沒有球隊曾明確表達會選他。

不過話說回來，沒人知道第七和第八順位的老虎隊與密爾瓦基釀酒人隊打算怎麼做。要是他們不改過去的行事作風，那麼應該是不會做出太聰明的事情。而這就可能會製造麻煩——挑選像卡茲米爾這種高中投手，正是這兩支球團愛幹的蠢事。

「菲爾德可能會幫上我們的忙。」皮塔若終於開口。

小王子菲爾德（Prince Fielder）是西索．菲爾德（Cecil Fielder）的公子，名字取得還真有點貼切。西索．菲爾德一九九〇年效力老虎隊時，單季轟出五十一發全壘打，不過到了他的職棒生涯晚期，即便轟出飛上第二層看台的特大號紅不讓，他也幾乎已經跑不動，更別說接面前的滾地球。「西索．菲爾德自己承認的體重是二六一磅（約一一八公斤），」詹姆斯曾經寫道：「令人好奇的是，如果他把另一隻腳也放上磅秤，不曉得體重會變成多少。」

西索．菲爾德可以把布朗整個生吞下肚，還有空間裝甜點。但他兒子的體重問題，顯然比父親更嚴重。一個很驚人的事實是：連運動家隊都覺得小王子菲爾德太胖了。全北美沒有第二個棒球選手，會被運動家隊嫌太胖的。不過，皮塔若似乎認為，老虎隊很可能會因為感情因素，無論如何還是會選菲爾德。而如果老虎隊選了他，將引發一連串連鎖反應，讓大都會隊有機會得到他們的前六名人選之一。

眾人還沒推想出卡茲米爾是不是會落到大都會手上，選秀會就開始了。一如往常，運動家隊老闆蕭特走進選秀室，後頭跟著總教練豪爾。豪爾站在房間最後面，昂著下巴，一臉哲思，他比賽時在休息區也是這個表情。棒球圈的一大祕密，就是圈外人都以為總教練負責球隊重要的人事決定。事實上，選秀過程從一開始到結束，豪爾根本完全不知情，其他人事決策也一樣。

一張完美狀態下的完美名單

運動家隊球探部主任庫波塔，站在免持聽筒的電話前，要其他人都閉嘴。選秀室裡的每個人，即將就會知道運動家隊根據科學分析的選秀方式，有多麼新、多麼與眾不同了。

運動家隊球團有一個名單，從來沒正式寫下來過，那是在一個「完美狀態」裡他們最想簽的前二十名球員。所謂的完美狀態，就是如果錢不是問題，而且其他二十九支球隊不會跟他們爭奪全美國最讚的業餘棒球好手。這個名單，純粹是表達對業餘球員新評價的觀點。上面有八位投手、十二位打者。所有人暫時都只寫上名字，沒有其他資料。

投手：

傑瑞米·加瑟瑞（Jeremy Guthrie）
喬·布蘭頓
傑夫·法蘭西斯
魯克·哈格提（Luke Hagerty）
班·佛瑞茲（Ben Fritz）
羅伯特·布朗里（Robert Brownlie）
史提芬·歐本虔（Stephen Obenchain）
比爾·莫菲（Bill Murphy）

野手：

尼克·史威許
羅斯·亞當斯

卡里爾・葛林（Khalil Greene）
馬克・提亨（Mark Teahen）
史提芬・史坦利
馬克・奇格
夏恩・拉金
約翰・麥可迪
傑瑞米・布朗
約翰・貝克
布萊恩・史塔維斯基
布蘭特・科拉馬里諾

比利・比恩已經知道，等到運動家隊選人時，上述名單中兩位野手——葛林與亞當斯——將會已被其他隊挑走，因此在先前的會議中，就根本懶得討論他們了。他最好的朋友里奇阿迪會選亞當斯，另一位好友聖地牙哥教士隊總經理凱文・陶爾斯（Kevin Towers）則會挑走葛林。而名單中兩位投手：布朗里與加瑟瑞，他們的經紀人都是波拉斯（Scott Boras）。波拉斯以能替業餘球員談到比其他經紀人更多錢而聞名。如果球隊不肯付波拉斯開的價碼，波拉斯就會慫恿他的客戶這一年先別進職棒，次年再重新參加選秀，屆時可能就會被出得起巨款的球隊挑走。

令人吃驚的是，有錢球隊都吃波拉斯這套。二〇〇一年，這位經紀人替一位名叫馬克・鐵薛拉（Mark Teixeira）的大學三壘手，從德州遊騎兵隊老闆湯姆・希克斯（Tom Hicks）的口袋裡，榨出總值九百五十萬美元的合約。在鐵薛拉之前一個順位被選中的球員，是以四百二十萬美元簽下，而在鐵薛拉之後的那位則是兩百六十五萬美元。波拉斯的客戶排在上述兩位球員之間，他卻能挖到九百五十萬美元。波拉斯會在選秀會前找出願意對他旗下球員出最高價者，同時把其他球隊嚇走，因而把選秀會轉變成一場純粹的拍賣會。

比利．比恩玩不起拍賣。他只有九百五十萬美元可以花，而波拉斯早就放話：任何球隊想簽下加瑟瑞，一定得吐出兩千萬美元，否則加瑟瑞會返回史丹佛大學念大四。克利夫蘭印地安人隊已經答應付這個價碼，將以第二十二順位把他選走。

運動家球團的這份希望名單中，有十六位是他們負擔得起的，但能選到的機會有高有低。比恩認為，他最多可能選到其中六人。但其實很難講，他說不定只能得到其中一個。等到運動家隊第二次選人，也就是整個選秀會的第二十四順位時，名單上的所有球員可能全會被捷足先登。迪波德斯塔說，如果他們真能得到這份希望名單中的六位球員，他們鐵定爽斃了。從來沒有球隊能從他們中意的前二十名裡，選到六位球員。

二十一點賭桌上，一對精於算牌的搭檔

房間裡依然安靜。整個選秀過程透過電話會議進行，遠離球迷。詹姆斯曾形容，大聯盟就像「關起球場不讓球迷進去，在裡面偷偷打球」；而選秀會，正是這個狀況的變奏版。職業美式足球與職業籃球，都會舉行盛大的公開選秀會，他們會讓知名的教練與球員進入電視攝影棚，給他們印

得大大的號碼牌揮舞。美式足球迷與籃球迷，可以親眼目睹自己喜愛球隊的未來在眼前展現。而大聯盟的選秀會，則是一場電話會議——現在網路上有轉播了。

二〇〇一年例行賽戰績最差的匹茲堡海盜隊（Pittsuburg Pirates），擁有首輪第一順位選秀權。電話擴音器響起海盜隊傳來的聲音：

「重新選秀代號〇〇九〇。布萊恩．布靈頓（Bryan Bullington）。右投手。保爾州立大學。印地安那州費雪市。」

就這樣，第一個四百萬美元花掉了，不過至少是花在大學球員身上（「重新選秀」〔redraft〕表示他之前曾經被選走過）。隨後的五支球隊，也都是前一年戰績墊底的球隊，全都選了高中球員。坦帕灣魔鬼魚隊選了一位名叫麥文．厄普頓（Melvin Upton）的高中游擊手；紅人隊接著選走高中投手葛魯勒；接下來金鶯隊選了高中投手亞當．羅文（Adam Loewen）；蒙特婁博覽會隊選了高中投手艾佛茲。這些選擇看在運動家隊眼中，真是「選得好！」。前九順位中，有八隊選了高中球員。這幾隊是戰績最差的，也最沒有本錢選錯人，但他們卻像是走進賭場，就不管勝負機率，直接走向賭骰子的賭檯。

比恩與迪波德斯塔不再把選秀會當成擲骰子。他們是二十一點賭桌上，一對精於算牌的搭檔，認為自己找到了勝算高於莊家的方法。他們自認，可以接管整座賭場。每次只要看到有球隊把錢賭在高中球員身上，比恩就興奮地握拳振臂：他不想要的球員每多一個被挑走，他得到自己想要球員的機會就又增加了幾分。

當釀酒人隊以第八順位選走小王子菲爾德時，整個房間爆出如雷歡呼聲。這意味著，大都會隊有機會選到卡茲米爾。果然，大都會隊選走了卡茲米爾（花了兩百一十五萬美元）。選秀會進行了十六分鐘後，庫波塔靠近電話擴音器，試圖以冷靜、鎮定的口氣發言，但還是沒法控制自己。「運動家隊選擇尼克·史威許。一壘手兼中外野手；俄亥俄州立大學。西維吉尼亞州，帕克斯堡。父親是前大聯盟球員史提夫·史威許。」

「小王子菲爾德救了我們。」一名老球探說。這位胖子球員雖然沒穿上運動家隊球衣，卻幫了運動家隊一個大忙。

這時，比利·比恩站了起來。史威許到手後，接下來還能選到誰？他現在有了新的動力，臉上充滿自信。他就像一個債券交易員，上午才剛海撈一票，無所畏懼地迎接下午。他滿懷貪婪，確信市場的恐懼氣氛會製造更多可以利用的機會。接下來無論發生什麼事，整體都不會太壞了。到底能達到多好的境界？

「比利·比恩秀」正在上演，老天爺太偏心了

憤怒已煙消雲散，只殘留在其他人腦中，供事後回想而已。他已經離開了打擊區，現在正守在

中外野，準備以美妙的技巧接殺一個沒人以為他接得到的球。「比利是鯊魚，」里奇阿迪曾這麼說，用來解釋比恩和其他球隊總經理的不同處。「他不但比一般的總經理聰明，而且毫不手軟——他是我所認識最無情的人。」

比恩不斷在希望名單、迪波德斯塔與庫波塔之間來回移動。迪波德斯塔確認他的判斷，庫波塔則執行他的願望。就像任何優秀的債券交易員，他喜歡下決定，愈快愈好。他抬頭望著白板上球員的名字，聽著電話擴音器傳來的聲音。夢幻名單中的三位投手——法蘭西斯、布朗里、加瑟瑞，很快就被挑走，而他很想要的那十六個球員大部分還在。

運動家隊首輪第二個選秀權是第二十四順位（這是洋基隊買走吉安比所付出的選秀權），之後的順位依序是第二十六、三十、三十五、三十七、三十九。比恩已經和迪波德斯塔、庫波塔說好，要用二十四順位選進馬里蘭大學的游擊手麥可迪，也就是希望名單上的第二位打者。麥可迪是個防守能力差勁的野手，不過長打率卻排名全國第一。他們會讓他改守二壘，那個守備位置拖累球隊的程度比較小。比恩認為麥可迪可能成為下一位傑夫．肯特（Jeff Kent）[12]。

接下來，換白襪隊選人。「布蘭頓要被選走了。」比恩說。

一個小時前，肯尼．威廉斯告訴比恩他們要選布蘭頓，當時比恩不得不承認，這的確是讓他有點扼腕的明智抉擇。在比恩眼中，布蘭頓是整個選秀會排名第二的好投手，僅次於史丹佛大學的投手加瑟瑞。

電話擴音器傳出白襪隊的聲音：「白襪隊選擇重新選秀代號〇一〇三，羅傑．林恩（Roger Ring）；左投手；聖地牙哥州立大學；加州，拉梅薩。」

「你他媽的一定是在開我玩笑！」比恩大喊，樂壞了。他不斷嚷嚷，說威廉斯先前還告訴他要選布蘭頓（難道威廉斯是害怕比恩會選林恩嗎？），「不選布蘭頓，選林恩？不要先發投手，要救援投手？」然後他斬釘截鐵地說：「布蘭頓會是我們的了。」

這是他們心目中，整個選秀會第二好的右投手。他雖然嘴巴都說出來了，但似乎無法置信。他看了一下白板，重新估算接下來五個順位的總經理會出什麼招。「你知道嗎？」他以比較確定的語氣說：「布蘭頓將是第二十四順位。」

「布蘭頓**加上**史威許，」庫波塔說：「這可是全壘打！」

「巨人隊不會選麥可迪，對不對？」比恩說。舊金山巨人隊（San Francisco Giants）有第二十五順位的選秀權，剛好夾在運動家隊的兩個選秀權之間。「第二十四順位選布蘭頓，第二十六順位選麥可迪。」

「史威許加上布蘭頓**再加**麥可迪，」庫波塔說：「老天爺也太偏心了！」他按了下擴音器的按鈕，聲音抖得像是要打去說他中了樂透，然後用第二十四順位選了布蘭頓，暫停一下等巨人隊選，接著再以第二十六順位指定要麥可迪。

房間內的所有人，就連站在後頭、不太搞得清怎麼回事的那一小群人，包括運動家隊的總教練與運動家隊老闆，全都一起鼓掌歡呼。大家都假設，如果比恩得到他想要的球員，對於球團的未來絕對是好消息。整個選秀會現在已變成一場比利．比恩秀。

而且，還沒結束呢。

比恩再度凝視白板。「佛瑞茲，」他說：「如果我們也能選到佛瑞茲，那真是太不可思議了。」佛瑞茲是加州佛雷斯諾州立大學的右投手，根據迪波德斯塔的電腦資料，他是選秀會裡第三好的右投手。

「提亨不可能在三十九順位前被選走，對不對？」迪波德斯塔很快地說，他看得出比恩在做什麼。比恩發現自己可以選進大多數中意的打擊好手後，現在正嘗試看能否把最好的投手也搶到手。迪波德斯塔「客觀」的觀點是：打者比投手更值得投資。他覺得選秀會中對投手的最佳出手策略，就是拖延到較後面的順位時再大量敲進。但他可不想冒著失去打擊好手的危險。

「提亨將成為第三十九順位。」比恩說。

整個房間裡沒有人願意附議。

「用第三十順位選佛瑞茲，三十五選布朗，三十七選提亨。」比恩說。庫波塔湊近電話傾聽著。亞歷桑納響尾蛇隊（Arizona Diamondbacks）剛以二十七順位選走一位高中球員，水手隊則以二十八順位挑中另一位高中球員。太空人隊以第二十九順位挑走一位大學球員，不是佛瑞茲。然後庫波塔則用三十順位選進佛瑞茲。

「我們剛弄到全國三個最佳右投手中的兩個，還有四個最佳野手中的兩個。」迪波德斯塔說。

「真不敢相信，真的發生了，」比恩說：「別以為這種事常有。」

快輪到第三十五順位時，庫波塔再度湊向電話擴音器。要是湊得更近一點，他可能就會聽到，聯盟裡其他的擴音器紛紛暫時關掉，以便眾人可以放聲大笑不會被聽到。

他們真的在笑。他們將會拿運動家隊即將要做的事情開玩笑，但日後，他們將會學到教訓。如果你沒有能力想像某種外型的人去做某種事，只因為你沒見過同樣外型的人做過，這不但是一種罪惡，也是一種浪費。缺乏想像力，會導致市場無效率：**當你只因外表，就將某一群人排除在某個工作之外，你就更不可能找到最適任這個工作的人**。

在被問到傑瑞米．布朗讓他聯想起哪位已退休或現役大聯盟球員時，迪波德斯塔想了兩天，才終於說：「沒有人跟他一樣。」這小鬼本人當時人在家鄉塔斯卡魯薩市，透過網路轉播聆聽選秀會實況，一邊咬著指甲，因為他還是無法相信運動家隊會在第一輪選他。除了父母與女友，他沒有告訴任何人，還逼他們發誓不能講出去，以免萬一是場烏龍。他還是有點懷疑有人故意設計他，要讓他成為笑柄。但聽到自己的名字被報出來的那一刻，懷疑消失了。

「奧克蘭選擇重新選秀代碼一一七二；傑瑞米．布朗；捕手；阿拉巴馬大學；阿拉巴馬州，休伊城。」

庫波塔報出他名字的幾分鐘之後，布朗的手機就開始響個不停。首先是他的家人與朋友，然後是各路經紀人。那些他之前從未聽過的經紀人，現在都想幫他服務。**波拉斯**突然也想代表布朗。這些經紀人會告訴布朗，他們最少可以爭取到比運動家隊承諾的簽約金多出五十萬美元。布朗也得告訴他們，說他已自行和運動家隊達成協議，而且打算遵守承諾。後來也的確是如此。

隨後的兩小時，對比恩而言，簡直是天啟。當前七輪選秀塵埃落定後，運動家隊已經從比恩和迪波德斯塔的希望名單中，又選進五位打者：提亨、貝克、奇格、史塔維斯基、科拉馬里諾。當庫波塔在第七輪時靠近麥克風，選進這五人中的最後一人——匹茲堡大學左右開弓的一壘手科拉馬里諾——之後，迪波德斯塔終於露出幸福的表情。「棒球圈內沒有人會同意，」他說：「但科拉馬里諾可能是全國最棒的打者。」

棒球員，難道就不能有奶子嗎？

這顯示，運動家隊評估選手的機制和其他隊完全相反：他們竟能以選秀會第二一八順位，選進可能是全國最好的打者。然後迪波德斯塔說：「你知道什麼樣的球員會讓我興奮嗎？就是他有某種特點，使得其他人都不看好他，但我知道那個特點一點也無關緊要。」

科拉馬里諾後來進了運動家隊小聯盟，第一次在更衣室脫掉上衣時，惹得他的幾個教練忍不住通知比恩：「那個科拉馬里諾有奶子！」科拉馬里諾跟布朗一樣，看起來都不像傳統的年輕棒球選手。有沒有「奶子」，對於棒球員而言根本不重要。比恩只問了那些教練一個問題：男性胸罩，應該叫做「男奶罩」還是「陽罩」？

其他大部分球隊看待市場的方式都差不多，至少他們表現出來的就是如此。大多數球隊如果有個二十人的希望名單，最後能夠選進三人就覺得很幸福了。第一輪擁有七個選秀權、評估棒球選手的觀點非常古怪，再加上一位願意在球探部門貫徹此一觀點的總經理，上述三者的組合，讓運動家隊形同開創出另一個市場。在他們的二十人希望名單中，他們神奇地搶到了十三位球員：四位投手，九位打者。他們挑來那些因為太矮、太瘦、太胖或跑太慢，而被自家球探忽視的球員。他們挑來的投手被球探認為球速不夠，打者被認為長打能力不行。他們在第一輪選走的那些球員，原本以為自己前十五輪無望；而在後幾輪選上的球員，則原以為根本不會有人選自己。他們挑選的，是**棒球員**。

這就像是華爾街新出現一位能影響市場走勢的大牌基金經理人，只買素食餐廳與電動車廠的股票，與眾不同。股票市場的重新評估，會對企業和基金經理人產生重大影響。

一張張的股票，並不在乎你如何看待它們的內含價值。但對於棒球球員市場的重新評估，則會影響年輕球員的一生。那就好像奧克蘭運動家隊的選秀室，對外發出一個輻射狀的訊號，像雷射光，搜尋著那些棒球生涯的任何成就都被加上星號註記的球員。而頁末的註記解釋會說：他永遠不會有前途，因為他**看起來**不像大聯盟球員。

比恩是職棒界無意間打造出來的人身兵工廠，攻擊固有的積習和傳統。他認為，自己是在與種種主觀判斷作戰，但其實他還有其他貢獻。有一回皮塔若說，比恩讓他印象最深的一點——即不同於大部分棒球圈內人之處——就是他渴望找出「不像自己」的球員——穿了球衣看起來不稱頭的年輕人；只會打棒球、其他體育都不行的年輕人；以及，去上大學的年輕人。

那個胖球探緩緩地走進來。他也是名資深球探，和其他大部分老球探一樣，這個球季結束後，他將會離開運動家隊，另尋願意重視他想法的球隊。這些身材很差的新球員進來，將會把這些老球探都逼走。不過，此刻老球探們大半都很樂。「我剛剛跟奇格談過。」這位胖球探簡短表示。奇格是佛羅里達大學的游擊手，很會跟對方投手磨球數，好讓自己上壘。但是大家都說他太矮小了，不適合打職棒。現在他成了運動家隊第五輪選秀的人選。

「他怎麼說？」比恩問。

「謝謝你！謝謝你！謝謝你！」胖球探說，自己也笑了。「他只希望有人選他。」

這應該算是比恩生涯中最快樂的日子之一。當時他不可能知道，自己是否剛找到一個新方法，整治加諸在年輕球員身上不合理的期待；也不知道自己是否能如願。

但他覺得，自己很清楚答案。選秀會結束時，他抬起頭滿臉笑容地說：「這可能是我在棒壇最好玩的一天。」然後他走出選秀室的後門，走進棒球場。他要攻擊大聯盟的傳統思維，手上還有另一發更大的飛彈：奧克蘭運動家隊。

| 第6章 |

勝利的科學

當你處於劣勢，如何扭轉？

比恩想要解決的問題很棘手，看起來像是代數考試中一則特別難的加分題：

你只有四千萬美元，要花在二十五名球員身上。而你的對手，已經在他的二十五位球員身上花了一億兩千六百萬美元，另外還有一億美元備用。你該如何用你僅有的四千萬美元，才不會輸得灰頭土臉？

「你最不該做的，」比恩說：「就是去學洋基隊。如果我們照著洋基隊的方式，每一次我們都會輸，因為他們會用超過我們三倍的錢去做。」窮的球隊，就是買不起生涯顛峰的大聯盟球星，甚至買不起平均價位的球員。

當時，大聯盟球員的平均年薪是兩百三十萬美元，運動家隊開幕日的全隊平均年薪，卻還不到一百五十萬美元。而沒錢，只好去找物超所值的便宜貨——例如年輕球員，或是身價被低估的老將。由於過去二十五年職棒球員的薪水暴漲，任何站穩腳步的大聯盟球員，身價都不太可能被低估。如果市場還算理性，那麼有天賦的球員全都會被有錢球隊買光，運動家隊一點機會都沒有。

不過他們卻還是有機會，為什麼？

存在的目的，只是讓洋基隊定期來痛扁一頓？

怪的是，大聯盟也討論過這個問題，只是他們根本沒真把這問題當一回事來看。在一九九九年球季結束後，大聯盟創立了所謂的「會長棒球經濟學藍帶小組」（Commissioner's Blue Ribbon Panel on Baseball Economics），其職責就是提出所謂《藍帶小組報告》（*The Blue Ribbon Panel Report*）。該報告宣稱，其目的是檢視「職棒界現有的經濟體系，是否會造成競爭失衡的問題」。

大聯盟會長塞利格（Bud Selig）邀請了四位有名望的人士：前美國聯邦參議員米契爾（George Mitchell）、耶魯大學校長雷文（Richard Levin）、專欄作家威爾（George Will），以及美國聯準會前主席沃克爾（Paul Volcker），合力撰寫一份有關「棒球經濟不均衡」的報告。塞利格自己所擁有的密爾瓦基釀酒人隊，堪稱全大聯盟最悲慘的窮隊，他當然樂於相信，釀酒人隊的問題在於貧窮，而非愚蠢。如果該小組的結論主張，職棒球員薪資必須加以節制，而且有錢的球隊應該補貼窮隊，當然符合他本人的利益。他有一度甚至想把別的窮隊老闆塞進該小組的委員會中，不過這四位有名望的人士反對這種有損他們威信的意圖，於是塞利格答應，開會時，這些老闆只會在場旁聽這四位人士討論。

不過沒差別。二〇〇〇年七月，藍帶小組差不多達成了塞利格對他們的期望，他們的結論是：窮隊毫無機會，而他們的絕望對於棒球發展有害，因此必須找出方法，將貧富球隊之間的差距縮到最小。

詭異的是，保守派專欄作家威爾，竟是當中最大力提倡棒球社會主義的人。為了激起大家的警覺，威爾最常舉出的一個誇張例子，就是最有錢的七支球隊與最貧窮的七支球隊之間，全隊年薪的比例高達四比一；相較之下，職業籃球為一．七五比一，職業美式足球為一．五比一。棒球是美國主要運動中，最能用金錢換取勝利者，他認為，這是一種違背棒球精神的罪惡。當釀酒人隊、皇家隊與魔鬼魚隊球迷發現，他們球隊存在的目的，只是讓洋基隊定期來一再痛扁時，他們將會完全放棄棒球。這會危及整個職業棒球的前途。

這樣的說法有人同意，但是也有人反對。據兩位觀看會議進行的人士表示，只有一位委員願意發言：沃克爾。沃克爾也是唯一有財經背景的委員。儘管其他人愈來愈不悅，他仍堅持提出兩個難以逃避的問題：

一、如果窮隊的財務情況真的這麼糟糕，為什麼有錢的金主不斷以更高的價格收購？

二、如果窮隊真的沒有希望，為什麼全隊薪資在職棒排名倒數第二的運動家隊，能贏得這麼多場比賽？

對於第一個問題，球團老闆們找不到好答案，但為了回答第二個問題，他們決定把比恩拖來開會，要他自己解釋。

贏了，無名小卒就會成為大明星

很有趣，在前一季——也就是一九九九年，運動家隊交出八十七勝、七十五敗的戰績，未能晉級季後賽。不過比起一九九八年比恩剛接任總經理時的七十四勝、八十八敗，已經有了大幅進步。到了二〇〇〇年，他們看起來實力更強。沃克爾覺得很可疑。如果職棒的戰績完全由資金的多寡來決定，為何會出現一個這樣的例外？一支窮隊如何能進步這麼多？

保羅．迪波德斯塔幫比恩寫了發言稿，然後比恩飛到紐約，向沃克爾解釋為何他如此幸運。他很願意做這件事，他一點也不想阻止藍帶小組判定職棒界不公平。他很樂於見到球員薪資有所抑制，或者更棒的是，規定洋基隊要分給他一點資金。當比恩在小組面前報告時，他讓投影機上秀出一張幻燈片，上面寫著：

大聯盟

一部關於不幸的克利夫蘭印地安人隊的電影*

為了組成一支輸多贏少的球隊，老闆發出一張春訓邀請名單。棒球高層主管表示，這些球員大都已經走下坡。球迷在報紙上看到名單後說：「這些球員名字，我有一半沒聽過。」

*我們的情況與這部電影極為相似。

為了達到目的，比恩比任何人都會裝可憐。他告訴藍帶小組，運動家隊請不起知名球星，這表示無論他們表現有多好，球迷還是不願買票進球場——但事實恰恰相反。運動家隊做過的所有行銷研究都證明，球迷關心的是贏球。一堆無名小卒組成的球隊贏球，球迷還是會買票賞光，而最後會讓無名小卒**變成**球星；相反的，一堆明星組成的球隊輸球，球迷就會懶得出門看球，巨星也會變成無名小卒。將一群無名小卒組成一支高效率的贏球機器，並看著他們一個個變成明星，是經營窮隊的樂趣之一。

比恩還告訴藍帶小組，他無力支付球員行情價，這意味著他的成功可能是曇花一現。這些話，只是說給小組成員聽的，他自己才不這麼想。他相信——也似乎正是沃克爾所懷疑的：棒球員市場太沒效率了！對於明智的棒球策略又太欠缺理解能力，因此經營得好的球隊，可以輕鬆贏過雄厚資金的球隊。比恩後來以更多的證據支持自己的信念，繼一九九九年拿下八十七勝之後，二〇〇〇年運動家隊推進到九十一勝，二〇〇一年更贏得驚人的一〇二勝，而且往後兩年都打進季後賽。

他們沒有愈來愈差，反而愈來愈好。其他球隊砸下的錢，和運動家隊愈差愈多，但並沒有帶來明顯影響。每一年，運動家隊似乎都在財務上更處於劣勢，但每一年他們卻贏得更多比賽。或許他們只是運氣好，也或許他們知道一些其他球隊不知道的事情。或許他們就如自己私下認為的——變得更有效率。二〇〇一年，當他們連續第二年在季後賽第一輪的關鍵第五戰敗給洋基隊後，運動家隊球團深信自己的球隊比較強，運氣好的是洋基隊——而且洋基隊球團也知道這一點。二〇〇一年季後賽後，洋基隊以一億兩千萬美元肥約簽下吉安比，一部分原因就是不讓他繼續為運動家隊效力。

無論如何，二〇〇二年球季開鑼時，以這麼少錢卻贏得這麼多比賽的運動家隊，已經讓塞利格相當尷尬，連帶也讓整個大聯盟難堪。大聯盟會長以及聯盟工作人員以「反常」形容運動家隊。而如果你問他們那個模糊的字眼是什麼意思，他們會說（但不肯具名）：「他們運氣好。」

捧紅他，然後用高價把他賣掉！

然而，到了二〇〇二年，運動家隊的好運應該是用光了。他們跟其他隊的薪資差距更加擴大。

開幕日當天，洋基隊與運動家隊全隊薪資的差距，已經從一九九九年的六千兩百萬美元，攀升到二〇〇二年的九千萬美元。藍帶小組所描述窮隊的噩夢劇情，對二〇〇二年的運動家隊已經成真了。他們的三位明星——伊斯林豪森、戴蒙與吉安比——取得自由球員身分，跳槽到有錢球隊去了。

篤信金錢決定論的塞利格認為，這支球隊的奇蹟，一定是因為他們不輕言放棄。當然，職業運動裡不會有人公開表示放棄，不過，內心完全放棄任何贏球希望，每天為了薪水而準時到班，是絕對可能的。關於這點，職業運動有個專有名詞：「重建」（rebuilding）。大聯盟裡大概有半打球隊差不多是長年處於這種狀態。皇家隊過去四、五年一直在重建中；塞利格的釀酒人隊已經低迷不振至少十年了。

但運動家隊沒有如此，只因他們真的相信自己還能繼續贏球——或許無法像二〇〇一年贏那麼多，不過應該足以讓他們重返季後賽。

在二〇〇二年球季之前，迪波德斯塔將接下來的六個月，化約成數學問題：首先，他推斷出該季得贏多少場才能晉級季後賽：九十五勝；接著，他計算出運動家隊若要贏九十五勝，得分必須比失分多出多少：一三五分（球隊每季總得分與總勝場之間呈穩定的正相關，也是詹姆斯派人士的發現）。然後，他根據運動家隊球員過去的表現，合理推算出運動家隊能得多少分、會丟掉多少分。

他說，如果他們沒有突然冒出一大堆傷兵，球隊的總得分應該是八〇〇至八二〇分，總失分則是六五〇至六七〇分（他們最後攻下八〇〇分，丟掉六五三分）。根據這項數據，他計算出他們若能贏九十三至九十七場比賽，大概就會晉級季後賽了。「球隊拿下九十五勝，卻沒晉級季後賽的情況很少見。」他說：「如果我們真的拿下九十五勝，最後卻沒季後賽可打，那也就認了。」

二〇〇一年的運動家隊贏了一〇二場例行賽，而二〇〇二年運動家隊少了被市場公認為全隊最好的三名球員後，竟然預期自己只會少拿七勝。怎麼可能呢？

要想解開這道數學題，唯一的辦法，就是仔細檢視他們被有錢球隊挖走三名球員後，到底失去了什麼，或是大家以為他們失去了什麼？

第一個、也是最容易判斷的，是原本的火球終結者伊斯林豪森。一九九九年球季中期，比恩透過交易取得他時，他還在紐約大都會隊的小聯盟球隊。為了得到他以及另一位更高價的投手默麥可（Greg McMichael），以及支付給後者的薪水，比恩送走自己隊上固定的終結者比利．泰勒（Billy Taylor）。而幾年前比恩只花幾千美元從小聯盟發掘出來的泰勒，差不多一加入大都會隊後，就不再是個有效率的投手了。

比恩將小聯盟無名小卒轉變為成功的大聯盟終結者，而且在他們取得自由球員身分後，拒絕支付數百萬美元年薪，是因為他的重要見解：創造一位終結者，比去買來要有效率。成氣候的終結者基本上都估價過高，大部分是因為決定終結者市場地位的統計數字：救援成功（save）。這個詞，讓達成這個目標的人，聽起來極其重要。但救援成功碰上的典型狀況——第九局壘上無人、球隊領先，其實遠遠不如先發投手所面對的各種危急狀況。

終結者投手的數據，欠缺語言的力量，它只是一個數字而已。你可以隨手抓一位水準稍稍超過平均的投手，要他專職當終結者，讓他累積一些亮眼的救援成功次數，然後把他賣掉。實際上，你也可以買進一檔股票，放一些假消息哄抬股價，然後以高出許多的價位脫手。比恩已經這樣做過兩次了，而且認為自己可以一再做下去。

對運動家隊而言，伊斯林豪森的離去不是損失，而是一個名叫「賣掉終結者」的賺錢機器所製造出來的快樂結局。伊斯林豪森投效聖路易紅雀隊，運動家隊因而得到兩項資產：紅雀隊的第一輪選秀權，以及第一輪尾巴的補償選秀權。前者，他們用來選了佛瑞茲，他們判定這個投手比伊斯林豪森有更光明、更便宜的前途；而後者，他們用在布朗身上。

藍帶小組其實問錯了問題。問題不在於球隊能不能在旗下明星六年約滿、變成自由球員後留得住人。真正的問題，是棒球隊一開始要如何找到明星，以及失去明星後，能否找到新人取而代之？到底該如何評估一個棒球員的可替代性？簡短版的答案是：比經營棒球隊的那些人以為的要容易替代得多。

要找到能轉任為成功終結者的投手，其實沒那麼困難。比恩為了填補牛棚最後一道防線的空缺，就拿小聯盟三壘手辛斯基（Eric Hinske）去跟藍鳥隊換來同樣以速球見長的寇區（Billy Koch）。他知道辛斯基很棒——他後來獲選為二〇〇二年美國聯盟新人王——不過運動家隊已經有另一個更優秀的三壘手：艾瑞克．查維茲（Eric Chavez）。此外，比恩相信，只要不發生重大意外，寇區這項資產也將會增添很大的價值。寇區將會累積救援成功次數，然後被其他球隊視為成功球隊不可或缺的一環，勝過他的實際所值，而隨後運動家隊就可以用他再換來更廉價、更年輕，甚至很可能更棒的球員。

無限高分，永遠無人出局的比賽

至於失去了強尼·戴蒙（運動家隊的前任中外野手），問題就完全不同了。戴蒙與波士頓紅襪隊簽約後，運動家隊得到了紅襪隊第一輪選秀權（選進史威許）以及一個補償選秀權。但是戴蒙留下了兩個明顯的大洞：中外野的守備，以及第一棒開路先鋒的位置。進攻方面的漏洞比較容易理解，也容易解決。球迷眼中的戴蒙，是個令人興奮的開路先鋒，也是一個有競爭力的球隊不可或缺的角色。但在運動家隊球團眼裡，看到的卻是：對得分來源的不完整理解。

迪波德斯塔是在一九九九年球季開打前被比恩延攬，但早在那之前許久，他就已經開始研究球隊獲勝的原因。他從哈佛大學畢業沒多久，也就是九〇年代中期，便將二十世紀所有棒球隊的統計數據全部輸入一個方程式，然後測試看哪一項統計與球隊勝率的關係最密切。進攻方面，他只找到兩項數據與球隊勝負息息相關：上壘率及長打率。其他數據的重要性，就差多了。

進入運動家隊球團沒多久，迪波德斯塔就問自己一個問題：上壘率與長打率的相對重要性如何？他的答案，從一個推論開始：如果一支球隊的上壘率達到一．〇〇〇（通常口頭上講成「一千」）——也就是說，每位打者每次都能上壘——這樣能得多少分呢[13]？答案是：無限多分，因為永遠無人出局。

如果一支球隊的長打率，達到一．〇〇〇——表示每次打者上場打擊，都能多進帳一個壘打數——這樣又能得多少分呢？那要看獲得壘打數的方式而定，但通常會比無限大少很多。例如，一支球隊一局可能有四位打者上場打擊。第一位打者擊出全壘打，後來三人統統出局。四個打席產生四個壘打數，因此長打率是一．〇〇〇，不過整局就只拿下一分。

棒球迷與播報員剛開始留意到詹姆斯派人士所迷戀的上壘率與長打率時，棒球界也慢慢地將注意力轉向新的統計數據：「攻擊指數」（on base plus slugging, OPS）。「攻擊指數」就只是上壘率與長打率的加總而已。雖然沒什麼學問，卻比其他進攻統計數字更能反映出球隊的得分能力。不過，單純把兩項統計數據加起來，似乎暗示著兩項指標同等重要。如果要提升球隊的上壘長打率，那麼上壘率多千分之一與長打率多千分之一，效果是一樣的。

在進行推論之前，迪波德斯塔就已經對這種粗略的假設感到不安；現在他更明白，這樣的假設荒謬極了。上壘率多千分之一的價值，顯然高於長打率多千分之一，但究竟高出多少呢？為了解開這個謎團，他以詹姆斯「製分產量」公式為基礎，進行修改。修改完畢後，他得到一個預測得分的模型，比任何他所知道的方法都更精準。在他的模型中，上壘率每一點的價值，是長打率的三倍。

即使是以賽伯計量學的標準，迪波德斯塔的論點都很革命性。比爾·詹姆斯和其他人都曾強調過上壘率的重要性，但就連他們也不認為，上壘率的重要性會是長打率的三倍。大部分的棒球進攻模型都假設，上壘成功率每一點，頂多是長打率的一·五倍。對於不像賽伯計量學家那般看重上壘率的大聯盟而言，迪波德斯塔的論點簡直就是異端。

迪波德斯塔從自己的辦公室走出來，穿過大廳，到比恩的辦公室去陳述他的看法。比恩認為，這是他好長一段時間以來聽過的最佳論點。異端是好的——異端代表著機會；比起其他能力，一位球員的上壘能力——尤其是以不引人注目的方式上壘——往往會被大幅低估。和長打能力相比，上壘的能力——也就是避免出局——遭到低估，更別提比起防守功力以及腳程了。一個球隊能成功的最關鍵要素，正好是他們買得起的特質。在那一刻，運動家隊球團對於球員上壘能力的濃厚興趣，已經變成一種迷戀。

對於大部分棒壇人士來說，戴蒙在進攻上是非常寶貴的開路先鋒，又有盜壘天分。但對於比利·比恩與保羅·迪波德斯塔而言，戴蒙雖然是個討人喜歡的人，跟他相處很愉快，不過他在進攻上的貢獻很容易被取代。他二〇〇一年的上壘率是三成二四，比大聯盟的平均數值低了〇·一成。沒錯，他確實會盜壘，但盜壘有風險，連運動家隊球團都不放心戴蒙冒這個險。盜壘是否有價值必須依情況而定，但整體而言，盜壘成功率至少必須達到七成以上，才能對球隊得分產生正面的貢獻。

以二〇〇一年球季來看，戴蒙在攻擊方面對運動家隊的貢獻相當容易被取代；但守備就不是如此了。問題在於以隆恩取代戴蒙鎮守中外野時，要如何評估運動家隊的損失？簡短版的答案是：他們無法精確評估，但他們可以（至少他們以為自己可以）得到比大部分人更趨於精準的答案。自從詹姆斯首次抱怨守備統計數字沒有道理後，發生了一些改變。這些改變，就是新資訊，以及一個思考舊問題的新方法。怪的是，這種新思維的推動力，一開始，是源自華爾街。

謝謝你，華爾街

一九八〇年代早期，美國金融市場經歷一波驚人的轉型。電腦結合了智力進步，創造出全新的金融期貨與股票選擇權市場。選擇權與期貨，其實不過是股票與債券的碎片，不過這些碎片很快就變得晦澀難懂且難以解釋，因此華爾街乾脆將之統稱為「衍生性金融商品」（derivatives）。

這些新的衍生性商品，與傳統股票和債券有一個很大的不同：它們都擁有某個可以精確量化的價值。要任何人說某檔股票或某支債券應該值多少錢是不可能的；它們的價值取決於金融市場的看法；市場說它們該值多少，它們就值多少。當你把股票或債券的「碎片」重新黏合起來時，就一定與原始的股票或債券等值。如果它們比原始證券所值更高或更低，我們會說這個市場是「無效率」，交易員就可以用這些碎片和原始證券對做，從中賺上一大筆。

過去十年的大部分時間，想清這一點的人就在幾乎毫無風險的情況下，賺進巨額利潤。迅速掌握其中數學關鍵的那些人，並不是傳統的交易員。他們原是訓練精良的數學家、統計學家與科學家，他們放棄了原本在哈佛、史丹佛或麻省理工學院的老本行，在華爾街大撈一票。

這些頭腦複雜的高手，不僅自己賺進了為數驚人的金錢，也改變了華爾街文化，從此數量分析取代了本能直覺，成為市場下注決策的主流。衍生性債券問世最主要的經濟影響，是在金融人士執迷風險的漫長歷史中，空前精確地找出風險的價格，並更有效率地分散風險。在極具野心的那一代人的腦子裡，灌輸了「無效率」與「機會」之間的一種新關係，同時強化了「動腦」與「金錢」的舊關聯。

如此記錄功過，簡直沒有天理

肯恩．馬里安洛（Ken Mauriello）與傑克．昂布魯斯特（Jack Armbruster），就屬於那個世代。兩人同在一家獲利豐厚的芝加哥交易所上班，馬里安洛的工作是分析衍生性證券的價值，昂布魯斯特則是交易員。他們所服務的交易所，針對金融風險進行前所未有的精確估算與訂價。「一九八〇年代末期，馬里安洛開始想把同樣方法用在大聯盟球員身上，」昂布魯斯特說：「尋找統計數據沒有說出完整真相、甚至說謊之處。」馬里安洛與昂布魯斯特的目標，是採用比以往更精準的方式，評估棒球場上發生的事情。一九九四年，他們不再分析金融衍生性商品，而是成立了一家分析棒球選手的新公司：「AVM系統」（AVM Systems）。

馬里安洛看到了複雜的新金融商品市場與棒球之間的關聯：「粗略的數據資料所造成的低效率。」正如比爾・詹姆斯所言，棒球數據將運氣與技巧混淆在一起，而且忽視了許多場上發生的細節。兩人出局、二壘有人時，投手投出一記好球；被擊成一記剛飛出內野的軟弱飛球，如果左外野手不是亞伯特・貝爾（Albert Belle）[14]，一定會被接殺。精明的二壘跑者知道，貝爾不但衝去接球的腳程慢，傳球回本壘的速度也慢，因此一路衝回本壘得分。在正式紀錄中，打者反而居功最大，投手則記成失敗，左外野手與跑者只是在場的旁觀者而已。這樣的紀錄，簡直沒有天理——投手與跑者應該各有加分，打者與左外野手則應該扣分才對（前者應該被接殺出局，後者雖躲過「失誤」，不過卻讓對方因此而得分）。

若要精確評估棒球比賽中的各種攻守細節，就必須針對相關球員與比賽球場等進行調整。AVM的評估系統真正想知道的是：球場上所發生的每件事，相關球員應該負多少責任，要如何記錄功過？這個問題如果找到答案，其他很多問題就能迎刃而解。例如：貝爾必須擊出多少支二壘安打，才能彌補他沒接到的飛球？

如何核算球員的表現，很簡單：看得分。得分就是棒球的貨幣，是球場上所有事情的最大公約數。但棒球場上每一個小事件有**多少**價值，這個問題就比較複雜了。AVM為了處理這個問題，蒐集了過去十年大聯盟每場比賽的數據資料，以及打出去的每一球。每次球被擊出後的事件，都被輸入系統，拿來與過去十年發生過的典型情況進行比對。「不管比賽中發生什麼事，」昂布魯斯特說：「過去一定發生過好幾千次。」相關球員的種種表現，都會拿來與過去的平均值做比較。

這與十年前詹姆斯及克瑞默成立STATS Inc.公司時，所著手進行的事情大同小異。AVM系統對於棒球新知最獨到的貢獻，是它分析資料更精確，評估球員的表現更精準。剛開始，馬里安洛與昂布魯斯特把每一座大聯盟棒球場，變成一個個由點組成的數學矩陣，每一個點都被賦予一個號碼。之後，他們把每一記擊出去的球重新分類。

在他們的紀錄中，沒有二壘安打這回事，那太粗略了。他們的紀錄中也沒有內野高飛球、平飛球與滾地球這些東西，他們會更精確地做出區隔。一記擊出的球以何種速度、何種軌跡，打到球場上的哪一個區塊。在AVM的棒球賽紀錄中，一記被打到中、左外野之間的平飛二壘安打，會變成一記以某種力量擊出、落在編號六四三號那一點的球。

接下來，這套系統將每一次攻防切割成無數微小、有意義的碎片——就像衍生性金融商品。「棒球比賽的每個攻防，都包括了各式各樣的東西，」昂布魯斯特說：「只是以前從來沒有被記錄下來罷了。」

舉個小例子來說：一支擊向右外野的一壘安打出現後，原本在一壘的跑者看到右外野手是孟德西（Raul Mondesi）[15]，於是停在二壘，沒有往三壘衝。孟德西守右外野時，一壘跑者很少敢靠一支右外野安打直奔三壘。這顯然是有價值的資訊：為什麼？那就好比華爾街從來沒有人想過股票或債券碎片有何價值，直到有人因此賺了大錢；而在棒球選手變成貴得嚇死人之前，球員市場上也從沒有人想到，要為每位球員的每個小部分賦予特定評價。

一場棒球賽，成了一套衍生性金融商品

過去詹姆斯質疑棒球統計數字，因而挑戰棒球的傳統共識。AVM公司的金融專家則將這個觀念發揚光大：他們把棒球場上所發生的事，以完全不同於傳統棒球統計的方式重新記錄。AVM系統不光是忽視諸如「打點」與「救援成功」這些因狀況而定的統計數字，而是完全不理會傳統數據。這套系統以抽象概念取代一般球迷眼中的球賽。在AVM的電腦中，一場棒球比賽變成一套衍生性商品，球員在這個世界中，比在真實世界裡，接受更為精確的評價。

保羅．迪波德斯塔還在印地安人隊實習時，碰到了這兩位前任華爾街交易員轉行的棒球分析師，正第一次遊走大聯盟各隊推銷。他記得自己聽完AVM簡報後的反應：「我的天啊！它讓我大開眼界，」迪波德斯塔說。「AVM最厲害的是，完全將運氣成分抽離出來。每位棒球人都知道，運氣在球賽中很重要，不過所有人都說：『好運氣與壞運氣相互抵銷。』而AVM說並沒有。光說『啊，運氣會抵銷』是不夠的。」

那種源自金融市場的洞察力，深植在這位年輕人的腦海中，不久後他將會得到權力，在大聯盟

裡實踐這些觀念。一九九八年，比恩雇用迪波德斯塔沒多久後，迪波德斯塔便說服了比恩訂購AVM系統。「我還是對他們很感興趣，」迪波德斯塔說：「因為他們不像其他人那樣，只是把傳統數據拿來用非傳統方式打散重組而已。」

AVM系統是有錢球隊才買得起的系統，不過也是亟欲取得任何優勢的窮球隊會想採用的好東西。比恩與迪波德斯塔訂購了兩年的AVM系統，然後為了省錢，就照抄AVM系統所做的事。一旦迪波德斯塔成功複製這套形同衍生性商品的系統後，他與比恩就可以更精準地回答有關戴蒙守備的問題。

棒球場上的每一個動作，都被迪波德斯塔理解為具有某種「預期得分值」（expected run value）。但你也許不需要會計算預期得分值，還是照樣能了解它的意義：棒球場上任何一個動作，都會改變球隊得分的機會，往往還很微妙。

棒球場上的每個事件，也經常在不知不覺間改變比賽的狀態。例如，無人出局、無人在壘、打者還沒有任何球數時，預期得分值大概是〇．五五分，因為那是一支球隊在這種情況下的平均得分。如果這位打者敲出二壘安打，他就改變了比賽的「狀態」：現在變成無人出局、二壘有跑者。新「狀態」的預期得分值變成一．一分，因為一開始就敲出二壘安打，對於球隊預期得分值的貢獻是〇．五五分（一．一減〇．五五）。如果打者沒有擊出二壘安打，而是被三振出局，球隊的預期得分值會降到約〇．三分，這個出局讓球隊少了〇．二五分的預期得分值——即原有狀況與打者三振後的預期得分值差異。

不過，這樣的計算其實只觸及問題的表面。如果想完全剔除運氣成分，更深刻了解球員表現的評價，必須提出棒球的存在問題。例如，什麼是二壘安打？只說二壘安打是打者擊出安打後，在野手沒有失誤情況下攻占到二壘，其實是不夠的。看過棒球比賽的人都知道，不是所有二壘安打都一個樣。有些二壘安打應該要被抓到出局的——就如同有些球打出去應該是二壘安打，卻被天賦異稟的野手在空中沒收。有幸運的二壘安打，也有運氣差的出局。要想把運氣因素去掉，你真正需要的，就是先建立起類似柏拉圖式概念的二壘安打。

整套柏拉圖式概念，是華爾街交易員送給迪波德斯塔的禮物之一。迪波德斯塔拷貝自AVM系統的精確度，讓他可以用更新、更令人滿意的方式，看待所有在棒球場上發生的事件。被打至棒球場任何地方的球，過去也發生過數千次；這幾千球平均下來，就是柏拉圖概念。例如，以X軌跡與Y速度落至九六八號點的平飛球。從過去十年的數據資料中，你可以發現，過去一共出現過八六四二個幾乎一模一樣的球。你可以發現，這種球有九二%成為二壘安打、四%成為一壘安打、四%被接殺。假設這種情況的平均得分值是〇．五分，**不管實際發生了什麼事**，這套系統會記錄打者製造了〇．五分，投手則丟掉〇．五分。假如強尼．戴蒙在這種情況下剛好騰空跳起來，完成他的招牌動作「空中抓飛鳥接殺」，紀錄中會顯示他救了球隊〇．五分的失分。

那一記安打（或接殺）的價值之美，在於它是純由棒球決定的；利用過去十年所有棒球賽的平均值，就可以**告訴**你每個動作的價值。迪波德斯塔在傾聽球賽告訴他每個動作的價值後，就可以決定每個被打至廣泛定義「中外野」的球，其「預期得分值」是多少。

守備，重要性被高估了

回到戴蒙身上。在二〇〇一年球季中，運動家隊的對手共擊出數百記中外野手管區的球。把其中戴蒙擔任中外野手的結果統計出來，與平均值相比，迪波德斯塔就知道戴蒙幫球隊救了多少失分。迪波德斯塔也同時算出，可能接替戴蒙的隆恩，會讓球隊損失多少分。當然，有的東西你用肉眼就看得出來，你看得出球一碰到打者棒子，戴蒙就開始跑；你可以看到隆恩會先頓了一下，甚至球已經飛到一半，他還跑錯方向。

其實你用不著華爾街交易員告訴你，誰是比較優秀的中外野手。這套誕生於華爾街的系統，只不過是協助迪波德斯塔為兩者的差異訂出價格。從此之後，再也不用瞎猜、不必憑本能直覺，或是傳統的守備數據。以隆恩取代戴蒙守中外野的代價是失分十五分，大約是每十場比賽就被對方多攻下一分。

十五分不是個小數字。最後，迪波德斯塔的結論是：戴蒙的守備比比恩以為的還要重要——比恩首次讀到關於這個主題的那本小手冊指出，守備的重要性占棒球比賽的「不超過五%」——但是沒重要到讓你願意付戴蒙經紀人開出的八百萬美元年薪。而且事實上，你還是無法對守備下絕對的定論。「還是沒有確切的數據，」迪波德斯塔說：「因為這個系統沒有記錄防守球員一開始的站位。它無法告訴你球員要衝多遠才能接到球。」表面上看起來極為優異的防守動作，極可能是板凳教練對於站位的聰明研判。

還有另一個大缺點：這些計算只能評估過去的表現。無論你如何精確評估球員過去的演出，畢竟對未來的表現無法確切預估。戴蒙（或者隆恩）可能會走錯一步；可能開始酗酒或鬧離婚。戴蒙（或者隆恩）可能覺得自己錢賺夠了，突然喪失棒球中產階級拚命追高飛球的衝勁。人類行為永遠有不確定性與風險，運動家隊球團的目標，只是要把風險降到最低。他們的解決之道雖然不完美，卻比利用本能做出的粗糙決策強上許多。

有一件事，是他們很確定的：比起任何其他工具，這套系統所推出來的，更大幅接近球員表現的真正價值。它同時也強化了運動家隊的工作理論：一位球員的打擊能力對於球隊戰績的影響，遠大於他的守備能力。貝爾比大聯盟其他左外野手漏接更多的高飛球，不過這套系統也證明，他轟出的二壘安打對彌補此一缺點綽綽有餘。或者正如迪波德斯塔所說：「最佳與最差防守球員，對比賽結果影響的差距，遠不如最佳打者與最差打者的影響。」

整個市場由於未能領略這個事實，因此對守備技巧訂出了太高的價格。於是，有關戴蒙守備問題的務實答案是：想要找到替代的人選，花的錢可能不值那個價。任何中外野守備跟戴蒙一樣好的球員，不是進攻比他差很多，就是行情過高。損失了戴蒙優秀的守備，最有效的彌補方式，就是加強進攻火力。

《藍帶小組報告》認為，窮球隊在隊上球星取得自由球員身分轉隊後，一定無法跟別隊競爭。不過實際情況，卻比這項報告複雜許多。戴蒙與伊斯林豪森這兩位明星離隊，對運動家隊並沒有構成嚴重打擊。少了伊斯林豪森，一點也不算損失，反而有暴利進帳。少了戴蒙雖然有損失，不過比起紅襪隊答應支付他的四年三千二百萬美元高薪，也不算什麼。如果運動家隊損失的只有這兩位選手，迪波德斯塔的電腦可能會算出，球隊二〇〇二年勝場數將與二〇〇一年一模一樣。

不過，他們同時也喪失了吉安比，而吉安比的情況又是另一碼事。吉安比或許是大聯盟守備最糟糕的一壘手，不過他卻是得分製造機，是大聯盟進攻效率最高的球員。

更糟的是，吉安比又回到了奧克蘭，但這回，他披上了別家球隊的球衣。

第7章

窮，就得取捨

關鍵在於你捨了什麼，取了多少？

我們將以由上而下的方式經營整支球團，我們掌握球員人事。
那是我們的工作，沒什麼需要道歉的。有人以為，
棒球隊裡當家作主的是總教練，事實並非如此。
二〇〇三年一月十六日《波士頓前鋒報》引述比利．比恩的話

運動家隊的球員休息室，在職棒圈裡是出了名最簡陋、最不討喜的地方。其中，視聽室是最糟的。

視聽室離浴室只有幾公尺，記者嚴禁入內，是球員用來躲記者、研究自己的地方。裡頭一面牆堆滿了運動家隊以前比賽的錄影帶，另一面牆則放著老舊的錄放影器材。房間兩端各有一台舊螢幕，放在污漬斑斑的塑膠貼皮辦公桌上。整個房間裡僅有的裝飾品，是一張塑膠美國地圖——因為球員有時候想看下一輪客場比賽要飛到哪些州——還有一支被前運動家隊外野手麥特．史岱爾斯（Matt Stairs）打斷成兩截的斷棒，緊靠著其中一張書桌。這個房間大約可以容納六名棒球員，而且常常如此。

通常坐在美國地圖與史岱爾斯斷棒之間的，是一個名叫丹．費斯坦（Dan Feinstein）的年輕人，大家都喊他費尼（Feiny）。在比賽開打前二十分鐘，球員在視聽室裡唯一留下的東西，是米蓋．提哈達

（Miguel Tejada）吃完的無花果餡餅包裝袋。費尼看到了搖搖頭。這位運動家隊游擊手跟很多其他球員一樣，老要旁人提醒他隨手收拾自己的垃圾，費尼就是那種會毫不客氣提醒他的人之一。

大學時主修中世紀歐洲史的費尼，現在的工作是為運動家隊準備錄影帶。他以自己這個破舊的小空間自豪，他說，有錢球隊的設備要更昂貴且高雅得多，但奢華是要付出代價的：他們的球員從來不用擠在一起，不會被迫熟悉彼此的體味。費尼正是藉著體味與揮棒姿勢，逐漸熟悉所有運動家隊球員，他也深信球員們應該好好認識自己。

寧可打棒球，不願去華爾街的「哈佛幫」

我去視聽室的那天晚上，運動家隊正要迎戰來訪的洋基隊，洋基隊排出的先發投手是大衛・威爾斯（David Wells）。在費尼旁邊有一長串的錄影帶：提哈達 vs. 威爾斯、梅尼奇諾（Frank Menechino）vs. 威爾斯、查維茲 vs. 威爾斯。我看看那些帶子，然後望著費尼，他說：「今晚我的感覺不太好。」「為什麼？」我問。「他們比我們好。」他說。

費尼身旁的視聽室另一頭，坐著二十五歲的大衛・佛斯特（David Forst），他是前哈佛大學游擊手。兩年前，佛斯特以社會學榮譽學位畢業，曾受邀參加紅襪隊的春訓。最後階段被刷掉後，他把履歷表投遞至大聯盟各球團，引起迪波德斯塔的注意。就這樣，自二十世紀初「死球年代」（Dead

Ball Era）以來，棒壇首度出現了哈佛幫。

這時，保羅・迪波德斯塔正坐在視聽室另一頭的辦公桌前。我問他們，將自己的人生以及所受的昂貴教育，都貢獻給遊戲一場的棒球，是否曾令他們感到惋惜？他們看著我的表情，好像我瘋了似的，迪波德斯塔還笑了起來。「喔，你的意思是，我們應該去華爾街做一些很有意義的工作？」他說。

比恩當初看上迪波德斯塔，原因不難理解：他是比恩的解藥。比利・比恩是毫無節制的雜食動物，他會什麼都吞下去，然後再來想後果。他每天吃下大約一萬卡路里的垃圾食物，以為自己總可以利用運動全部消耗掉。他來者不拒地快速吸收各種新觀念，就像在吃乳酪玉米脆條一樣。他活在世上的目的，就是要吞沒一切。

相反的，保羅・迪波德斯塔則像是要創下某種節能紀錄。對食物，他抱著懷疑態度，彷彿全世界的廚師都串通起來想毒死他。他一路念完私立預校和大學後，竟然從未喝過酒，不是因為他有什麼反對喝酒的傳統道德觀，而是因為研究證實酒精會殺死腦細胞。他對於自己的生涯規畫極其慎重，在二十八歲那年，他拒絕多倫多藍鳥隊讓他成為職棒史上最年輕總經理的優渥邀約，而且他打算繼續拒絕下去，直到讓他感覺對的機會出現。迪波德斯塔對於觀念很挑剔，不過他接受了一個重要的觀念：天底下還有很多棒球新知識，是大家還不知道的。

迪波德斯塔顯然是理性的動物。不過除了理性，他也流露出其他特質。高中時，他曾參與運動團隊，並且以事實證明，身材瘦削有如聖方濟的年輕人，也可以當上哈佛美式足球校隊的外接員。（「他有雄心壯志。」他以前的教練辛格頓〔Mac Singleton〕說。）迪波德斯塔不是典型會在大聯盟球團內晉升到權力高位的人，但是他辦到了。他以局外人身分，設法打進了一個設計上刻意把圈外人擋在外面的領域。

比利．比恩把自己變成兩個交戰國家——一邊是「**打職棒王國**」，另一邊是「**思考如何打職棒共和國**」——之間的橋梁，而迪波德斯塔，則是從橋上衝過去的那個人。在他手臂底下，夾著工具箱以及比爾．詹姆斯的精神。「我們想效法詹姆斯的，」迪波德斯塔說：「就是他會問**為什麼**。」

不要期待完美，而是要判斷哪些缺陷不重要

在二〇〇二年球季初的這一個晚上，迪波德斯塔想問的問題是：我們怎麼會放走傑森．吉安比？事實上，他真正要問的問題是：我們讓吉安比走人，為什麼會有影響？

當然，運動家隊經營團隊馬上就知道，他們無法找到另一個跟他相當的一壘手來取代他。沒有其他一壘手像吉安比，就算有，他們也請不起，而且無論如何，運動家隊並不是如此思考他們必須填補的洞。

「重要的，不是再創造出某個人，」比利．比恩後來說：「而是再創造出這個集合體。」他不

能也不會再找一個傑森・吉安比；不過他可以找出吉安比讓他們最無法割捨的片段，然後用吉安比身價的零頭去買。

運動家隊球團把吉安比打碎成他最搶眼的進攻數據：四壞保送、一壘安打、二壘安打、全壘打，以及他其他比較不搶眼的數據：每個打席面對的投球數、四壞對三振比率。然後球團問：在哪些項目能找到負擔得起的替代品？然後他們明白，他們負擔得起的，是用迂迴方式去買來他最關鍵的進攻特性：上壘率，外加其他幾個較不突出的特質。

前一季，吉安比的上壘率為四成七七，在美聯中高居第一，比名列第二的水手隊馬丁尼茲（Edgar Martinez）高出五％（馬丁尼茲的上壘率為四成二三，而美聯平均上壘率為三成三四）。每兩次上場打擊，就有一次能上壘的球員，運動家隊全都請不起。

另一方面，運動家隊先發陣容中需要補的洞，並非只有吉安比一個。強尼・戴蒙（上壘率三成二四）已經空出中外野，而指定打擊薩恩茲（Olmedo Saenz，上壘率二成九一）會退居板凳。這三位球員的平均上壘率（三成六四），是比恩與迪波德斯塔想要找人取代的。他們要找三個能填補一壘、外野以及指定打擊位置的球員，而這三人的上壘率，要比一般大聯盟高出三％。令人吃驚的是，儘管上壘率的重要性這麼高（或該說運動家隊球團相信是如此），但在市場上居然這麼廉價。只要願意犧牲球員的其他特質，例如在六十碼衝刺跑得比熱狗小販還快，他們就能買到高上壘率。

「我們不找完美球員，」迪波德斯塔說：「會落到我們手上的，一定都有某方面不對勁。」為了填補吉安比留下來的那個洞，運動家隊去外頭找，或者從自家小聯盟拉上來，他們找到三位其他球隊不想碰的球員：前洋基隊外野手大衛・賈斯提斯（David Justice）、前紅襪隊捕手史考特・哈特柏格（Scott Hatteberg），以及吉安比的胞弟傑若米・吉安比（Jeremy Giambi）。他們能負擔得起這三個球員，迪波德斯塔解釋，是因為他們全被大聯盟各球團認為是瑕疵品。

你捨了什麼，取了什麼？

比賽開始了。運動家隊球員小跑到球場上各自的防守位置，迪波德斯塔在一台螢幕前的老位置坐下。攝影機掃向左外野，照到站在那兒的傑若米・吉安比，他不開心地前後晃著，像是在等一通不愉快的電話。他一定知道，自己站在一個幾乎確定會被公開羞辱的位置。迪波德斯塔猜得到傑若米正在想：拜託！球不要朝我這裡打來；或許還有：如果要朝我這裡打，拜託你不要打得太難處理。

這場比賽的第二球，洋基隊二壘手阿方索・索里安諾（Alfonso Soriano）偏不讓傑若米如願。他看準運動家隊投手希留斯（Eric Hiljus）一記投到紅中的快速球，轟到左外野深處。傑若米瘋狂地朝左外野圍牆後退，像個想逃開瘋狗的郵差。他是全職棒速度最慢球隊中腳程最慢的球員。他跑的同時，也透過某種方式傳達內心的尷尬。他現在已經忙得沒時間思索，否則他很可能納悶自己為什麼要守左外野。他之所以會守左外野，並非因為他有任何接高飛球的特殊天賦，而是他處理滾地球更無能。說得明白些，傑若米會守左外野，是因為那是運動家隊最有效率的資源分配方式。

傑若米還未跑到圍牆邊，卻以為自己已經到了。他沒戴手套的那隻手，朝後頭的一片空無摸索著，然後往上看。夜晚的天空裡有一顆球，但球到底在哪，他顯然並不確定。他跳起來——或許該說，他模仿跳起來的動作——球飛經他的手套下方，打到圍牆，形成一支二壘安打。索里安諾迅速跑過一壘時，我朝著電視大吼——我不是來看落水狗輸球的——勉強忍著沒說球迷應該控告球隊瀆職。謾罵運動家隊的野手們有點不道德，就像在朝跛子叫罵。被擺在實驗室裡當實驗品，又不是他們的錯。傑若米從來沒有**要求**守左外野。

迪波德斯塔幾乎連眼都不眨一下。**窮人的人生中，總是充滿各種令人難堪的取捨，竅門在於：清楚知道你捨了什麼，取了什麼。**左外野的鬧劇，不過是換取傑若米打擊能力所付出的代價。但這是個複雜的交易。這場比賽才投了兩球，運動家隊已感受到這個代價。

傑森．吉安比第一次上場打擊時，索里安諾已站上三壘，德瑞克．基特（Derek Jeter）則靠內野安打攻占一壘。場上這三位洋基球員的年薪，幾乎等於運動家隊全體二十五名球員薪資的總和。吉安比和他的高薪，讓整個球場改觀。如果你在視聽室的天花板或靠球場的牆上鑽個洞，就馬上可以見證運動家隊有史以來最龐大的觀眾群：今晚有五萬四千五百一十三人進場，原因不光是紐約洋基隊進城作客。

這些觀眾進場，是因為過去兩年運動家隊曾經只差幾個出局數，就會把洋基隊從季後賽淘汰出局。他們要來看職業運動中最精采、最新一集的「大衛對巨人歌力亞」戲碼[16]：現在，巨人歌力亞對於自己的身材優勢還不滿足，乾脆連大衛手中的彈弓也給買了過來。運動家隊球迷對著吉安比揮舞各種標語——**叛徒、出賣自己、貪婪**。他們口中大罵出來的話，更是難聽。不過在視聽室中，我們聽不到球迷的聲音。六部電視螢幕，顯示出一片無聲的狂怒。視聽室裡的人連嘆息都沒有，他們對於道德劇不感興趣，道德感是球迷的玩意兒。

傑森．吉安比站上打擊區，電視攝影機的鏡頭來回在他跟左外野的胞弟身上切換。電視播報員想把兩人比較一番，可憐的傑若米，他可能需要一位天才，才能看出他真正的價值。不過，就連白癡也看得出來，他站在本壘的哥哥價值不凡。過去幾年中，全棒球界只有一位打者在進攻上比他更優秀：貝瑞．邦茲。

吉安比具備所有原始的進攻特性：全壘打、高打擊率、永遠高居不下的打點。同時他擁有更微妙的特質。比方說，只要他列入上場陣容，對方投手就會被迫多投很多球。對方先發投手投球數愈多，就愈快被救援投手換下場。救援投手沒成為先發投手是有其原因的：他們的確沒那麼好。當一支球隊在系列賽的第一戰就猛烈消耗對手牛棚裡的救援投手，到了第二、三戰所面對的救援投手群不光是比較差，也根本累壞了。「棒球比賽是一場消耗戰，」比恩喜歡說，「被消耗的就是投手的手臂。」

像吉安比這一類的打者，對於球隊有許多隱性的貢獻。他磨倒對方先發投手的能力，讓其他隊友更有機會面對第二級的投手。這種能力和其他能力一樣，直接源自於他對好球帶的透徹了解。他的優異打擊技巧，等同於投手完美的投球，視聽室裡的幾個年輕人對此都再熟悉不過。

「注意看，」迪波德斯塔說，此時年薪一千七百萬美元的打者站上打擊區，茫然瞪著年薪二十三萬七千五百美元的投手。「吉安比把好球帶從中間切成兩半。」讓他興奮的，並不是吉安比明顯的打擊爆發力，而是他的自我控制力，以及對投手的影響。吉安比讓即便是很好的投手，也無法像平常面對一般打者那樣掌握對峙局面。何況，今天晚上的希留斯並不是很好的投手。

佛斯特指著螢光幕，告訴我投手要投進本壘板上方的哪一小塊地方，吉安比才會出棒。他所標示出的區塊，少了靠打者內側的那一半。「他不擅長打內角球，所以碰到內角球就乾脆不出棒。」佛斯特說。

每個打者都有打擊死角。「因為好球帶太大，無法全部照顧到。」迪波德斯塔說。泰德・威廉斯曾寫過一本書《打擊的科學》（*The Science of Hitting*），書中他將好球帶想像成一個格網，由七十七個棒球組成，然後進一步想像棒球投到這七十七個點，有哪些點他打得好，哪些點打不好。其中有十一個點，全部是偏低、大都是偏外角，他如果揮棒，打擊率平均不到二成七。邦茲曾在春訓期間接受ESPN專訪時表示：「如果你投到我的死角，就可以讓我出局。」問題不在於一位打者是否有弱點，而是弱點在哪裡。大聯盟裡每位投手都知道，吉安比的死角在腰部高度、偏內側的地方。大小就像五百毫升裝的鮮奶，兩顆棒球高、一顆棒球寬。

重點不在於發生什麼事，而在於我們的球員怎麼做

這同時點出一個明顯的問題：為什麼投手們不乾脆瞄準那個牛奶盒？我一問，費尼微笑搖搖頭。「他們有啊，」佛斯特說。「不過吉安比很厲害，他會往後退，把球打到界外上層的觀眾席上。之後，投手就不敢再塞內角球給他了。」

「而且，吉安比的弱點就緊貼著他最拿手的位置，」迪波德斯塔說。「如果投手投出的球偏個兩吋，球就會飛出全壘打牆。投手就會想說：『我可以讓他出局，不過只要差那麼一點點，一切就毀了。』」

希留斯在想什麼，我們看不出來——只看得出他很想把球投到本壘板內側。他的第一球，是稍偏的外角壞球；第二球是更靠近紅中的快速球，吉安比敲到右外野形成一壘安打，把索里安諾送回來得分。

運動家隊打者第一局毫無表現。到了第二局上半，希留斯繼續以紅中速球餵洋基隊打者，讓他們再添四分，包括基特轟出的三分全壘打。我大概第三次叫出聲時，整間視聽室還是一片安靜，我這才發現，自己不但看球的心情不同，看的也是不同的比賽。我的雙眼老盯著令人難堪的電視轉播畫面，其他人則是專注看著另一個螢幕——直接由中外野攝影機傳進來的內部訊號，讓他們看到最清楚的好球帶畫面。我看的是整個比賽，反應就跟一般球迷沒有兩樣。我看的是故事劇情和戲劇化

的事件和其他激起我情緒的東西。他們看的是碎片——不是比賽本身，而是比賽的衍生物，而且就我看來，他們完全沒有反應。

「這是觀察過程而不是結果，」迪波德斯塔說：「太多人下決定是根據結果，而非過程。」投手把球投進捕手手套的路徑是結果，我說，只是這結果比較微妙。

「重點不在於發生什麼事，」迪波德斯塔說：「而在於我們的球員怎麼做。」不管是從現場觀眾席、球員休息區、球場豪華包廂，甚至是電視實況轉播畫面，都不可能看得出一顆時速九十哩（一四五公里）的快速球，是否向外側或向上偏離半吋。只有在視聽室裡，才看得到他們認為評估球員最需要看到的大事：每一球到底是好球還是壞球。「好球帶是比賽的核心。」詹姆斯曾寫道，而眼前這些人的行為，則更強調了這個事實。

當洋基隊打爆希留斯後，輪到運動家隊進攻，佛斯特抽出一張打字很工整的紙，顯然是迪波德斯塔授意要他製作的。上面印著：

提哈達：三八％	查維茲：三四％	隆恩：三一％
賀南德茲：二九％	潘尼亞：二七％	梅尼奇諾：一九％
賈斯提斯：一八％	吉安比：一七％	哈特柏格：一四％

針對每個運動家隊打者面對的來球，球團人員都記下球路和進壘點。藉以統計每位打者出棒打壞球的機率。他們把每個打席看成一場小比賽，機率不斷在改變。機率當然取決於投手是誰、打者是誰，不過也會被各種小細節影響。每一個打席都像是在玩二十一點，每發一張牌，整個局勢隨之改變。比如說，第一球就投出好球，打者的打擊率會降低約七．五％；第一球就投出壞球，打者打擊率會提升七．五％。

偏離好球帶，你唯一要做的就是：不要揮棒！

不過對於棒球行家而言，最具戲劇張力的不是第一球，而是第三球。「純以預期結果來看，兩好一壞與一好兩壞的差別非常大，」迪波德斯塔說。「是所有球數中，預期結果變化最大的一球。面對一好兩壞，大多數的中等大聯盟打者都會變成明星球員；不過面對兩好一壞，他們就會變成貧打的第九棒。大家老說第一球搶好球數有多重要，不過真正重要的，是在前三球中搶到兩個好球。」

對於打者而言，任何偏離好球帶的球，都是讓機率轉為對自己有利的機會。你唯一要做的就是：不要揮棒！整體來說，運動家隊打線的後半段棒次，都會刻意地、任性地把機率轉為對投手有利。「我好羨慕賭場經理，」迪波德斯塔說。「至少他們可以確定手下二十一點的莊家拿到十九點後，不會再追加一張牌。」

運動家打線的整個後半段棒次：提哈達、查維茲、拉蒙．賀南德茲（Ramón Hernández）、卡洛斯．潘尼亞（Carlos Peña）、隆恩，出棒顯然比較鹵莽，完全不同於打線前半段棒次的隊友：小吉安比、哈特柏格、賈斯提斯、梅尼奇諾。前半段揮棒有自制力，會避免打壞球。後半段棒次，都愛亂揮大棒。怪的是，前半段球員大都是跟別隊球員交易而來，後半段除了隆恩與潘尼亞，都是運動家隊小聯盟系統自家培養出來的。

那些在本壘板欠缺自律的打者，正是當初一進入職棒，就被運動家隊打擊教練群一再灌輸正確打擊觀念的球員。大聯盟打者打擊時所展現出來的自制力，與球團花在教導他正確揮棒紀律的時間，似乎恰好形成反比，這讓比利．比恩深信，揮棒自制力是教不來的（事實上，他說的是：「還是可以教，不過要從包尿布時就開始教。」）。看看大衛．佛斯特的那張名單就知道，比恩為何堅持要把選秀主導權從球探們的手中拿回來。大部分球探認為要靠後天學習的次要技巧，卻是運動家隊球團歷經痛苦的經驗後，認為那幾乎是與生俱來的特性，而且是讓球隊邁向成功最重要的特性。

這又帶出另一個明顯的問題：如果米蓋．提哈達、艾瑞克．查維茲、拉蒙．賀南德茲經過這麼多年的耳提面命後，還是揮棒去打壞球，列出名單又怎麼能改變他們？這一次我提問時，費尼沒再對我的笨問題報以微笑。「他們在米蓋身上花了五年的工夫，教他什麼球千萬不要出棒，」他說：「不過他還是亂揮。」

「可是你印在紙上，就是證據，」佛斯特說。「他們一開始不相信，不過你如果讓他們知道，第一球就揮棒的打擊率只有一成四時，他們就會注意了。」

賈斯提斯突然打斷我們的談話。攻守轉換，運動家隊防守球員才剛回到休息區，向來守右外野的賈斯提斯就突然出現在視聽室。「費尼，我可以看一下我剛剛的打席嗎？」他問。他甚至喘得並不厲害。從個人衛生觀點來看，棒球員最棒的一點，是他們很少流汗。

賈斯提斯坐下來，看自己被判三振的錄影重播。第三個好球，很明顯偏離本壘板約三吋。他快轉前面幾個球，直接去看誤判的那一球。「主審站得偏內側，」賈斯提斯看過最後一球說：「他根本看不清楚那記外角球。」

他講的有道理：主審得選擇要從捕手的哪一邊肩膀看出去，而他剛才是從本壘板內側看出去。賈斯提斯想要倒轉帶子再確認一次，但運動家隊揮棒自制力最差的幾位球員，很快就相繼出局。消耗戰已經變成一面倒的戰爭，希留斯前兩局投了五十四球，威爾斯第一局只投了十二球，第二局更只用六球（提哈達、查維茲、隆恩每人兩球）就輕鬆走回休息區。賈斯提斯還沒來得及抱怨，就得跑出去守右外野了。

老球員，誰說一定沒搞頭？

賈斯提斯是運動家隊用來取代吉安比棒子的三個瑕疵品中的第二件。「瑕疵品」並不是迪波德斯塔真正使用的字眼。他用的詞，是「缺陷」。比方說，「一個人會讓我真正感興趣，因為他有缺陷；大家都知道他有缺陷，而我認為那個缺陷其實不重要。」

要了解迪波德斯塔口中的缺陷可能是指什麼，只要賽後到球員休息室走一趟，看看剛淋完浴的運動家隊球員就行了。那畫面老實說沒什麼看頭，但賈斯提斯是例外。他依然是美男體標準模型，看起來還是跟以前一樣英俊、驕傲與健美。缺陷？老天在上，我心想，他是**大衛・賈斯提斯**。他保有大聯盟季後賽最多安打紀錄。他是奧斯卡影后荷莉・貝瑞（Halle Berry）的前夫，不管他與荷莉・貝瑞之間出了什麼問題，你都很難從賈斯提斯身上找出任何明顯的毛病。

「他哪裡有問題？」他一離開房間，我馬上問道。

「他已經三十六歲了。」迪波德斯塔說。

前一年，賈斯提斯開始顯出老態。他在世界大賽中的幾次揮棒，看起來真的很笨拙。不過他去年有大半時間都帶傷上陣，因此很難說他的大幅退步有多少是受傷造成、又有多少是年老造成的。棒球員通常在二十來歲後段時，達到成熟期；而進入三十來歲中段後，他就像是被定罪了似的，除非他能證明自己的清白。去年賈斯提斯形同承認了自己犯下棒球的「老化罪」，這也是他會來到運動家隊的原因。

在生涯顛峰期，賈斯提斯是公開市場中的頂尖打者，運動家隊絕對買不起。他們現在會請得起，只因為已經沒人要他了：其他球隊全把賈斯提斯看成過氣球員。比利・比恩與洋基隊達成協議，洋基隊把賈斯提斯二〇〇二年七百萬美元年薪的合約轉給運動家隊，但運動家隊只要付出三百五十萬美元，另一半則由洋基隊支付。實際上，洋基隊等於是幫運動家隊養賈斯提斯來反咬自己。我告訴迪波德斯塔，那聽起來並不像是擊敗洋基隊的好方法。

「對我們來說，他是個實驗，」迪波德斯塔說。「我們把棒球看成技巧的競賽，而不是一般的體育競賽。我們想要知道的是：棒球員隨著年紀而身體走下坡時，即便身體能力不比當年，技巧是不是還能保持原有水準？」

這個說法真滑稽：實驗？研究一個人，可以發現什麼真理嗎？

賈斯提斯不是一個人，迪波德斯塔說，而是個典型——某一類型的年長強打者。迪波德斯塔另外也進行了一項研究：他發現高上壘率的能力，比較不會隨著年長而退化，相較之下，有些能力——比方說轟出全壘打，就比較難以保持到生涯末尾了。四壞保送次數很多的球員，年紀增長後的被保送次數，甚至有增加的趨勢，而賈斯提斯就常被保送。

才幾年前，賈斯提斯耐心等待自己能打的球——免得出棒亂打投手的拿手球路，害自己出局——的能力，也讓他打出很多全壘打。如今他的長打爆發力所剩無幾，他的運動家隊新隊友近距離目睹他的這種能力消退。每回賈斯提斯打出深遠高飛球，回到休息區後，會一副就事論事的口吻說：「這種球以前都會出去的。」聽起來有點病態，那就像看著一樁死亡，每個動作巨細靡遺。

運動家隊的球團人員可不管這麼多。他們只希望在賈斯提斯生涯告終之前，從他身上榨出最後幾滴優異的上壘率。

「賈斯提斯知道你們這樣想他嗎？」我問道。

「不。」

一個遠離豪華包廂的總經理

他的確不知道。他們球員沒一個人知道。讓實驗室裡的老鼠知道自己是實驗品，一點意義也沒有。他們被保送會獲得讚美；亂打壞球則會挨刮。不過，從來沒有人告訴他們，球團把進攻簡化成一種科學——至少，球團自己是這樣想的。

他們不知道，上頭的經營團隊已把他們簡化成棒球的基本元素，而這些元素並不包括膽識、熱誠、果決，或是其他能激起一般球迷和球員母親關愛的特點。球員只知道，有個高層的力量在引導他們的行為，他們也知道不同於大多數球隊，自己隊上這個高層的力量，並不是總教練。隆恩曾抱怨，運動家隊球團不讓他盜壘；提哈達說，他知道比恩要他打擊時更有耐心。「如果我的四壞保送不到二十次，」他說：「比利．比恩會把我送去墨西哥。」

查維茲接受《棒球美國》雜誌採訪時回憶，由比恩主導的運動家隊體系用很詭異的方式訓練他。「運動家隊開始讓我看一些數字，」查維茲說：「說上壘率為什麼很重要。他們好像並不希望我追求打擊率或全壘打，可是被保送得多，就可以讓我升上大聯盟。」比利．比恩是個球員想像中的角色——但不是描繪得非常好的那種。

三局下，運動家隊得到一分。巨人歌力亞五分，大衛一分。最後我終於問：「比利人呢？」

「重量訓練室。」迪波德斯塔頭也不抬地說。

「**重量訓練室？**」

「比賽進行時，比利都會有點怪怪的。」佛斯特說。

一個被交易到運動家隊的球員，不用多久就會發現，這支球隊的運作方式和他之前待過的任何球隊都不同，而他通常得花上一陣子才能弄清楚為什麼。在某個時間點，他會領悟到新球隊的總經理跟以往不同。大多數的球隊總經理會在簽約時跟你握手，把你賣掉時打電話通知你。在你待在隊上的這段期間內，可能偶爾會看到這個球團大頭一眼，比方說，出現在球場高處的總經理豪華包廂裡，但通常他是個遙遠的人物。但運動家隊這位總經理完全不同，從來沒有人看過這位總經理走進他自己的豪華包廂。

新球員馬上就會注意到這一點：比起其他球隊的總經理，比利．比恩更常到球員休息室走動。曾在勇士隊、印地安人隊與洋基隊待過共十四年的賈斯提斯宣稱，他在二〇〇二年上半季看過比恩的次數，遠超過他看過前三支球隊總經理次數加起來的總和。新加入球隊的成員，會在球員更衣室看到比恩質問某個嚇得半死的投手，為何在某個球數下投出某種球路。或是看到比恩在球員休息室走廊，追著巴拿馬籍的代打球員，質問他為何發表鄙視四壞保送的言論。比賽中途，球員可能從場邊休息區鑽過隧道衝向視聽室，想去看自己上一個打席的錄影，結果發現，剛健身完的比恩穿著T恤與短褲，全身是汗地站在房內另一頭；而且如果比賽進行得不順利，比恩就會在休息室到處丟東西。把東西砸得稀爛。

很難說比恩的哪一種特質對於球隊成功最重要：他的充沛精力，他的足智多謀，他的聰慧，或是他威嚇球員的能力——連身材很高大的職棒選手，都會被他嚇得屁滾尿流。

何況，大多數總經理都沒打過職棒，而且面對大塊頭球員總覺得矮了半截。比利．比恩不但打過職棒，還應該在脖子掛個牌子：**我也打過職棒，所以別跟我鬼扯那套大聯盟狗屎**。他不想要你的簽名，不打算當你的哥兒們。球員們很少在球場以外的社交場合看到比恩，比恩總是跟別人保持距離，即使站在你面前也一樣。然而，他不會讓你忘記他的存在。

場上一切，都在他的算計之中

新球員來了一陣子後，就會開始納悶，球隊裡是否保留了一個球員的專屬空間，是比恩無法入侵的？

有，但只有一個，就是場邊的球員休息區。大聯盟明文規定，禁止總經理坐在場邊休息區。但即使在那兒，總經理也從來不會離你太遠，因為總教練豪爾的肩膀上好像坐著一個迷你比恩，隨時朝他耳邊大喊大叫。最不尋常的心靈控制術，就發生在運動家隊的場邊休息區。如果豪爾腦裡有一根湯匙，比恩也可以用腦波把它弄彎。有一次替補外野手亞當．皮亞特（Adam Piatt）在比分接近時上場打擊，當時一出局、一壘有人，他以觸擊護送隊友上二壘。好像這是他應該做的，每個棒球員都會這麼做的。豪爾倒是不完全反對──他骨子裡還是老一代的棒球人。令人訝異的是，他走到休息區裡皮亞特旁邊說：「那是你擅自決定的，對吧？」

電視觀眾只看到，一個看起來很有智慧的老教頭與他的年輕球員交換意見。他們大概以為，這位總教練正在向球員闡述犧牲觸擊藝術的精妙之處。但實際上，這位總教練比較關心犧牲觸擊的政治效應：豪爾想要確定比賽結束後，被總經理吼的不會是他。果然，隔天報紙上皮亞特承認，是他自己要犧牲短打的，豪爾並未指示他這麼做。而豪爾即席向記者們上了一課，解釋為什麼犧牲觸擊不是好戰術，整個說詞就像比恩親自說的一樣（職棒球員與教練們，經常利用媒體向總經理放話）。

剛到奧克蘭運動家隊的新球員，不必太久就會明白：比利．比恩才是指揮全局的人。他就像個好萊塢製作人，不光是干涉劇本而已，還堅持要插手燈光、攝影、場景、服裝。他不光是交易球員、監督球探、讓自己的名字上報，以及做其他總經理會做的事情而已。他決定了要不要觸擊或盜壘；誰該上場、誰該坐板凳；誰該打第幾棒；牛棚如何使用；甚至是總教練的微妙心理戰術。

如果你仔細觀察運動家隊比賽，就會發現豪爾總是站在比球員高的場邊休息區階梯上，下巴微微昂起，一臉若有所思的表情。豪爾的下巴很好看，當他站起來昂起下巴，看起來活像是美國國父華盛頓領軍渡過德拉瓦河的歷史畫面。職棒圈中沒有其他總教練比他更能利用昂起的下巴，傳達出自己完全掌控局面的訊息。每場電視轉播，鏡頭總會帶到豪爾那張堅忍不拔的臉十次，有時播報員會忍不住提到，豪爾對年輕球員產生了鎮定的效果。豪爾在棒球圈，因此博得穩定掌舵者的美名。為什麼？因為他看起來就是那樣！

這一切都只是作戲。比恩早已告訴豪爾，比賽中該站在哪裡、擺出什麼姿勢，球員就會不得不往上看著他，從他的冷靜表情中獲得力量，因為如果豪爾照自己的意思坐在板凳上，看起來就活像個戰俘。

運動家隊的狀況和別隊不同，有些隊員比其他人更喜歡這裡。三十九歲的內野工具人韋拉迪（Randy Velarde）[17]，常跟記者抱怨這支球隊由球團操控，不讓任何人盜壘或觸擊。二十三歲的明星投手齊托則說，誰效力運動家隊，或球隊花了多少錢都不重要，只要比恩當家，就有爭奪總冠軍的機會。當一位希望匿名的球員被問到，如果豪爾被解雇對球隊有何影響時，他說他看不出會有任何影響，因為「反正比恩都在重量訓練室遙控球隊」。

事實也是如此：每場主場比賽開打前，比恩會換上他的短運動褲，走進重量訓練室。前兩局他會跑幾哩，舉一些啞鈴，這也是在提醒任何從休息區溜進來鍛鍊的投手或板凳球員，他們所效力的球隊是棒球史上獨一無二、總經理也是頂尖運動高手的球隊。過了前兩局之後，比恩會做什麼，就要看情況而定。

他不會做的事，就是看比賽。當他在現場或從電視看自家球隊的比賽實況，就會很生氣，因而危及棒球科學。以他自己的話來說，他會變得「主觀」。他的憤怒，可能促使他做出未經深思熟慮的事。若你以為他會在他的豪華包廂裡，招待家人、親友，以及來訪的達官貴人——好吧，那是不可能的事。有些來運動家隊作客的重要人士會暗示，想去比恩的包廂看球賽，比恩會說：「很好，不過別指望我會跟你一起看球。」比恩的客人起先會以為他在開玩笑，結果去了才發現整間包廂只有自己一個人。

看球會讓比恩受不了；但反過來，要他**不看**，他也受不了。他的口袋裡隨身攜帶一個類似呼叫器的白色小盒子，可以讓他接收衛星傳送的即時比分。這個白色小盒子，是他獲知自己球隊即時戰況的主要來源。他會跳上自己的休旅車，開車繞著競技場球場周圍兜圈子，每幾分鐘就瞄一下白色小盒子。或者他會坐在球隊休息室的某處，手裡握著那個小白盒。他就像希臘神話裡得罪眾神的悲劇人物，因而諸神替他量身打造出一種折磨的刑罰：讓你一直想看你根本受不了去看的東西。

比恩只有偶爾才會看比賽。他會進入豪爾的辦公室，把門關起來，讓自己看幾眼實況轉播。每次只要看到比賽，最後總得找人抱怨，於是他會跑到視聽室去找迪波德斯塔與佛斯特。

今晚剛好就是這樣。打到第四局，運動家隊仍以五比一落後，比恩出現在視聽室門口。他穿著短褲和汗濕的T恤，兩頰發紅，手裡握著他的小白盒。他並沒有真的看比賽，不過從小白盒裡，他已經推敲出大致的情形了。

「操他媽的希留斯，」他說。「他為什麼不乾脆寫一張紙條給他們，說他的球都會投給他們打？」

其實他不想談這場比賽。他想找別的話題分心，好讓他別再去想這場比賽。他轉向我。他聽說我之前在巴黎住了一陣子，才剛回來。他從沒去過巴黎。

「巴士底監獄還在嗎？」他問道：「還是法國大革命之後拆掉了？」

「還在。」我心不在焉地說。我正在看賈斯提斯準備第二次上場打擊，想知道他看到自己被主審誤判之後，接下來會怎麼做。誰在乎巴士底監獄啊？

比利．比恩在乎。他對此事非常好奇，最近他開車上下班的路上，都在車上聽一部很漫長的歐洲歷史作品。

賈斯提斯的球數很快就落後了，威爾斯一直投外角。現在威爾斯已經知道賈斯提斯知道的那件事：主審會把偏離好球帶的外角球也判成好球。他們已經不是在打棒球；而是在玩賽局理論了。這回，賈斯提斯不再放過外角壞球不揮，而是出棒打到界外。最後威爾斯犯了一個錯，投出偏高的球，賈斯提斯打出反方向的平飛球，形成一壘安打。

「它看起來什麼樣子？」

「什麼？」

「巴士底監獄，看起來是什麼樣子？」

「只是一堆石頭吧，我想。」我說。

「你的意思是，你從來沒去過？」

我跟他承認，從沒親眼看過巴士底監獄。比恩很失望，我成了巴士底騙子。他的心思無處可去，只好又回到螢光幕上的比賽。無人出局，賈斯提斯登上一壘，接下來輪到提哈達打擊。這種情況已足以讓比恩抓狂，即便球季才開始沒多久。

「喔，好極了，」他用很憎惡的口氣說。「亂揮大王上場囉。」

我低頭看了一下佛斯特的紀錄表。在二〇〇二年球季初的這個晚上，提哈達看起來的確是「亂揮大王」。我再抬頭時，比恩已經離開了。後來沒再回來過。他拿著小白盒上了自己的車，打算一路大老遠開回家，一面聽著歐洲歷史，以確保比賽結束前他都不會再接近電視機。

用一個沒人要的內翻足投手，專門對付左打者

這場比賽到目前為止，亂揮大王確實名不虛傳。提哈達在多明尼加共和國的貧窮人家長大，而多明尼加有一句諺語：「這個島上沒有保送這回事。」多明尼加打者是出了名的喜歡亂揮棒，因為從小就有人教他們，要生存就得這麼打。幾年來，運動家隊一直想糾正提哈達亂揮大棒的壞習慣，

他稍微改了一點，但是不如球隊期望的那麼多。

話雖如此，他們已把觀念注入他的腦中。「操他媽的爛球！」提哈達每次打不到挖地瓜式的滑球，或是眼睛高度的直球後，就會在鏡頭前對著自己開罵。前兩個打席他都出局，或許是他厭煩了這種感覺，因為他剛剛就看著威爾斯的第一球從正中心位置進壘，沒有揮棒。威爾斯或許以為提哈達開始擔心被送去墨西哥而回不了大聯盟，下一球又投到老位置，他實在不該這麼做。提哈達迅速猛揮，將球送進左外野看台上。洋基五分，運動家隊三分。巨人歌力亞開始見識到大衛的厲害了。

兩局之後，也就是六局下，又輪到賈斯提斯率先上場打擊，這次他從威爾斯手上拿到四壞保送。幾分鐘後他回本壘得分，比數形成五比四，兩人出局，滿壘。接下來上場的是第一棒傑若米．吉安比。每位棒球迷與總教練心目中第一棒必備的最大特點，正是傑若米最明顯欠缺的。「我是全棒球界唯一要幫上壘的第一棒派代跑的總教練。」運動家隊總教練豪爾如此抱怨。派這種笨重緩慢的球員去打第一棒，是球團另一個天馬行空的怪招。傑若米真正出色的能力，是把對方投手磨累，以及設法上壘。在跟投手纏鬥這方面，他其實比他哥哥還優秀。這回他從洋基隊救援投手麥克．史丹頓（Mike Stanton）手裡拿到保送，比數形成五比五平手。

在視聽室裡，我們首次聽得到現場觀眾的聲音。五萬五千名觀眾興奮不已。替巨人歌力亞加油的樂趣是，你會期待贏球；替大衛打氣的樂趣則是，雖然你不知道要期待什麼，不過至少有獲得啟發的機會。

七局上半，運動家隊救援投手麥克・馬南泰（Mike Magnante）救援無力。他讓伯尼・威廉斯（Bernie Williams）打出二壘安打。基特步入打擊區，吉安比則來到打擊準備區。此時豪爾換上吉姆・梅瑟（Jim Mecir）接手救援。梅瑟並不是慢跑，而是步履蹣跚地走出運動家隊牛棚，看起來真不像個職棒球員——我開始了解，他看起來就是該待在運動家隊的。運動家隊專收有缺陷和沒人要的球員。

「他有什麼毛病？」我問道。

「他有內翻足。」迪波德斯塔說。

我以為他在開玩笑，結果並不是。梅瑟天生兩腳都是內翻足。他小時候動過矯正手術，但走起路還是有點一跛一跛的。不知怎地，他把天生缺陷轉化成克敵優勢。他奇怪的投球姿勢——他的右腳無法蹬離投手丘——使得他投出的螺旋球特別會旋。經實戰證實，這種球路對付左打者尤其有效。

梅瑟保送了基特，接下來是吉安比。梅瑟隨即攻擊吉安比的揮棒死角：腰部高度的內角球。一記又一記的螺旋球，從本壘板內側鑽進。第一球是壞球，不過第二球被判好球，吉安比兩球都沒有出棒的意思。球數一好一壞。第三球吉安比還是沒出棒，壞球。整個情況變得對梅瑟很不利。梅瑟卻完全不在乎：一記內角好球，吉安比還是沒有揮棒。第五球本來應該是最後一球。那球真漂亮，吉安比身體縮了一下，眼睜睜看球從本壘內側鑽進來。三好球。視聽室裡爆出一陣歡呼聲。

主審卻判是壞球。

在這個節骨眼，這真是很糟糕的判決，糟到連迪波德斯塔都快抓狂了。「真受不了每次都他媽的偏袒洋基隊！」他大叫，想找東西來砸，最後只能用手去捶牆壁。他離開了視聽室，就連他都不想看下去了：你給了吉安比四個好球後，就別期望會有好下場。下一球吉安比將球打出界外，然後將第七球打成右外野二壘安打，洋基隊再添兩分。

運動家隊再也沒有得分。迪波德斯塔模仿完自己老闆發脾氣之後，過沒幾分鐘又戴上理性的面具，回到視聽室來看自己的球隊輸球。畢竟，這只是一場比賽。他不會因此就認為自己對運動家隊這個球季的戰績預估（九十五勝並晉級季後賽）有誤，九十五勝就表示六十七敗，這只是其中的一敗——他或許會這麼說。

右手肘神經斷裂的捕手，原來是個算牌專家

他說完的同時，哈特柏格出現在視聽室。他是運動家隊球團用來取代吉安比的第三部分、也是最後一個「瑕疵品」。他想看自己的錄影帶。

哈特柏格職棒生涯前六年是紅襪隊的捕手。他在二〇〇一年球季結束後成為自由球員，紅襪隊沒興趣跟他續約。比恩簽下他時，他已是候補、過氣的捕手。於是他來到這裡：一幅混亂拼圖的最後一片。

趁他看錄影帶時，我仔細觀察他，找不出任何殘缺。他一八五公分、九十七公斤，體重看起來是肌肉多過脂肪。他還是有兩條手臂，十根手指頭也都不缺。他沒有明顯的畸形之處。他匆匆一笑，露出一口漂亮的牙齒。他的聽力也在水準以上。因為他不小心聽到我問迪波德斯塔，為何比恩把前任總經理艾德森創造的怪職位——球隊心理醫師——拿掉。「有些球隊比其他球隊更需要心理醫師，」哈特柏格說。「在波士頓，我們有一整組心理醫師。」

他的腦筋也在一般水準之上。

「他哪裡出問題了？」他離開後，我問道。

「他的捕手生涯已經結束了，」迪波德斯塔說。「他受傷了，沒有辦法傳球。」

後來我發現，好幾年來，哈特柏格一直名列運動家隊的希望名單中，他從來沒有太亮眼或太轟動的表現。他的全壘打產量不特別起眼，打擊率從來不會比二成七高太多或低太多。他跟賈斯提斯、傑若米一樣，擁有看似不起眼的優點：選球眼以及上壘能力。他跟上述兩人一樣，就像是已經來到十九點，不會再要牌的二十一點莊家。其他球隊把哈特柏格視為打擊能力不錯的捕手，而不是一個剛好也會蹲本壘板的高效率得分機器。當他傳球的右手肘有一條神經斷裂後，他的捕手生涯就此結束，在大部分棒壇人士眼中，他整個人也就完蛋了。也因此，運動家以便宜的價碼簽到他。

他喪失防守位置，運動家隊並不太在意，因為他們永遠在尋找最便宜的機會，接收防守不佳、但上壘率特高的球員。他們慣用的手法，就是去搶下剛遭受到重大運動傷害、職棒生涯岌岌可危的球員。

比利．比恩很喜歡引用華爾街投資大師巴菲特（Warren Buffett）的名言：**最難找到的東西，就是好投資**。哈特柏格不像傑若米，傑若米本來在小聯盟，運動家隊希望他能在大聯盟站穩腳步；他也不像賈斯提斯是身手急速下滑的老球星。他是不該存在的商品：一位處於生涯顛峰的大聯盟球員，有數據證實他很會製造得分，身價卻不到一百萬美元年薪。比恩與迪波德斯塔唯一要傷腦筋的事情是：該把哈特柏格擺在哪個守備位置。賈斯提斯無法每天上場守備及保持健康，傑若米無法每天上場守備而不發瘋，再說運動家隊已經有專職的指定代打。哈特柏格如果要上場打擊，就得在場上擔任一個守備位置才行。哪一個呢？

第 8 章

選球的智慧

哈特柏格，專挑「好球」的打者

聖誕樹上的燈已熄滅，兩個女兒已經就寢，太太也睡著了，他卻還沒睡，四處走動著。

他的右手感覺上仍然不屬於自己。之前他手肘有一根神經裂開，每次手臂一伸直就痛得要命，但他還是硬撐著，為紅襪隊打了半個球季。最後他終於屈服，將斷掉的那條神經接好；但手術後的他連球都握不住，更別說傳球了。他得重新訓練自己的右手成為捕手身體的一部分。他必須重新學習一件簡單的事情，這件事，他之前已經做了一輩子，而如今他賴以謀生。

紅襪隊已經放棄他了，球團上個禮拜將他交易到科羅拉多洛磯隊，去換內野手波基・瑞斯（Pokey Reese）。他在大聯盟已經進入第六年，有資格申請薪資仲裁，洛磯隊很快就向他表明，他們不打算冒險，讓哪個仲裁官判定必須支付史考特・哈特柏格一百五十萬美元年薪。

半夜十二點，去搶一名二十八支球隊都不要的球員

對於一個在大聯盟打了五年的球員而言，一百五十萬美元其實並不算多。不過洛磯隊認為，這已經是合理價碼的三倍了。他們以為，不會有別的球隊會對一位無法傳球的捕手感興趣，於是立刻決定不給哈特柏格新的合約，讓他成為自由球員。然後他們提出新的合約條件：一年五十萬美元，相當於他前一個球季在紅襪隊九十五萬年薪的一半。

哈特柏格拒絕了。在二〇〇一年十二月二十日半夜十二點，洛磯隊對哈特柏格主動換約的權利到期。一分鐘之後，十二點零一分，運動家隊協理迪波德斯塔就打電話給哈特柏格的經紀人。

這可真是奇怪，哈特柏格一點也不明白，為什麼運動家隊對他如此有興趣。他看到的是：一支大聯盟球隊，把他當成廉價的二手舊地毯，其他二十八支球隊對他完全沒興趣，但居然有一支球隊對他興趣高到等不到隔天天亮，就來提條件了。甚至，還在聖誕節當天糾纏他的經紀人！

當洛磯隊聽說運動家隊向哈特柏格的經紀人出價競標後，就立刻加碼。他們最後的出價很接近運動家隊。但那又怎樣？洛磯隊要他，只是把他當備胎，以防萬一有其他球員出事，可以拉他替補。但是比利．比恩是要他上場打球的。比利．比恩要他**打擊**。哈特柏格請經紀人跟運動家隊達成協議：一年合約加上第二年的球隊優先續約權，九十五萬美元底薪，外帶一些獎勵條款。

聖誕節過後幾天，哈特柏格剛在合約上簽完名字，就接到比利．比恩的來電，說他有多高興哈

特柏格能加入運動家隊。

喔對了，還有，他將會守一壘。

棒球選手就跟民航機的機師一樣，下了班就想住在隱密的私人空間。球季結束後，很多球員會住在佛羅里達州中部或是鳳凰城郊區。哈特柏格與太太畢琪，則是已經在華盛頓州塔科馬市（Tacoma）南邊的高爾夫球場裡買了棟房子。這不是他們夢想中的房子，他們得等到哈特柏格退休後才能住在船上。買這房子，對於職棒球員來說是個解決之道，既能保值，也可以毫不心軟地很快賣掉。當哈特柏格離家在客場比賽時，他知道兩個女兒很安全。在這裡，一隻狗亂吠都算是違法的。

夜深了，鄰居的狗都知道不能亂叫。哈特柏格在安靜無聲的家裡走來走去，試圖不去多想比恩剛才說的話，可是卻辦不到。他看到自己棒球生涯的一些紀念品——以前的捕手手套，烙印著他名字的舊球棒；還有他在華盛頓州立大學的照片，那三年間他一直是校隊捕手；一件裝框的球衣，是他在一九九〇年參加友好運動會的美國國家隊制服；另一件則是他在紅襪隊當捕手時穿過的。捕手。他曾是捕手。從十歲開始，他就一直都是捕手。兩週前，他才剛滿三十二歲。二十二年來，他一直蹲在本壘板後面。

從客廳窗戶看出去，是一片剛從華盛頓州森林開墾出來、藍綠色的高爾夫球道。大多數職棒球員在非球季期間喜歡打高爾夫，但他比較喜歡蠅釣。球道的濕氣在燈光照射下閃閃發亮，每年這個時節，天空有一半時間是黑的；天空不黑時，就是在下雨。

守一壘？

比恩保證，不會跟媒體說他簽下哈特柏格是要取代傑森．吉安比。他無法取代吉安比，兩個人都取代不了……守一壘！

哈特柏格知道，得做點事情讓自己情緒穩定下來。他快發瘋了，他想到附近有兩座硬地網球場，是這個門禁森嚴的社區為少數不打高爾夫的鄰居蓋的。過了聖誕節沒幾天，他就把兩個女兒繫在車用兒童座椅上，帶著老婆、打擊練習架、一桶舊棒球，以及一個全新的一壘手手套出門。他把女兒放在網球場旁的沙坑中玩耍，然後要老婆畢琪從打擊練習架打滾地球給他。畢琪自稱身高一五五公分、體重四十五公斤，當然不是打大聯盟的身材。她看起來連把滾地球打到一壘都有問題。

畢琪已經注意到她老公的一些狀況。即便他已經進入大聯盟五年，而且一直都是波士頓紅襪隊的先發捕手，但他從來沒有真的把自己視為大聯盟球員。其他隊友賽前會主動替球迷簽名，他從來不會，不是他不想，而是怕球迷不知道他是誰。哈特柏格從不承認這一點，但畢琪覺得就是這樣。她對此有點意見，倒不是希望球迷認得她老公，而是希望**他**知道球迷認得他。

於是，從十二月底到春訓開始前，在毛毛細雨中，伴著旁邊兩個女兒不斷吵著要回家的哀號聲，她用力打出一記又一記大聯盟滾地球給老公。

你不能漏接，一個都不行

朗．華盛頓（Ron Washington）是運動家隊的內野教練。多年前，他和比恩是明尼蘇達雙城隊的隊友，不過那不是他後來當上運動家隊教練的原因。

他成為內野教練，是因為他有種天賦，很能激勵球員想要更進步——雖然他絕對不允許自己有這樣自負的想法。華盛頓的工作，是接受比恩在春訓期間送來的阿貓阿狗，並確保球季開幕日時不會有任何人難堪。

比恩丟給他的球員——呃，有些真的很恐怖。他是職棒圈裡唯一確定總經理不會把錢浪費在防守能力上的內野教練。如果你問華盛頓，這個球隊只重視上壘能力，連瞎子也會派去當先發，他身為這樣一支球隊的內野教練是什麼滋味？他會皺皺臉說：「我可以跟你說，我看過不少狗屁倒灶的鳥事。」有時候，華盛頓覺得比恩丟給他的那些球員，根本不必戴上手套；他們應該帶球棒上場，然後把球**打**回去給投手。

華盛頓有大約六個星期的時間，要將哈特柏格改造成運動家隊的先發一壘手。他帶著綽號哈提（Hatty）的哈特柏格來到亞歷桑納州的訓練球場，餵他滾地球，設法教導他步法。幾個月後，回想起那段悲慘時光，華盛頓說：「你看得出來他根本不該在那兒。他站在那裡，不曉得該往哪邊移動，不曉得該做什麼、怎麼做。他心底在說：『我不希望在我的管區內發生任何事。』他會做出讓坐在觀眾席的球迷說『那小子根本是屁！』的動作。但他懂什麼？球迷懂什麼？他什麼都不懂！不過他說哈提說得沒錯，那小子確實是個屁。」

華盛頓從沒對哈特柏格說過（連非口頭的輕微暗示都沒有），一個典型球迷看他守一壘會想罵什麼髒話。哈特柏格首先需要的，是建立自信，即使他根本沒資格感到自信。不過在春訓結束前的幾場大型會議中，當運動家隊球團和其他教練問起哈提是否可以擔任大聯盟一壘手時，華盛頓說：「每隔三或四天讓他守一次可以，但是可不要以為你能天天放他守一壘。」

從春訓的第一天起，哈提經歷了一連串心驚膽戰的一壘手生活。「守一壘有這麼個特色，」他說：「你不能漏接，一個都不行。」這真是讓他隨時神經緊繃，一部分是因為他不知道該怎麼辦，但也同時是因為其中的賭注似乎太高。「我以為如果我一壘守得很糟，他們就會把我釋出。」他說。

他確實很糟糕，不過他們並沒有把他釋出。到了開幕日，先發陣容上有一個位置臨時空出來給他：指定打擊。運動家隊的先發右外野手傑緬．戴伊（Jermaine Dye）在去年季後賽摔斷腿的復原進度比預期的慢。於是賈斯提斯改守右外野，傑若米守左外野，而指定打擊位置就空出來給哈特柏格。為了補一壘的洞，之前比恩已經透過交易換來了卡洛斯．潘尼亞，這位年輕的小聯盟選手看來已經準備在大聯盟一展身手了。「大家都說卡洛斯會是下一個艾利斯．羅德里格茲（Alex Rodriguez）[18]，」哈特柏格說：「所以他一來，我就以為自己不會守一壘了。」等到戴伊傷癒歸隊後，他又進一步以為自己會回去坐冷板凳了。

結果他以為的事情並未發生。真正發生的是，運動家隊在開季之初打得不錯，但之後就碰上亂流。四月下旬洋基隊前來奧克蘭作客時，運動家隊的戰績還有十一勝、八敗。三個星期後，他們已經掉到離五成勝率還差四勝，而且掉得很快。五月中旬他們到多倫多作客，慘遭藍鳥隊橫掃。

藍鳥隊？哈特柏格原以為在紅襪隊那些年，自己什麼都見識過了，不過在運動家隊遭到藍鳥隊橫掃後，緊接著發生的事，是他大聯盟生涯中獨一無二的經驗。

就跟其他隊友一樣，哈特柏格覺得以大聯盟標準來看，運動家隊的管理方式很怪。即使是在球場上，看起來也並不是由總教練指揮調度，而是球團。而且球團顯然相當不爽。在一次形同大整肅的行動中，比利‧比恩將先發一壘手潘尼亞、先發二壘手梅尼奇諾、先發投手希留斯，以及右投的布局投手傑夫‧譚姆（Jeff Tam）四個人下放到小聯盟。又將先發左外野手傑若米‧吉安比交易到費城人隊，換來一個叫約翰‧梅布里（John Mabry）的板凳球員。

才幾個小時之內，運動家隊高層就換掉了八位先發球員中的三人，包括一個大家公認的年度最佳新秀（潘尼亞），以及一個公認的球團愛將（吉安比）。這是哈特柏格第一次真正體驗到比利‧比恩的為人。他的第一個念頭：**我的天啊！這傢伙什麼事都做得出來**。這個球隊又缺了固定的先發一壘手，於是由不得他決定，這個任務就落到他身上了。

他明明是D，但要讓他覺得自己是B

剛開始，他的表現簡直不忍卒睹。連最基本的動作——就定位準備接其他內野手的傳球——都辛苦得要命。「看別人做好像一點都不費力，」他說：「但相信我，其實沒那麼簡單。」站在一壘上，比賽的節奏似乎比他當捕手時快上許多。打到游擊或三壘方向的滾地球都好強勁，然後不等他準備好就傳了過來。後腳該踏在哪裡？壘包在哪裡？有球迷開始笑了嗎？一個簡簡單單的近距離高飛球，他常常抬頭在半空中追丟了，然後球落在競技場球場寬廣的界外區，離他有十碼遠。「很多我沒接到的近距離高飛球，看起來完全不像失誤，」他說：「因為球落地時離我太遠了。」

接下來，怪事發生了：他在一壘守得愈多次，就覺得愈自在。到了六月下旬，他已經可以面帶笑容說：「現在與春訓最大的不同點在於，現在滾地球朝我過來時，我的血壓不會衝到頂了。」

之所以進步神速，大部分該歸功於華盛頓。你會滿腦子都是華盛頓，是因為，嗯，是因為你希望自己滿腦子都想到他。哈提的每一個守備動作，包括接住其他內野手的傳球，他回到場邊休息區都會找華盛頓討論。他的教練特別設計出一種另類的評量標準，讓哈特柏格可以判斷自己的表現。他原本可能鐵定是D，不過在華盛頓的曲線上卻感覺像是B，而且持續進步中。「他知道看起來很平常的動作，對我來說一點也不平常。」哈特柏格說。

華盛頓幫助他欺騙自己，讓他覺得自己比實際情況還好，直到他真的變得更好。在競技場球場，主隊場邊休息區離一壘頗遠，不過每次哈特柏格從地上撈起球（大多數一壘手閉著眼睛都能做到），他都會聽到華盛頓從休息區高喊：

「撈球機器！」

他會望向休息區，看到一臉鬥志的華盛頓大喊：

「**撈球機器！**」

哈特柏格感覺到，自己比大部分一壘手都更有運動天賦，事實確實如此。他開始放鬆，開始希望球打到他的管區，開始覺得自在，開始鎮定下來了。當捕手時，他始終很享受和別隊球員聊兩句的機會。一壘的社交機會就更豐富得多。比起一壘，本壘像是一場很糟糕的晚宴，因為主審就湊在你的肩膀後頭，還有攝影機和全場球迷都緊盯著你。在一壘，你可以真正**談話**。運動家隊球員休息室布告欄上貼了一張備忘錄，是由大聯盟總部發來的，底下簽名的，是大聯盟副總裁鮑伯・華森（Bob Watson）：

> 交戰雙方球隊的球員一旦穿上球衣，在場上嚴禁稱兄道弟。
>
> ——棒球官方規則三・〇九

到了二〇〇二年夏天，這個備忘錄彷彿是針對哈特柏格來的。他把防守一壘，搞得像是社交活動。「球員登上一壘後，」他說：「就等於進入我的小辦公室。我真的很喜歡聊天。」

當拉菲爾・帕梅洛（Rafael Palmeiro）四壞保送上一壘，哈特柏格就問他，運動家隊哪個左投手的球比較難打，是牟德（Mark Mulder）還是齊托？（牟德，帕梅洛說）。當瑟瑞洛（Jeff Cirillo）擊出一壘安打，哈特柏格只是稍微起個頭，他就開始對自己在水手隊打第九棒大罵又抱怨；傑夫・巴格威爾（Jeff Bagwell）利用野手失誤登上一壘，哈特柏格告訴他自己是他的粉絲，讓巴格威爾像小熊維尼的好朋友「屹耳」驢一樣，不斷悲嘆自己根本不是天生的好打者。「他不斷說：『我討厭我的揮棒！我討厭我的揮棒！』我會說：『老兄，你真是了不起。』」哈特柏格鼓勵所有人開口，而且多多益善。「好玩的是應對的規矩，」他說。「有人登上一壘，你要懂得怎麼先打破沉默。我盡量客氣一點。如果對方是安打上壘，我可能會說：『打得好。』大家自然就聊開了。」

怕被三振？從說服自己「不要怕被三振」開始

他在一壘真的很開心。他開始做出原本大家不期望他做得到的動作，還做出華盛頓不指望他做出的動作。不過，他仍然覺得整個運動家隊的實驗實在很不正統。「他們硬逼著我們去守陌生的位置，」他說：「讓我覺得很怪。」但是到了七月中，他無意間聽到有人說他是「平均以上」的一壘手。到了七月底，當你問華盛頓是怎麼把哈特柏格改造成「平均以上」的一壘手時，他只是搖搖頭微笑。「他害我變成騙子，」他說。「但現在他出場做該做的事，守得很好，反應很棒。」隨後他想了一下又說：「有一種人，是你願意跟他一起上戰場的。史考特・哈特柏格就是這種人。」

運動家隊當初對哈特柏格產生興趣，並不是因為他防守一壘的本領。所以哈特伯格後來守得那麼好，確實是錦上添花；不過如果他守得很糟，地位也還是不會受到影響。哈特柏格注定要進入運動家隊的那一刻，就發生在迪波德斯塔和比恩得出結論：上壘率比長打率重要三倍，而且是一個球隊成功的關鍵因素——儘管這項打者的次要特質，普遍被其他各隊忽視。哈特柏格長打能力還可以，不過他真正厲害的是打擊策略，可以替球隊製造出得分機會。當年他效力紅襪隊時，上壘率比整個聯盟平均數高出約二・五％，而且他：（一）沒有固定出賽，（二）同時得擔負捕手繁重的任務。如果獲得充分休息，而且固定上場，他的上壘率只會更高[19]。

他還有其他的本事：消耗對方投手。哈特柏格每個打席，都會拖個沒完沒了，幾乎跟傑森・吉安比一樣久，但投手根本沒有什麼理由像怕吉安比那樣怕哈特柏格[20]。哈特柏格展現的，是更細微、更不易察覺的力量。他不怕三振出局，這點可以從他多常在兩好球後出棒看得出來。他不害怕三振的原因，是他很少被三振。他常常跟投手周旋到很多球，儘管是在兩好球後出棒，但通常都還是能打出界內球。他的四壞／三振比，在聯盟裡名列前茅[21]。

這種不易被三振的打者次要特質，在運動家隊的計算法中，也微妙地增加了哈特柏格的價值。三振出局對於打者而言，是一項最揮霍的事。運動家隊小聯盟打擊訓練系統的核心價值中，曾經暗藏了一個謊言——為了說服年輕球員更有耐心、消磨投手的球數、讓自己賺到四壞保送，或等待投手失投以便將球轟出全壘打牆外，運動家隊打擊教練群向他們灌輸一個觀念：被三振，並不是件特別糟糕的事。「長期下來，我想他們已經相信三振出局和其他方式出局是一樣的，」迪波德斯塔說。「但其實不一樣。」

理想情況下，你希望打者既不要被三振，也不要只為了避免三振而調整出棒策略。這種理想打者，非常難找。大多數打者都有死角，也心裡有數；大多數打者不喜歡在兩好球後出棒，他們知道一旦球數來到兩好球，他們就會特別脆弱。

迪波德斯塔曾針對大聯盟各球隊做過前哨球探報告。大多數大聯盟打者，即便是非常優秀的，都有明顯的罩門。迪波德斯塔通常很快就能看出，一個投手碰到任何特定大聯盟打者該如何投球，如何讓他出局。

但對於哈特柏格，他卻摸不透。哈特柏格的打擊，通常是兩好球之後才真正開始。哈特柏格根本不怕兩好球後出棒，他好像簡直是歡迎這個機會。那是因為他沒有死角。顯然這是不可能的，每個打者都有死角。不過迪波德斯塔一再觀察過他的打擊，卻始終找不出他的破綻。

這些打者的次要特質，特別是哈特柏格身上所展現的極端形式，對於棒球進攻具有真正的貢獻。不過，從市場賦予的價格看來，這些特質卻好像完全不值錢。

這些特質從哪裡來的？這是運動家隊球團一直自問的大問題。它們究竟是後天學得的技巧，還是球員的人格特質？是天生自然，還是後天培養？如果是天生的（這也是他們傾向相信的說法），那麼是體能天賦還是心理天性？關於這些，哈特柏格有一些看法。

就哈特柏格記憶所及——他還記得打少棒時——有兩件跟他打擊有關的事是確定的。第一件事是，他有一種可以打到球的超凡能力。不見得是將球打出全壘打牆外，只是讓球棒碰到球而已（「揮棒落空對我而言就像是『天啊，怎麼搞的？』」）。第二件事是，他對自己沒出棒、眼睜睜被三振不會太生氣，但他卻會很氣自己去打沒把握的球，然後形成軟弱飛球或滾地球。四壞保送，不會讓他感到特別興奮，不過比起被三振掉還是強很多。「我最討厭的事，」哈特柏格說：「就是看到第一球就揮棒，結果滾地球出局。對我來說，那是完全沒有價值的經驗。」

他的揮棒充滿詩意，因為他在乎自己對什麼樣的球揮棒

還有一件事，是他從小就開始尋找可以激勵自己種種天生傾向的學習榜樣，而且也找到了。第一個、也是最重要的，就是唐．馬丁利（Don Mattingly）[22]。他的臥室裡貼著馬丁利的海報。他蒐集了很多有關馬丁利的剪報。有回到佛羅里達州旅遊，他跑去洋基隊的訓練中心，從安全警戒繩底下偷鑽進去，就為了看偉大的馬丁利一眼。

後來警衛人員逮到他，並把他趕出洋基春訓中心——不過他已經仔細端詳偶像在打擊練習區裡面的模樣。每當洋基隊到西雅圖跟水手隊比賽，他就會從家鄉亞奇馬（Yakima）開兩個半小時的

車，只為了去看馬丁利打球。「他是小個子，」哈特柏格說：「而我小時候個子也不高，所以很自然就被他吸引。我愛死他的揮棒動作。他的揮棒啊，真是充滿詩意。很像我的揮棒——或者是我嚮往的揮棒方式。我們打擊時都會稍微蹲低一點。」馬丁利也和他一樣，都是很挑剔的打者：他最在意自己對哪些球揮棒。

哈特柏格所認同馬丁利的這種特質，很難用一個字眼去形容。棒球人可能稱之為「耐心」，不過其實更像是「深思熟慮」。馬丁利和他一樣，並不把揮棒打擊這件事看成單純的身體反應，這和其他打者大異其趣。打擊這件事只要多花些心思去想，是可以提升的。哈特柏格有一卷馬丁利談打擊的錄音帶《打擊率三成的藝術》。這卷錄音帶他聽過數十遍。「馬丁利曾說過，」哈特柏格回憶：「你只要看一個打者的三振與四壞，就知道他整年表現如何。這句話我銘記在心。」（馬丁利的理論令人費解之處是，他自己的保送向來不是很多。）

比利．比恩在當球員時的困擾，是在打擊區裡無法整個人完全投入，哈特柏格則是在打擊區內無法拋開某些自我；他的種種個性特質在他身上完美契合，無法把其中任何一種暫時留在打擊區外。但外頭的世界並不完全了解這點，常常試圖要他改變。例如，他高中畢業時，並不認為自己已經準備好要打職棒，但費城人隊還是用第八輪指名要他。球探施壓要他簽約，說這是為了他好。

哈特柏格的個頭一向很小，尤其是和其他捕手相比，他高中畢業時身高只有一七八公分，七十三公斤。「我看起來像得過肺炎。」他說。費城人隊可不管這麼多。他的高中教練當時領費城人隊的津貼，他告訴哈特柏格，如果他拒絕費城人隊開出的八萬五千美元簽約金而去念大學，將是他這輩子最大的錯誤。他還是拒絕了那筆錢，跑去念大學。「如果我在大學裡打不出名堂，」他說：「反正以後也不會出人頭地。」

他在大學裡打出成績，一九九一年選秀會被紅襪隊以第一輪選中。進入小聯盟後，他憑著與生俱來的棒球天分上了二A。但他卻遭遇到常會終結職棒選手打擊生涯的兩大障礙：一是現在碰到的投手不光有球威，控球也好；二是賽局理論。二A跟大聯盟一樣，打者通常會一再碰到相同的投手。說得更精確一點，投手碰過你不只一次，可以從過去對戰經驗中，想出辦法對付你。

哈特柏格開始記錄自己每次打擊的情況：投手投給他何種球、他如何回應。持續寫下紀錄，就像看每個打席投了很多球一樣，是蒐集資料的好方法。他對某位投手的資料蒐集得愈豐富，對他的打擊結果愈有利。他並沒有好到光憑天分就可以一帆風順，這種事只有少數人辦得到。當然，你也許可以光靠天分升上大聯盟，甚至前一、兩個月表現搶眼，但如果你有某種致命缺陷，對手早晚會發現的。

例如凱文・馬斯（Kevin Maas），一九九〇年馬斯升上洋基隊大聯盟球隊，前七十七個打數轟出十支全壘打。如果他整個球季都保持這種進度，就會以菜鳥身分打破羅傑・馬里斯（Roger Maris）保持的大聯盟單一球季最多全壘打紀錄。但是，他沒破紀錄。他的全壘打熄火，什麼都打不出來了。過了兩個令人沮喪的球季後，從此在棒球界消失。

為什麼會發生這種事？哈特柏格知道——或者說，他認為自己知道：會發生這種事，是因為大聯盟是個效率高得殘酷的生態系統。每位打者都有弱點。一旦他進入大聯盟後，各球隊看過他夠多次，就能找出他的弱點，並加以利用。「一旦你的罩門曝光，」哈特柏格說：「你就必須調整，否則全聯盟都會讓你出局。無法利用對手罩門的投手，在大聯盟根本生存不下去。」如果你無法適時調整，你就完了。如果你的弱點是會亂揮壞球，又沒有其他了不起的才能可以彌補，你也完了。哈特柏格把這個邏輯往前又多推一步：他相信，如果他什麼球都亂揮，那麼他就沒法用力扎實打中，就算是好球也一樣，那他也完了。「如果我一上打擊區就亂砍一通，」他說：「那麼在還沒進大聯盟之前，我老早就被刷掉了。」他強迫自己從每一位投手的投球中挑出某種特定的球路，然後訓練自己看出這些球路。他不但知道自己能做什麼，也知道自己不能做什麼。他知道有哪些球路自己打不好。

打擊，是一種經過深思後的行動

比利．比恩因為想太多而離開大聯盟，哈特柏格則因為想很多而進入大聯盟。

一九九五年球季尾聲，哈特柏格第一次被拉上大聯盟。由於球隊可望拿下分區冠軍，作客洋基球場的這場比賽沒什麼意義——但基襪大戰是不太可能沒意義的。哈特柏格被派去牛棚替救援投手接球，並不期待自己上場。但無論如何，那天他還是提早到達洋基球場，因為他不想錯過看洋基隊一壘手馬丁利的打擊練習。那場比賽簡直是一團糟。紅襪隊很快就大幅落後。到了八局上，洋基隊先發投手大衛・孔恩（David Cone）只被擊出兩支安打，有機會拿下完封勝。當時紅襪隊以〇比九落後，總教練打電話到牛棚，要哈特柏格上場代打。哈特柏格從牛棚跑出來，踏上打擊區，眼睛直瞪著一壘邊。馬丁利也瞪回來。

哈特柏格第一球沒揮棒，他幾乎總是這樣，要讓自己慢慢進入狀況。一壞球。第二球也是壞球。孔恩當天的狀況好得不得了。哈特柏格知道第三球會進好球帶，的確沒錯。「我用力得差點連鞋子都飛出去。」他說。這球出界。孔恩下一球又被判壞球，球數來到一好三壞，對打者有利的球數。哈特柏格心想：**如果我打出安打，就可以留下這顆球**。打者生平第一支大聯盟安打的球，都會送給球員當紀念品的。緊接著他又想到：**我只差一顆壞球就可以跟馬丁利相會了**。那是哈特柏格第一次踏進大聯盟打擊區，而他就想賺個四壞保送。

孔恩可不打算這麼便宜他。下一球看起來不太像一般投球，倒比較像是邀請。一顆內角直球，進壘點是哈特柏格自稱的「甜蜜帶」，他把球用力擊至右外野線邊。這球只差幾公分就會飛上看台，它擊在全壘打牆上，猛力彈回界內。洋基隊右外野手保羅・歐尼爾（Paul O'Neill）看得出，這是一支貨真價實的二壘安打，也就放棄搶救。不料，哈特柏格全速繞過一壘後，回頭看到歐尼爾慢跑過去追球，然後……唐・馬丁利。馬丁利就站在他視線前方。一個二十五歲的大聯盟菜鳥如果滿腦子都想著**我的大聯盟第一支安打！我的大聯盟第一支安打！**大家都會體諒他，但哈特柏格腦子裡卻是另一個聲音：**我要去哪裡？**在奔向二壘中途，他突然煞車，然後快步走回孩提時代。「嘿！唐，你好嗎？」他說。

電視播報員科斯塔斯（Bob Costas）與尤克（Bob Uecker）看了當場傻眼，也表達了他們的困惑——這個菜鳥判定他喜歡一壘安打更甚於二壘安打。兩人都同意，菜鳥在真正融入大聯盟之前，還得多學一點。馬丁利只是不解地看著他說：「嘿，菜鳥，沒人跟你說二壘在哪裡嗎？」隨後的幾分鐘——在他往前推進、奔回本壘，為紅襪隊拿下該場比賽唯一的一分之前——每一絲細節都永遠烙印在哈特柏格的腦海中。馬丁利就站在他的背後。馬丁利悄悄走近他，假裝怕他起跑。馬丁利嘲弄他。**嘿，菜鳥，你速度大概跟我差不多。嘿，菜鳥，你應該去檢查一下你的煞車**。幾個星期後，馬丁利退休。此後哈特柏格沒有再看過他。

即便處於壓力重重的新環境裡，哈特柏格的中心特質——那種非得在比賽中感到自在、非得把節奏慢下來、非得要讓比賽適應他、非得要主導比賽節奏——仍然相當明顯。他是那種個性與表現息息相關的球員。不，應該說，他的個性對於他的表現是**不可或缺**的。有趣的是，職棒界才看過他個性一眼，就決定將它除之而後快。

到了一九九六年球季末，哈特柏格已經在大聯盟站穩腳步。但他到了大聯盟後，卻碰到另一項挑戰：波士頓紅襪隊的白癡行徑。他慢工出細活的打擊策略——他的深思熟慮，他的耐心，他必須搞清楚狀況才決定而非隨便亂出棒——竟被紅襪隊視為一種缺點。

紅襪隊鼓勵球員探索自己的神祕傾向，他們找來一大堆心理諮商醫師與勵志講師，教導球員如何駕馭自己的攻擊性。當個男子漢！哈特柏格尤其記得有一位講師告訴大家，說每個男人的胸部都有一個叫做胸腺的腺體。「你在打擊前，應該要用力敲自己的胸膛，」哈特柏格說：「以釋放尚未開發過的能量與攻擊欲望。」（一位前紅襪隊球員比爾・賽比〔Bill Selby〕到現在還會做這個動作。）

哈特柏格看到紅襪隊的管理階層如何對待韋德・鮑格斯（Wade Boggs）後，就感覺到自己可能也會碰上麻煩。他在春訓的打擊練習時總是跟著鮑格斯，希望從這位一代打擊大師身上學到東西。常年入選明星賽的鮑格斯，是出了名地向來不打第一球——也不打任何他不喜歡的球。在蒐集對方投手資訊方面，鮑格斯就像一部機器般有效率。每當鮑格斯完成第一個打數，他的球隊也就看過對方投手的所有球路了。

鮑格斯拒絕展示必要的攻擊欲望，導致他逐漸被紅襪隊排斥。「當隊友攻占二壘，他如果得到保送，他們會責怪他。」哈特柏格回憶，「他們說他**自私**。」

哈特柏格心想，如果連鮑格斯的耐心都不被認可了，那他自己當然更不可能。當哈特柏格眼看著一記好球進壘而沒揮棒——因為那種球路他根本打不好——紅襪隊總教練就會從場邊休息區對他大吼大叫。教練團會嘗試說服他，當壘上有人或球數零好兩壞時，他若不積極出棒，就會對球隊有害。當時的投手教練是前紅襪隊強棒吉姆・萊斯（Jim Rice），他一天到晚緊盯著哈特柏格。萊斯會在球員休息室裡叫哈特柏格站出來，當著隊友面前公然奚落他，說他打第一球的打擊率高達五成，但他的平均打擊率卻只有二成七左右。

「萊斯是天生的打擊怪物，他要每個人都用他的方式打球。」哈特柏格說。「他不明白我打第一球的打擊率達到五成，是因為那些球實在太對我的胃口，不打可惜。」哈特柏格有一種讓比賽遷就他的天分，不過卻完全被忽視。萊斯讓哈特柏格益發深信：「這就是為什麼差勁的打者反而會成為最棒的打擊教練。他們不會逼你學他們，因為他們當年太爛了。」

替紅襪隊效力時，每次哈特柏格踏上打擊區，為了做出對球隊有益的事，他就得跟球團唱反調。對他來說，打擊是一種經過深思後的行動。如果沒有經過思考，他就不知道如何揮棒，所以他還是繼續思考下去。

現在回想起來，這是一種驚人的自決行動，但在當時，卻只是一段不太愉快的經驗。待在紅襪隊的那十年，球隊裡從來沒有人表示他的打擊策略——多消耗對方投手的投球數、縮小好球帶、賺到四壞保送、設法上壘、**不要**製造出局——有什麼價值。「從來沒有，」他說。「沒有教練說過什麼。他們只會叫你上場去揮大棒。他們的哲學就是花大錢買進最好的打者，然後讓他們盡情發揮。」紅襪隊才不關心他是否在打擊區與對方投手激烈纏鬥。比方說，如果他跟投手連續磨了八球後，最後打出中外野強勁平飛球被接殺，球隊才不在乎，唯一重要的就是他出局了。同時，他們有時誇獎他，但他根本不配。「有時我整場比賽沒有一次揮得好，但混到兩支安打。」他說，「而教練他們會說：『這場打得好，哈提。』」

職棒圈從來不曾試圖鼓勵過他最擅長的：精確評量好球帶，並據此發揮自己的才能。紅襪隊太過沉迷於結果，而哈特柏格卻在意過程。這樣他才能保持理智。他自己並沒有用這個角度想，但他一路試圖做的，就是以理智馴服那種混亂無序的經驗。令人驚訝的是，他成功了。

我沒安打，他卻跑來告訴我打得不錯

對運動家隊球團而言，哈特柏格是令人極為滿意的科學發現。他在打擊區特別擅長的事，只有以科學方法（或是比平常更仔細的檢視）才能揭露。他的打擊策略與比利．比恩恰恰相反，不過他也是比恩所創造出來的。他來到運動家隊的那一刻，打擊生涯的阻力就完全消失了。在奧克蘭，他體驗到與在紅襪隊完全相反的經驗。「在這裡，我三個打數沒有安打，擊出兩次平飛球被接殺，還有一次保送，賽後**總經理**跑到我的置物櫃前來對我說：『嘿！打得不錯。』」

「這是職棒生涯中第一次有人告訴我：『我喜歡你的揮棒策略。』我知道自己的揮棒策略，不過我從沒想過有人會去思考。」他覺得自己做的這些事，都只是為了成功而必須去做的，而來到運動家隊後，都受到了鼓勵。運動家隊把他過去只能感受到的東西，用語言表達出來。「當你上場打擊時，」哈特柏格說：「那大概是棒球中你唯一單獨去做的事情。但在這裡，他們把它轉換成團隊的事情。」

那是運動家隊實驗的附帶產品。他們試圖將個別打者的利益，擺在團隊利益之下。面對這種策略，有些打者的反應會比其他人更好。哈特柏格的反應是：「這是從三A以來，我打得最開心的時刻。」

你有沒有「研究」過自己？

每次比賽前與比賽後，哈特柏格都會跑去視聽室研究對方投手和自己。有一天晚上，運動家隊與西雅圖水手隊交手，左投手傑米·摩耶（Jamie Moyer）是水手隊排定的先發投手。摩耶是極為成功的大聯盟投手，儘管他缺少傳統應有的條件。他當年在大聯盟初登場時（小熊隊），投球跟其他人一樣用力，之後他受了傷，被迫做出調整。如今，還差幾個月就滿四十歲的他，憑著優異的控球以及對打者的了解，仍在大聯盟屹立不搖。他等於是史考特·哈特柏格的投手版本。他們兩人如果對棒球採取不同的策略，在大聯盟都不會撐太久。

之前哈特柏格跟摩耶交手的機會不多，因此錄影帶比平常更顯重要。「我以前碰到他好像都打得不太好，」他邊說邊將錄影帶塞進機器中。「費尼，我生涯對摩耶的打擊怎麼樣？」

坐在視聽室正中央的費尼頭也不抬地說：「九支零。」

「九支零，」哈特柏格拍了下桌子，開心地說。「看起來不太妙，對不對？」

費尼沒有回話，他正忙著剪接運動家隊下個系列對手遊騎兵隊的帶子。在他的螢光幕上，艾利斯·羅德里格茲正準備打擊。「他作弊。」哈特柏格說。費尼抬起頭來；想找人聊天的哈特柏格，這句話終於吸引了費尼的注意。「你看這個。」哈特柏格說。我們全都抬頭看著費尼面前的螢幕，上頭是A-Rod（羅德里格茲的綽號）的定格畫面。沒錯！當投手準備出手時，A-Rod眼珠一轉，偷瞄了身後的捕手，看他準備在哪裡接投手的球。

「我當捕手時，最討厭打者做這種事，」哈特柏格說。「我會說：『老兄，你會被K觸身球。』」

「其他人都會被K，」費尼同意，「但A-Rod會被K得最狠。」

哈特柏格回去看摩耶的錄影帶。摩耶這個球季已經宰過運動家隊幾次了，不過其中哈特柏格只出賽一次。哈特柏格是總教練豪爾與球團間爭辯的一個小話題。球團希望哈特柏格每場都先發；豪爾則想照平常的調度，對左投時盡量不排左打者上場。之前兩次運動家隊對上摩耶，哈特柏格都沒有上場。那兩場比賽摩耶都完封運動家隊，加起來只被擊出六支安打。這回，就得照球團的意思做了（令人驚訝的是，居然花了這麼久時間）。

這些哈特柏格都知道。他沒說出來，但他很想證明總教練是錯的，球團才是對的。

他觀察摩耶對一連串左打者的投球內容。摩耶身高不到一八二公分，肩膀窄窄的，看起來比較像個英國會計師。雷達測速槍如果測出他的直球時速有八十二哩（一三二公里），那就是他狀況很好。「我高中時碰到的投手，有的球速都比他快，」哈特柏格說。「這個傢伙在選秀會根本不會有人要。如果他現在去測試，球隊要是不曉得他是誰，根本不會想簽他。」

大聯盟現役最佳投手之一，倘若去試投會沒人要，可見大聯盟問題很大。這也點出了有關投手的問題，哈特柏格解釋，一位優秀的投手，會創造出某種平行的世界。只要他能夠扭曲打者的感覺，那麼他投出的球速有多快就不重要了。從錄影帶中打者的反應，顯示出當摩耶投球時，打擊區頓時變成「陰陽魔界」。我們看到，摩耶讓打擊的洋基隊外野手約翰．凡德瓦（John Vander Wal）顯得很無助。他朝凡德瓦塞內角直球，讓他來不及轉動棒子對準球擊出。

「你知道摩耶有多常用八十二哩時速的直球塞打者內角嗎？」哈特柏格說。「**很常**。因為他會先用時速六十九哩（一一一公里）的變速球混淆打者的感覺。」他將帶子快轉到一個摩耶投慢速曲球的地方，然後是更慢的變速球。「看吧，」他說：「其他這些狗屎球，讓他的直球感覺上像是九十五哩（一五三公里）。」他又看了摩耶用時速八十二哩的內角速球塞給兩個左打者，然後說：「他也會這樣對付我。如果他取得兩好球優勢，他也會設法塞內角速球給我。」然後他想了想後，露出微笑說：「除非他認為我在等他的內角球。」

摩耶是職棒圈裡少數想得像哈特柏格那麼多、彼此鬥智的投手。摩耶會知道哈特柏格從不打第一球——除非投手太混，第一球就投很甜——因此摩耶可能第一球會先投出個好球。不過摩耶也知道，哈特柏格知道他在打什麼主意，這又讓哈特柏格回到原點。

有時候，愚蠢是一種資產

離比賽開打只剩一小時，他現在滿腦子都是賽局理論。他看錄影帶的一大原因，是想看看對方投手是否有某種習慣模式。也就是說，你在某種球數下，可以期待他會投出某種特定球路。摩耶的配球方式太混雜了，想要找出模式是浪費時間。他看摩耶的帶子，只是要想像一下情況可能會怎樣而已。

然後約翰．梅布里也走進視聽室。

「嘿，哈提。」

哈特柏格在螢幕前挪出空間給梅布里，然後回頭看了費尼一眼說：「我知道這裡有人會讀唇語喔。」

「喔，是嗎？」梅布里說。

費尼紅了臉，梅布里則是要笑不笑。梅布里與費尼最近有點爭執，焦點是有關為什麼梅布里上場時間沒有更多。梅布里剛被費城人隊交易來運動家隊，換走傑若米．吉安比時，棒子熱到不行。幾個星期下來，他不定期上場，打擊率超過四成，包括六支全壘打，但總教練似乎還是不願把他排進先發名單中。

他問過費尼為什麼這樣，費尼解釋，總教練沒把他排進先發陣容，是因為球團不希望他在先發名單上。

梅布里的打擊策略讓比恩感到困擾的，是他剛好與哈特柏格相反。當梅布里走進打擊區，只要第一球看起來還不錯，都會忍不住使勁揮棒。梅布里這種熱切態度是個典型的例子，他認為一個打球員想要成功，就要有旺盛的攻擊欲望，但比恩並不贊成這種想法。

基於一些不願解釋的原因，比恩雖然讓梅布里穿上運動家隊球衣，卻不願意讓他表現。有幾場比賽，總教練豪爾為了讓其他球員休息，排了梅布里先發，而梅布里就開始轟出全壘打，但比恩與迪波德斯塔的反應，好像是走進賭場朝吃角子老虎塞了一個銅板後，就中了頭獎。他們是走運，應該見好就收。「梅布里是個很棒的人，」幾天前的一個晚上比恩說：「不過運氣遲早會用光，美夢就會醒了。」

幾天前，梅布里向費尼抱怨他上場機會不多，費尼試圖幫他脫離困境。「你知道，約翰，」他說：「或許你應該試著多看幾球。」

那天晚上梅布里被派上場——滿腦子都是費尼的建議。他第一個打席，前五球都沒有揮棒——直到兩好三壞滿球數。下一球他猛力一揮，結果遭到三振。電視攝影機鏡頭拍到梅布里走回休息區時的嘴型——「去他媽的費斯坦。」他說。

當晚梅布里總共獲得兩次保送，其中一次讓運動家隊得到致勝一分；不過，他是否已經原諒費尼（或甚至是否認為費尼需要原諒）則不得而知。

今晚梅布里也會上場。他看著摩耶的錄影帶，想要找人聊聊他。

「面對這傢伙，你很難準備，」梅布里說。「他專吃年輕球員，利用他們積極出棒的習性。」

「他就是跟其他投手完全不一樣，」哈特柏格說。「我們都習慣了速度更快的球。面對他，我們幾乎得回想一下高中時是怎麼揮棒的。」

「他會等著獵食你的積極性，」梅布里說，講得摩耶好像吸血鬼似的。「他讓你以為那些球可以擊出安打，但其實根本碰都碰不到。」

「如果不是好球的話，忍著不出棒有那麼困難嗎？」費尼問。他的眼睛還是緊盯著自己那個螢光幕，看著裡頭的羅德里格茲正在打擊。

「喔，非常難。」梅布里說。螢幕裡的摩耶似乎不是在投球，而比較像是在拋球。我看過很多開球貴賓的投球軌跡，弧度還沒有他的大。

「約翰，碰到壞球就不要出棒。」費尼促狹地說。

「費尼，」梅布里不耐煩地說：「你在大聯盟打擊區裡打過球嗎？」

費尼沒回答。

「我告訴你，」梅布里回過頭來說。他指著螢幕裡，摩耶又投出輕如奶油泡芙的一球。「你看到球飛過來，會以為自己可以把它轟到三哩外。」

「那就不要出棒啊。」費尼說。

「是喔，」梅布里又轉回去瞪著費尼。「唔，你一不出棒，他就賞你三個好球。」

「他真的很聰明，」哈特柏格附和，想平息兩人的爭辯。「面對他，很難想出因應計畫。」

不過梅布里還是瞪著費尼，而費尼則不肯看他。「費尼，你面對過大聯盟投手嗎？」

「沒有，約翰，」費尼疲倦地說：「我從來沒面對過大聯盟投手。」

「我想也是，」梅布里說：「我想費尼從來沒面對過大聯盟投手。」

眼見雙方鬥嘴就快畫下句點時，賈斯提斯走進來。他一看到大家在看摩耶的錄影帶，馬上知道他們在吵什麼。他們在爭辯打擊時要為貪婪付出何種代價。面對像摩耶控球這麼好的投手，賈斯提斯說，你唯一的希望是放棄大撈一票的念頭，只要日子過得去就心滿意足。「你以為你可以把球轟出去，」賈斯提斯說：「不過你根本碰不到球。」

「正是如此。」梅布里說。

「所以才說不要亂揮棒。」費尼說。

梅布里起身離去。他走掉後，哈特柏格開始思考，為什麼大家面對摩耶，不會像他這樣做足準備——看錄影帶，想像會發生什麼事，決定應該等待哪種球路，以及**絕對不能**出棒的球路？「有些最笨的打者，反而最棒，」他說。「我不是說真的很笨，而是他們沒有想法，不懂理論。」

愚蠢是一種資產？

「絕對是。這樣投手就無法設計你。你沒有固定的模式。你連上次是怎麼打的都記不得了。」

他笑了起來。「自大也是一種資產。愚蠢與自大都是：我一個都沒有。所以棒球不斷捉弄我。」

很快地，他就必須停止思考，真正上場打擊了。比賽中，他還是跟以前一樣挑剔，他等待喜歡的球路，就像在雜貨店的蘋果籃裡東挑西揀，尋找一顆最熟的。他第一次上場，蘋果都不好。連續四球他都只看不揮，球都只偏離好球帶幾公釐，於是他被保送上一壘。他第二次上場，摩耶開始投出好球。哈特柏格第一球還是沒打，第二球打成界外。兩好球了，他心想接著摩耶會塞內角球給他，果然。他揮棒擊出右外野平飛球，形成一壘安打，並且送回整場比賽唯一的一分。第三個打席，他將球擊至左外野深遠處，一度看起來像是會飛出去，結果在全壘打牆前被接殺。

不過，前三個打席都不像第四次那麼讓哈特柏格難忘。他第四次、也是最後一次上場打擊時，摩耶用好球帶邊邊角角的球引誘他出棒，球數很快形成兩好零壞。接下來四球不是壞球，就是被哈特柏格打成界外的好球，因為那種球他反正也打不好。這個打席投了六球後，球數兩好兩壞，摩耶走下投手丘。他對哈特柏格說了些話，然後站在那裡，像是在等待回答。

這真是新鮮了。哈特柏格上場打擊，無可避免地會形成對話，但並不是開口的那種。投手不應該比賽比到一半，突然停下來閒話家常。「我在打擊區時，從來沒有投手跟我說過話，」哈特柏格說。看到摩耶站在那兒不肯動，哈特柏格也退出打擊區：「什麼？」他高喊。

「告訴我你想要哪種球就是了。」摩耶疲倦地說。

哈特柏格聳聳肩，不知道該說什麼。

「告訴我你要什麼球，我會投給你。」摩耶說。

哈特柏格向來得猜下一球會是什麼球。他猜測球路的能力，是因為他知道投手想要愚弄他。摩耶這麼開門見山，讓他很不自在。這打亂了他內心的盤算，讓他沒了頭緒。他覺得不舒服。難得一次，他真的想不出什麼話可說。於是他什麼都沒說。他不想知道下一球是什麼。他寧可堅守自己慣常的策略。

下一球，摩耶投出變速球，哈特柏格打成投手前滾地球。這只是另一個出局——但其實不止如此。他的作風如此低調，因而整個市場從來沒有察覺到他的真正價值。那一個球季，哈特柏格在兩個奇怪的統計項目、另一個不奇怪的統計項目中，排名不是第一就是接近第一。他在美國聯盟第一球不出棒排名中居首，面對來球的不揮棒率則排名第三（六成四五）。要不是還有另一個並不瑣碎的項目，以上兩項就只是微不足道的成就了。

球季球束後，迪波德斯塔對每一位運動家隊打者的表現進行評比。他想知道，每位打者上場打擊的效率有多高。他回答這個問題很「非正統」，就是問：如果一棒到九棒都是同樣某一位選手，球隊會得多少分？例如，如果運動家隊二〇〇二年球季每一棒都是哈特柏格的話，到底一共會得多少分？結果是，九位哈特柏格一共會得九四〇分至九五〇分，在整個運動家隊中，與表現明顯較搶眼的提哈達及查維茲並列第一。相形之下，進攻火力驚人的洋基隊，在二〇〇二年球季共得八九七分。以某種角度來說，九位哈特柏格的打線，是棒球界最強大的進攻火力。

第9章

交易桌上

大野狼怎樣誘拐小紅帽

我又不是在比賽中途更換投手。

二〇〇三年一月十六日《波士頓前鋒報》引述比恩的話

那是七月下旬。也就是說，投手麥克．馬南泰投得差，還挑得真不是時候。

被大家暱稱為「馬格斯」（Mags）的他，在運動家隊對克利夫蘭印地安人的七局上被叫上場救援，此時球隊領先三分、兩人在壘。他上場的第一件事，就是四壞保送了吉姆．湯米（Jim Thome）——沒有人能怪他。接下來米爾頓．布萊德雷（Milton Bradley）擊出軟弱的飛球形成一壘安打，讓前任投手多丟了兩分自責分——只是運氣不好。但再過來他面對李．史蒂文斯（Lee Stevens）連投三記壞球。史蒂文斯又很盡責地多等了一個好球，然後等著馬格斯投出他的第五球。

比賽結束後，比利．比恩問豪爾的第一個問題是：媽的這種緊要關頭為什麼派馬南泰上場？戰情吃緊時，他應該用查德．布瑞佛（Chad Bradford）才對。

布瑞佛是牛棚的王牌，比恩一直叮嚀豪爾，要他把布瑞佛想成「第九局之前的終結者」。關於派馬南泰上場這個問題，豪爾的第一個答案是：他以為左投的馬格斯面對湯米這種強力左打者，會比右投的布瑞佛來得有效。這真是瘋了，因為馬格斯已經好幾個星期無法讓任何打者出局，而且布瑞佛對左打的表現向來不錯。

豪爾的第二個答案是：比恩把馬格斯放進球隊，他既然是球隊的一員，你就得用他。豪爾不會直接跟比恩這麼說，不過他會在心裡嘀咕。教練團已經厭煩聽比恩老為了他們用馬南泰而吼他們。「這傢伙兩腿都戴了護膝套，」投手教練瑞克・皮特森（Rick Peterson）說。「我們不可能派他當代跑。如果你不要我們派他上場，就把他交易掉嘛。」

這，就是你三十七歲時會發生的事

馬南泰舉高雙手做出投球準備動作，並留意捕手的暗號。上個月他剛滿三十七歲，還差四天，大聯盟資歷就滿十年，有資格領全額退休金。不難看出，他就是因為有問題，才讓運動家隊有機會網羅他。

他是梨形身材，下巴鬆垮，看起來比大部分負責運動家隊的跑線記者還不像職棒球員。不過他還是有理由抱著希望：以往他下半球季向來投得比上半球季好。剛開季時，隊上的牛棚裡有三位左投手，比一般球隊還多出兩位。一個月前，他們釋出了麥克・霍茲（Mike Holtz），兩天前又將麥克・凡納佛洛（Mike Venafro）降至小聯盟。在二〇〇二年七月二十九日前夕，馬南泰告訴自己的說法，是因為他上場機會不夠多，所以還沒找到自己的節奏。他曾有一個星期只在一場比賽中投了三球。其他兩位麥克都走了之後，他終於有機會找到自己的節奏了。

他對史蒂文斯投出一記幾近完美的球：外角偏低的快速球，捕手手套擺的位置也設定在外角低球。回頭看重播畫面，你會明白他是投到他想要的位置。就算投偏了，也只差半吋而已。這是馬南泰想要投出的球，投得很好，可惜效果很差。球棒扎實擊中了球，愈飛愈高，打者往一壘跑，原先壘上的兩位跑者也繞經各壘包回到本壘。馬格斯只能站著呆望這一球：在奧克蘭的夜晚，轟出反方向的全壘打是罕見的壯觀景象。這是史蒂文斯加入印地安人隊後的第一發紅不讓。

球落地後，一壘手與三壘手像法警般朝投手丘圍過來，豪爾站在場邊球員休息區階梯頂端。丟了五分，沒讓任何人出局。這不是馬格斯第一次被轟下球場，但是投出滿意的球還被轟下去，卻不常見。這，就是你三十七歲時會發生的事：你做的事還是跟以前一樣，但結果卻不同了。

這場比賽其實已經結束了。布瑞佛接著上場，很快讓三個人出局，不過為時已晚。印地安人隊的救援左投手里卡多・林孔（Ricardo Rincón）只花了三球，就三振了賈斯提斯，又花了四球讓查維茲擊出近距離高飛球被接殺。這種對比讓馬格斯格外難堪。運動家隊擁有全聯盟最弱的救援左投，印地安人隊則有全聯盟最強的幾個救援左投。比恩根本不用看比賽，就知道兩者的差距。

為了拯救文明，你必須把學問放下

剛剛熱心表演完一個球團老闆如何像是農場畜生、乖乖挨打的戲碼之後，比利·比恩上樓回到他辦公室的桌前坐下，不耐地等待印地安人隊總經理馬克·夏派若的電話。

比恩端坐在競技場球場上方幾碼的辦公室裡，對面的牆壁被一大塊白板完全覆蓋，上頭是數百個運動家隊系統各級球隊裡球員的名字，馬南泰的名字也在上面。椅子往後旋轉，則面對著另一塊白板，上頭是大聯盟其他球隊總共近一千兩百位球員的名字，林孔也在這塊白板上。

球季進行到此時，比恩根本不用看這兩塊白板，就知道彼此間的關聯。他知道其他球隊有哪些球員是他想要的，也知道自己球團中有哪幾位球員他不想要。其中奧妙在於如何說服其他球團，以超值價碼購買他的球員，並以低於所值的價碼，將他們的球員賣給運動家隊。過去幾年他這招玩得太成功，因而發現其他球隊都不再那麼熱心跟他進行交易了。印地安人隊，是少數的例外。

等待夏派若來電期間，比恩一面分心去同時留意好幾件事。他辦公桌上放著最新一期的《哈佛雜誌》（*Harvard Magazine*），裡面有一篇關於哈佛統計學教授卡爾·摩里斯（就是那位詹姆斯的粉絲）的文章。裡頭解釋摩里斯如何運用統計學原理，計算出一支球隊在不同的比賽情況下，可以預期得到多少分——無人出局、無人在壘：五十五分；無人出局、一壘有跑者：九十分；還有其他的，加起來共有二十四種比賽狀況的預期得分。「我們三年前就知道這個了，」比恩說：「哈佛還以為這是原創。」

他將一團菸草塞進上唇，轉身回來看著他的電腦螢幕，上面顯示著亞馬遜書店的首頁。他手裡拿著一頁從《時代》（*Time*）雜誌撕下來的書評，評的是一本小說《西庇阿之夢》（*The Dream of Scipio*），這本驚悚小說號稱頗有深度。書評中的一句話讓他決定買這本書：「文明讓他們成為研讀學識之人，但為了拯救文明，他們必須把學問放下，成為行動之士。」

當他手指敲打著鍵盤的同時，頭部上方的電視機正在重播馬南泰前一天晚上被轟出全壘打的畫面。運動家隊的播報員正設法解釋，運動家隊分區排名為何還落在安納罕天使隊（Anaheim Angels）與水手隊之後。「這支球隊在美聯西區落後的原因，」一名播報員說：「就是他們在關鍵時刻打不出安打；有人站上得分位置時，他們就沒安打。」比恩丟下那頁書評，把亞馬遜網站拋到腦後，伸手抓起電視遙控器。

電視播報員賣弄的眾多錯誤觀念中，這個「關鍵時刻的打擊」或許是最讓比恩抓狂的。「那是操他媽的運氣。」他說，然後猛轉電視頻道，直到找到CNN杜博思（Lou Dobbs）的《錢線》（*Moneyline*）節目。他寧可看財經節目，也不願意看棒球。

七月三十日，球員交易截止日的前夕，他還在設法弄來兩位球員，其中一位就是印地安人隊的左投手林孔。就在那一刻，距離他只有幾碼之處，林孔正在客隊更衣室中，準備對運動家隊三連戰的第二戰。前一晚他只投了七球，所以手臂狀況還很好。印地安人隊已經完全放棄勝率破半的希望，現在正忙著大清倉。「這位優秀的左投布局投手，是我們養不起的奢侈品。」印地安人隊總經理夏派若說。夏派若已向聯盟各隊推銷林孔，還跟比恩說至少還有另一支球隊有意爭取。比恩已經知道（他不願透露如何獲知）另一支有興趣的球隊是舊金山巨人隊，而且巨人隊的開價可能比他高。比恩提議用自家的小聯盟二壘手馬歇爾・麥克度格（Marshall MacDougal）去交換。麥克度格是位不錯的球員。

一邊比賽，一邊改善陣容的非凡能力

任何人若想找出這支窮球隊愈贏愈多的原因，就應該要留意他們在球季中改善球隊陣容的非凡能力。自從一九九九年起，運動家隊明星賽後的表現，比起上半季就像是另一支球隊。二〇〇一年，他們更是進步得太詭異了：明星賽前四十四勝四十三敗，明星賽後五十八勝十七敗。自從一九三三年明星賽創辦以來，從來沒有其他球隊能在最後七十五場比賽中，贏過這麼多比賽[23]。

由比恩操盤的運動家隊，下半季表現得像是另一支球隊的原因，是因為他們**的確**是不同的球隊。時序從春天進入夏天後，市場狀況就讓比恩可以做他在其他時間無法做到的事。此時戰績差的球隊已經放棄希望，於是就想減輕財務負擔。而想要減輕財務負擔，就得把球員丟出去。隨著球員供給量上升，價格就自然下降了。到了仲夏，比恩就買得起他在球季開打前絕對負擔不起的球員。

六月中旬，也就是球員交易截止日的六星期前，他從自己的辦公室出來穿過大廳，走進對面迪波德斯塔的辦公室說，「該是做個『操他媽的A』交易的時候了。」問他「操他媽的A交易」（Fucking A trade）是什麼意思？他說：「就是會讓其他球隊大罵『操他媽的A』的交易。」[24]

到了七月下旬（球員交易截止日為七月三十一日），比恩撿便宜的觸角就不斷抖動。在交易截止日前買球員，就像是在奧斯卡頒獎典禮次日去採購剛穿過的設計師禮服，或是在賭城雷諾（Reno）買二手訂婚戒指一樣。球季剛開始時，他的目標是建立一支到六月底仍具有競爭力的球隊。下圖是七月一日當天，美國聯盟西區的排名。

	勝	敗	勝差
水手隊	52	30	—
天使隊	47	33	4
運動家隊	46	36	6
遊騎兵隊	35	45	16

跟領先隊伍距離夠近、晉級季後賽還有機會，比恩現在就可以去選購能打進季後賽的球員。當他準備開始大肆採購時，心中有五個簡單的守則：

一、不管你有多麼成功，改變永遠是好事。絕對不能安於現狀。沒錢時你就負擔不起長期解決方案，只能負擔短期解決方案。你必須不斷升級。否則你就毀了。

二、當你說你必須有所作為時，你就慘了。因為你會做出很爛的交易。沒簽到想要的球員，總是能夠彌補的。但如果以錯誤價碼簽到球員，可能就永遠彌補不了。

三、知道棒壇每位球員在你心中的確切所值。每位球員在你心中應該都有個價格。

四、知道自己想要哪個球員，然後全力去爭取（不要管其他球隊說他們想把誰賣掉）。

五、你所完成的每項交易，都會被其他主觀的意見公開檢視。如果我是IBM的執行長葛斯納（Lou Gerstner），我才不會擔心自己的每一項人事決定都會登上報紙財經版頭版。並不是每個人都認為自己很懂個人電腦。但每個拿過球棒的人，都認為自己懂棒球。想要把事情做好，你就不能在意報紙寫些什麼。

雖然完全無法遵守第五條守則，不過比利．比恩確實很能遵守其他四項守則，倒也能彌補過來。他的棒球球員市場進場原則，是利用市場缺乏系統的特性。缺乏系統——卻極為有效率。對於想要瘋狂採購的人，沒有現金總是很麻煩。到球季結束前，林孔還有五十萬八千美元薪水可領，但運動家隊老闆不會同意支付這筆錢。想要得到林孔，比恩不但得讓印地安人隊總經理夏派若相信自己的出價最高，還得找錢付薪水給林孔。錢從哪裡來？如果他真的弄到林孔，他就不再需要馬南泰。不過其他球隊也不會想要他，所以他沒辦法從這裡省錢。不管他怎麼做，運動家隊最後還是得照付馬南泰的薪水。但他可以用剛被他降至三A的廉價救援左投麥克．凡納佛洛當籌碼，他比馬南泰年輕多了，應該會有球隊對他感興趣。

這讓比恩想到一個點子：將凡納佛洛拍賣給有意跟他搶林孔的球隊。

他知道，巨人隊想爭取林孔。但他也知道，巨人隊預算有限，如果有比較廉價的替代品出現，他們可能就不會堅持一定要林孔。「我們來剝他們的皮吧！」他拿起電話，打給巨人隊總經理布萊恩・沙賓（Brian Sabean）。

他打算把凡納佛洛幾乎是送給巨人隊，如此一來他將同時籌到買進林孔所需的現金（因為他不用再支薪養凡納佛洛），同時競爭對手也因為已經有了凡納佛洛這個替代品，對於林孔的興趣可能就會降低了。

聽比恩說要大方出讓凡納佛洛，且唯一要求的回報就是一位小聯盟球員，沙賓當然有興趣。「老沙，」比恩把提議講完後說：「我要求的並不多。好好想一想，再回我電話。」

他掛上電話後，馬上就打電話給目前擁有林孔的夏派若，然後告訴對方，市場對於林孔的興趣似乎減弱了。不管另一個競標者是誰，比恩說，夏派若都應該確定對方真的很想要人。

他放下電話時，迪波德斯塔探頭進來。「比利，去跟大都會隊推銷凡納佛洛怎麼樣？當個替代方案。」沙賓最會裝模作樣玩假的，他常對某些球員表現出似乎極為濃厚的興趣，不過到了真要交易時，又沒那麼有興趣了。

「大都會隊可能會爭取林孔。」比恩說。

電話響起，馬克・夏派若回電。他告訴比恩，實在是太巧了，另一位對林孔有意思的買家才剛剛來電說要降低出價。比恩向前傾身，上唇裡塞滿菸草，彷彿在看運動家隊剛擊出的高飛球是否能飛過全壘打牆。確定如願後，他一手握拳高舉。「我只需要跟我的老闆談一下，」他說：「謝了，馬克。」

他把電話放下。「我們得在兩個小時內把林孔搞定。」他說。他現在有了明確的目標：在兩小時之內，從其他球隊找來五十萬八千美元，不然就想辦法說服老闆答應這筆交易。他的老闆蕭特已經明白表示，他不會花錢買進林孔。他朝大廳另一邊高喊：「保羅！凡納佛洛的薪水還剩多少？」

「二十七萬零八百三十三美元。」

他算了一下，如果把凡納佛洛送走，他還得再找二十三萬三千美元，才足以支付林孔的薪水，不過他先不去想這個問題。他的老闆只說，不願意吃下五十萬八千美元的薪水，但並沒有說不願意支付二十三萬三千美元。他還有兩個小時，得找到願意接手凡納佛洛的球隊。大都會隊確實是不錯的主意。比恩拿起電話，撥了大都會隊總經理史提夫．菲利普斯的號碼。接電話的，是一位祕書。

「迪妮絲，」比恩說：「我是比利．比恩，運動家隊的副總裁兼總經理。迪妮絲，誰是職棒圈裡最帥的總經理？……答對了，迪妮絲。史提夫在嗎？」

菲利普斯不在，不過有個叫吉米的人在。「吉米，」比恩說：「嘿，你好嗎？有個問題要請教。你們想找個救援左投嗎？」

他再次握拳。耶！他向吉米推銷凡納佛洛。「我很快就可以告訴你。」比恩說。他知道他要把凡納佛洛賣掉，卻不知道該換回哪位球員。

多快？

「十五分鐘？」

好。

「我十五分鐘內就把名字告訴你，」比恩說。「沒錯，如果我是你的話，我一定願意。我不是在唬你，吉米。我跟你說真的。」

保羅．迪波德斯塔在旁邊看著事情進展，沒等比恩掛上電話就走出辦公室。「我得再去找幾個小聯盟的球員。」他說。他必須找出能以凡納佛洛從大都會隊換過來的名單。

尋找別人看不出潛力的球員

比恩掛上電話。「保羅！我們有十五分鐘開出名單。」他跑去迪波德斯塔的辦公室裡，發現保羅正在翻閱一堆手冊，上頭有大都會隊球團系統所有球員的名單。他在保羅對面坐下來，隨手拿起一本手冊，兩人一起依據各種統計數據，快速掃描大都會隊的小聯盟系統。

這是一場新的遊戲：在十五分鐘之內，盡可能從大都會隊農場系統榨出最大收穫。他們彷彿是在好市多超市還未開門營業前，被允許進入的幸運顧客，只要在十五分鐘內走出大門，購物車裡塞滿的東西全部免費。此時運動家隊總裁麥克．克勞利（Mike Crowley）經過，看了大笑。「有那麼趕嗎？」他說。「我們到第六或第七局才需要林孔。」

「班尼特（Bennett）怎麼樣？」迪波德斯塔問道。

「他幾歲？」比恩問。

「二十六。」

「靠！二十六歲還在二A。算了吧！」

比恩突然看到一個名字，然後笑了出來。「維吉爾．騎士（Virgil Chevalier）？這誰啊？」

「艾克特（Eckert）怎麼樣？」迪波德斯塔又問。「不過他已經二十五歲了。」

「這傢伙如何？」比恩邊說邊笑。「光看他的名字就有意思。扶布希（Furbush）！」

超過二十三歲且令人滿意的球員，大都會隊可能不願意放人。他們必須尋找大都會隊看不太出有潛力的球員才行。最好是很年輕的。他將是一位他們不認識、從未見過，而且只花了三十秒研究的球員。

「賈西亞（Garcia）如何？」迪波德斯塔最後又問道。

「賈西亞幾歲？二十二歲？」

「二十二沒錯。」迪波德斯塔說。

他把賈西亞的統計數據給比恩看，比恩說：「賈西亞不錯。就換賈西亞好了。」他起身走回自己的辦公室。「操！」他邊走邊說。「我知道該怎麼做了。我們乾脆回他電話說：『我們也要現金！』林孔跟凡納佛洛的薪水差多少？」

迪波德斯塔按了下計算機：二三三二九二三。

「我會跟他們要求給我們二十三萬三千美元現金，外加那個新秀。」比恩說。「這種零頭，大都會隊根本不在意。」

沒錢的球隊把有錢的球隊當成零錢提款機：二十三萬三千美元，是林孔與凡納佛洛兩人本季剩餘薪資的差距。如果他能讓大都會隊給他二十三萬三千美元，就不用再打電話給自家老闆了。他自己就能做主完成這筆交易。

他在拿起電話前又頓了一下。「我應該先打給沙賓嗎？」他問自己，然後又自己回答說不用了。比恩打給菲利普斯時，迪波德斯塔又出現了。「比利，」他說：「你也可以要求要換鄧肯（Duncan）。他們沒有理由拒絕，他的打擊率只有二成一七。」

「我們到底比較想要誰，賈西亞還是鄧肯？」比恩問道。

迪波德斯塔還沒來得及回話，大都會隊的祕書就接起來了。比恩往椅背一靠，露出笑容。「迪妮絲，」他說：「我是比利．比恩。運動家隊副總裁兼總經理。迪妮絲，誰是職棒裡最酷的總經理？」停頓一下。「又答對了，迪妮絲。」迪妮絲的笑聲連辦公室另一頭都聽得到。「比恩天生討人喜歡，」當年一手把他送上總經理寶座的艾德森說。「有那種天性的人，很危險。」

這次菲利普斯在，而且有空講電話。「我要的不多，」比恩大方地說，好像整件交易是菲利普斯主動提出的。「我只要一個球員，還有二十三萬三千美元現金。我不會跟你要什麼頂尖好手，我跟你提兩個名字：二壘手賈西亞，還有上一季打擊率二成一七的外野手鄧肯。」

菲利普斯就像其他接到比恩電話的大聯盟總經理一樣，心想其中必然有詐。他擔心凡納佛洛的健康可能有狀況，於是問比恩，為何把凡納佛洛下放到三A，為何現在突然開口要錢？

「放心，凡納佛洛身體很好，」比恩說，開始祭出推銷二手車的策略。「只是我們剛好碰到一個情況，我需要這筆錢讓我……去辦一件事。」

菲利普斯說，他還是很好奇，凡納佛洛到底怎麼了。他最近幾次上場投球，都慘遭對方打者修理。比恩暗自嘆了一口氣，想要讓凡納佛洛穿上大都會隊球衣，比他想像中還要困難。「史提夫，你跟我都知道，不能從過去九局來評斷一位投手的好壞。豪爾用錯他了，你應該讓他完整投完一局，他對右投手也很行！」

不管如何，這條魚就是不願上鉤。那一刻比恩了解：大都會隊之所以對凡納佛洛這麼猶豫不決，是因為他們以為可以得到林孔。「嗯，」比恩說：「史提夫，要不然這樣吧，」他不再耍賣二手車的伎倆，轉眼變成在安排高中防火練習，絕對不開玩笑。「我會得到林孔，已經確定了。巨人隊想要凡納佛洛，我跟他們說，想要凡納佛洛只要拿一位球員來換：魯克．羅伯森（Luke Robertson）。」

「是安德森（Anderson）……」迪波德斯塔低聲指正他。

「魯克・安德森，」比恩口氣放緩說。「我們喜歡安德森，我們認為他一定可以升上大聯盟。不過我比較想跟你打交道，因為沙賓手上沒錢。這筆交易你會贏，因為你可以給我二十三萬三千美元現金，而他不能。我不是非要這二十三萬三千美元不可，不過有這筆錢的話，我就願意跟你打交道。」他這會兒又不當消防演習指導員，變成私人健身教練。史提夫，你辦得到！你可以贏！

對於自己這段對話發揮的影響力，比恩感到很滿意。「是啊，」他說。「也不一定要賈西亞或鄧肯啦，如果你覺得換個人比較好，我就另外再找一個。」（我要你，只有你，可以得到凡納佛洛。）「沒問題，史提夫。你們兩隊誰先回我電話，誰就可以帶走凡納佛洛。」（不過如果你再拖拖拉拉，就會後悔一輩子。）

射殺老黃狗……

比恩的助手告訴他，ESPN的記者彼得・蓋蒙斯（Peter Gammons）正在線上等他。在交易大限前的最後幾個鐘頭，有幾家報社記者的電話是比恩拒絕接的。有時某位記者會意外突破防線，比恩就會讓他後悔不已。根據比恩的經驗，大多數記者只是想搶先得知每個人截稿前都會知道的消息。「他們都想要獨家，」他抱怨說。「事實上沒有獨家，不管我們做什麼事，明天每一家報紙都會登。報紙又不能一個小時後印出來。」

不過，打電話來的若是蓋蒙斯，那就另當別論了。蓋蒙斯和其他記者不同之處，在於他會跟比恩透露一些他不知道的東西。「我們來弄點情報吧。」他說著拿起電話。蓋蒙斯問起林孔，比恩輕鬆地說：「對啊，我才剛把林孔搞定了。」口氣聽起來像是確定了，不過事實上還差很遠。他知道，蓋蒙斯會把這話告訴其他人。然後輪到蓋蒙斯回報他：蓋蒙斯告訴比恩，博覽會隊已經決定把他們的強打外野手克利夫．佛洛伊德（Cliff Floyd）賣給紅襪隊。比恩很快答應蓋蒙斯，一旦做出任何決定，一定第一個讓蓋蒙斯知道，然後他掛了電話說：「可惡！」

佛洛伊德是另一個比恩想弄來的球員。「不止一個球季了。」比恩常說。他真正的意思是，在一個球季的時間裡，有不止一支球隊叫奧克蘭運動家隊。首先是球季開打時的那個陣容，然後是五月二十三日那個，都被他大換血了。包括先發打線中的三人，外加好幾個投手。

兩個月前比恩還信賴有加的球員，後來被他拋棄時連說聲再見都省了。比方說傑若米．吉安比，四月時，傑若米還是比恩「建立一支棒球隊全新的最佳思考方法」，比恩認為一位胖嘟嘟、腳程慢的無名小卒，也可以成為大聯盟最佳第一棒打者，而傑若米證明了這個觀點沒錯。但比恩現在談到傑若米，只說他到球場跟傑若米說他被炒魷魚時，就好像「射殺老黃狗」一樣。

關於老黃狗，還有一段比較不傷感的故事，不過從來沒人提起。五月中旬，運動家隊在多倫多客場慘遭藍鳥隊橫掃後，比恩的行為開始變得極不穩定。有天晚上開車回家時，他錯過了高速公路的出口，還多開了近二十公里才發現。他也會整晚一直打電話給迪波德斯塔說：「不要以為我會容忍這種鳥事，不要以為我不會採取行動。」當球隊回到奧克蘭主場後，他覺得球隊氣氛過度歡樂，於是告訴教練們：「輸球並不好玩。對我來講，一點也不好玩，如果我會很悲慘的話，你們也會跟著一起慘。」

在去多倫多比賽之前，運動家隊先前往波士頓作客，在那裡，傑若米．吉安比犯了個錯——被一個報社記者看到他去脫衣酒吧。應該說，傑若米原本名聲就不太好，早在春訓前，他就曾被拉斯維加斯警方逮到持有大麻。隨後球團教練也陸續反映，傑若米在球隊的飛機上喝太多酒。當波士頓那邊的消息傳到比恩耳裡，傑若米就再也不是上壘機器和高效率的進攻武器了，而是變成一支常敗球隊裡一名過得太舒服的二十七歲職棒球員。

比恩一邊生悶氣，一邊到處打電話看哪一隊願意接手傑若米。他不在乎能拿他換誰，事實上，這種說法也不太對：他需要換回能向媒體交代的球員：「我們拿傑若米換來某某某，因為我們認為某某某會對我們的防守有幫助。」或者其他諸如此類的胡說八道。當費城人隊提出以梅布里交換時，比恩幾乎不知道梅布里是誰。

要去告訴傑若米．吉安比已被球團賣掉時，比恩努力想說服迪波德斯塔。「這是我歷來做過最糟的棒球決策，」他說：「不過這是我身為總經理，做過最好的決定。」迪波德斯塔知道，這是狗屁，也照實告訴了比恩。兩人前往球員休息室的一路上，迪波德斯塔一直試著要平息比恩的怒火。他嘗試向自己的上司解釋，他已經變得很不理性了。他無法客觀思考，只想找個人發洩怒氣。

比恩聽不進去。交易確定後，他告訴記者，他之所以把傑若米．吉安比送走，是因為自己「擔心他不夠全面」，而梅布里對球隊的防守很有幫助。他隨後對豪爾施壓，不希望把梅布里排進先發名單中。豪爾有時候不理他，而梅布里展現他職業生涯前所未見的火力，頻頻擊出全壘打與勝利打點，運動家隊也開始贏球。比恩把傑若米送走時，運動家戰績為二十勝、二十五敗；而且之前十七場比賽輸了十四場。兩個月後，他們的戰績是六十勝、四十六敗。現在每個人都稱讚比利．比恩真是天才，一眼看出隱藏在梅布里身上的天分。射殺老黃狗，總算有了代價。

失敗的次數，注定要比成功多

比恩把傑若米炒魷魚，或是其他的作為，都嗅不太到小心翼翼的科學實驗味道；反而比較像是一位對實驗結果不滿意的科學家，火大衝進實驗室，把所有的試管都砸爛。

這也使得此刻正在發生的一件事更加令人意外：現在是七月，比恩坐在辦公室裡，也就是把球隊先發陣容八分之三趕走後沒幾個月，他堅稱那場大換血一點必要都沒有。在和其他球隊總經理通電話間的空檔，他解釋五月的大清掃、把球員一個個丟出去，對球隊「很可能沒有效果。我們當時二十一勝、二十六敗。但這個樣本規模太小。如果我什麼都不做，我們也會很好。」他頂多只願意承認自己的行動或許有「安慰劑效果」。而最令人吃驚的是，他幾乎相信自己的鬼話。

兩個月之後，他還是不願意談起傑若米・吉安比。重要的是，運動家隊持續贏球，不過他們在強得離譜的美聯西區，還是排名第三，比恩開始擔心，今年表現得好也還是不夠。「我們可以拿到九十勝，有個不錯的球季就很滿足，」他說：「但有時候你就是得說『去他的』，然後卯起來拚了。」

因此他到處亂打電話，向各隊總經理提球員交易案，試著從中做個「操他媽的A」交易。他把這種行為，稱之為「拖網作業」。他不斷找人聊天，目的在獲取對交易成功關係重大的資訊：其他各隊總經理對於不同球員的評價。交易球員其實跟交易股票或債券沒什麼兩樣，掌握較多資訊的交易員，就能大撈一筆。比恩很確定，自己的訊息比別人豐富。

他確實擁有與他人不同的資訊，例如卡洛斯・潘尼亞才加入運動家隊兩個月，就搖身一變，從比恩最覬覦的小聯盟球員，變成所有人對潘尼亞的評價都比比恩高。比恩知道（或自以為知道）潘尼亞被高估了。唯一的問題是：他能利用潘尼亞從其他球隊榨出多少油水？

比恩以潘尼亞為誘餌，試圖引誘匹茲堡海盜隊拿出強打外野手布萊恩・翟爾斯（Brian Giles）來交換。海盜隊拒絕後，他又向紅襪隊提議用潘尼亞與隊上第四號外野手皮亞特，去換對方的外野手綽特・尼克森（Trot Nixon），然後再將尼克森與運動家隊三A的速球救援投手法蘭克林・傑曼（Franklyn German）一起送到海盜隊換翟爾斯。結果，還是沒交上好運。然後他放棄翟爾斯，轉向印地安人隊總經理夏派若遊說，想以科瑞・萊多和潘尼亞，去換對方的王牌投手巴托洛・科隆

（Bartolo Colon）及頭號強打吉姆・湯米，不過還是沒有成功。

在這些嘗試中，比恩失敗的次數，注定要比成功多出許多：但他不在乎！這些失敗外界並不知道；但成功則人盡皆知。在六月下旬繼續以潘尼亞為誘餌進行拖網作業時，他突然碰到老虎隊想把陣中年輕但昂貴的王牌投手傑夫・威佛（Jeff Weaver）脫手。

比恩對威佛（年薪高達兩百四十萬美元）興趣不大，不過他知道洋基隊有興趣，而他一直對洋基隊唯一年輕、便宜的先發投手泰德・李利（Ted Lilly）垂涎不已（在比恩眼中，他的身手與威佛不相上下，不過他的年薪只有二十三萬七千美元）。他把潘尼亞送到底特律換來威佛，隨即又把威佛轉賣到洋基隊換來李利，**外加**兩位洋基隊最搶手的新秀。在這場三方交易中，他還從老虎隊那邊榨出六十萬美元。洋基隊總經理凱許曼（Brian Cashman）問他，到底是怎樣弄到這筆錢的，比恩說那是「我的仲介費」。

那是七月五日發生的事。但比恩並沒有就此停手，相反的，那只是他的熱身之作而已。他試著想弄到坦帕灣魔鬼魚隊的外野手藍迪・溫恩（Randy Winn），魔鬼魚隊球團雖然願意和比恩談，不過卻因為太怕他而不敢跟他交易。一位魔鬼魚隊前主管表示：「看過比恩之前把先發投手萊多弄走的手段後，他們再也不會跟他打交道了。他把他們嚇死了。」

此外，比恩還差一點弄到皇家隊的外野手拉伍・伊巴涅茲（Raúl Ibañez），不過在交易完成前，伊巴涅茲的棒子突然熱得發燙好一陣子，讓皇家隊決定重新評估他的優點，還認為自己的錢包差點又被比恩扒走。（前一年，就在球員交易截止日前，比恩用幾個不太有用的球員從皇家隊換來戴伊；再往前一年，他同樣幾乎不費籌碼就換來戴蒙。）

卡洛斯·潘尼亞離隊後，比恩又換上新的魚餌萊多進行拖網作業。萊多上半球季投得很差，不過最近開始好轉了。這陣子每回萊多上場投球時，比恩就反常地為他加油打氣，除了希望他幫助運動家隊贏球，還希望他的市場行情攀升。白襪隊總經理肯尼·威廉斯表示對萊多有興趣，比恩於是建議白襪隊拿出強打外野手馬格里歐·歐多涅茲（Magglio Ordóñez）來換。白襪隊不肯，但是談話過程中，引出了另一個可能性：比恩發現白襪隊願意交易掉他們的明星二壘手、第一棒雷·杜倫（Ray Durham）。為了要換來杜倫，**加上**支付杜倫二〇〇二年剩下薪水的現金，比恩只需送走一位名叫亞金斯（Jon Adkins）的三A速球投手。在過去十八個月中，比恩已經把運動家隊農場所有球速超過九十五哩（一五三公里）的投手都交易掉了——只剩亞金斯。

七月十五日交易取得的杜倫，確實是個「操他媽的A」交易（在賽伯計量學上居領導地位的baseballprospectus.com網站，因而很快就針對這筆交易登出一篇專文，標題為：「肯尼·威廉斯，運動家隊球迷」）。杜倫加入後，比利·比恩所獲得的，遠遠不止一位優秀球員半個球季的貢獻。杜倫球季結束後將成為A級自由球員，而一支球隊若失去A級自由球員，將可獲得一個第一輪選秀權，加上第一輪末尾的補償選秀權。如果威廉斯夠重視這些選秀權，他就應該把杜倫留到球季結束，再讓他離隊。光是這兩個選秀權，就已值得支付杜倫半個球季的薪水；絕對比白襪隊換來的小聯盟投手更具價值。

然而，這種交易策略也碰到了一個新風險。七月底時，各球隊老闆正在和球員工會的代表針對新的勞資協議進行談判。球員威脅要罷工，球團老闆揚言要罷工就請便。《藍帶小組報告》附和由釀酒人隊老闆兼大聯盟會長塞利格所主導的一項行動，企圖針對球員的薪資設限，並主張球隊間營收共享。

塞利格的一項提案，暫時被球員工會接受，那就是把關於自由球員的補償措施刪掉。也就是說，補償選秀權沒了。比恩等於是在賭這個提案不會真的實施，他的判斷是，唯有球員工會同意某些節制市場力量的形式（不是透過營收共享條款，就是設定某種薪資上限），新的勞資協議才可能達成。而如果工會真的同意了，球團老闆們一定會鬆一口氣，在其他較不重要的議題上對球員工會讓步[25]。

「這是整個大局勢裡的一個小議題，」他說。「球員工會的談判歷史告訴我們，他們絕對不會乖乖接受最小的細節。要是真能讓那些老闆們如願分享收入，他們就會像是彎下腰說：『來搞我吧。』他們會任由球員工會擺布，『隨便你怎麼樣。把我當農場裡的畜生毒打吧。』」[26]接著，他彎下腰示範球隊老闆會是什麼模樣，扮演起農場畜生。

看他談交易，好像是在看大野狼騙小紅帽

佛洛伊德的情況，等於是杜倫交易案的重演。佛洛伊德在球季結束後也將變成自由球員，跟杜倫一樣，等於是兩個首輪選秀權的兌換券。對於一支想要吸收他的赤貧球隊而言，佛洛伊德的問題在於：他是整個市場中僅存的大球星。「他的行情不會再往下跌了。」比恩說。

在試圖搞定林孔的同時，他已經失去了佛洛伊德。至少看起來是如此。此時他留意到自己有一通新的語音留言，他剛剛跟記者蓋蒙斯講電話時，有其他人來電。他心想，可能是沙賓或菲利普斯打來，要接手凡納佛洛並吸收他的二十七萬美元薪水。此刻他亟需現金，他按了電話鍵盤聽留言，好像在按提款機似的，不過裡面卻沒有錢。「比利，」話筒裡傳來柔和、親切的聲音。「我是歐馬．米納亞（Omar Minaya）。回我個電話，好嗎？」米納亞是博覽會隊總經理，掌握著佛洛伊德的命運。

比恩雙手扶著頭說：「讓我想一下。」他想了大概十秒鐘，然後回電話給米納亞。他聽著米納亞說出他已從蓋蒙斯口中獲知的訊息；他的出價跟紅襪隊差太多了。為了換取大聯盟最佳左打者之一的佛洛伊德，比恩只願釋出一位二A投手，雖然頗有潛力，但算不上是個寶。而紅襪隊開出的條件則十分驚人，除了願意支付佛洛伊德剩下來約兩百萬美元的薪水外，還奉上一堆大聯盟與小聯盟球員供博覽會隊挑選，其中包括紅襪隊投手羅蘭多．阿洛荷（Rolando Arrojo），以及一位名叫宋勝

準的南韓投手。此外，根據佛洛伊德的經紀人表示，忽然間佛洛伊德夢想著要去紅襪隊（等今年球季結束他取得自由球員身分後，紅襪隊可能還會對他開出更高的價碼），而且他已明確表示不想替運動家隊效力（他在球員休息室喝汽水，運動家隊都會跟他收錢）。佛洛伊德的合約中有一條但書，讓他有權否決被賣至運動家隊。

聽完米納亞說了一大堆原因，解釋他為何不得不將佛洛伊德交易給紅襪隊之後，比利・比恩以剛發現另一個人很蠢、卻設法掩飾的禮貌口氣說：「歐馬，你真的想要這樣做嗎？」

米納亞說是的。

「我的意思是，歐馬，你真的**喜歡**紅襪隊要給你的那些球員？」

米納亞口氣稍微不那麼確定了，但還是說他喜歡波士頓要給他的球員。

「你真的那麼喜歡阿洛荷，嗯？」他提起阿洛荷的名字時，還特別用疑問句。阿洛荷？藍鳥隊總經理里奇阿迪曾說，看比恩談交易，「好像看到大野狼在騙小紅帽一樣。」

米納亞花了整整二十秒，為自己對阿洛荷感興趣這件事表達歉意。

「另外這個傢伙是誰？」比恩問道。「這位**韓國**投手。他的名字要怎麼念？宋宋……？」

米納亞當然會念。

「唔，好吧，」比恩說。語氣又有轉變，他現在變成一位純真、好心的路人，路見不平要停下來出手相助。「如果你要把佛洛伊德送到紅襪隊，」比恩說：「何不先把他給我，我再轉給紅襪隊？」

比恩現在想嘗試他過去做過太多次的招數：在與自己無關的交易案中，硬是插上一腳。

「歐馬，」他說：「現在好牌都在你手上，只要讓市場自動來找你就行了。」

他接著解釋：歐馬．米納亞可以拿到紅襪隊的現金和紅襪隊的球員，還**外加**運動家隊小聯盟體系中一位球員——在合理範圍內，幾乎任何小聯盟球員都行。只要米納亞答應把佛洛伊德先給比利．比恩幾分鐘，讓比恩與紅襪隊協商。比恩沒談到細節，只是向米納亞大致解釋了一下，說他把佛洛伊德交易出去，從紅襪隊那邊換來的還不夠多。

很多笨球隊以為，一位球員就可以解決所有問題

紅襪隊還是跟往年一樣，因為渴望打進季後賽而搞得吃相難看。他們的心態上，已經扭曲到非把佛洛伊德弄到手不可的地步。有很多笨球隊以為，一位球員就可以解決他們所有的問題，紅襪隊正是其中之一。佛洛伊德是他們的答案。得到這樣的球員，波士頓報紙會大肆讚揚。佛洛伊德會為紅襪隊的芬威球場（Fenway Park）帶來虛假的希望。

簡單地說，紅襪隊就是非得在佛洛伊德身上多花上一大筆冤枉錢。為了換來佛洛伊德，紅襪隊願意付出大塊肥肉，如果米納亞消化不了，比恩願意幫他吃。事成之後，他不但會奉上米納亞原來

就會得到的球員，還會再**加上**一位運動家隊農場系統的小聯盟球員。

從一開始，比恩就沒指望能得到佛洛伊德。若要佛洛伊德披上運動家隊球衣，博覽會隊就得同意自行吸收他二〇〇二年剩下的薪水。但博覽會隊已是正式宣告失敗的企業，目前所有權與營運權都在大聯盟手中，也就是操控在塞利格手中。塞利格絕對不可能花錢，為另一支正努力爭取晉級季後賽的球隊養球員。而比恩一定是早就看清了這點，所以他一直努力的，就是在有關佛洛伊德的談判過程中，為自己爭取一個位置。其他的談判對象都有鈔票，而他只有一張厚臉皮。

米納亞現在很好奇，他想知道這筆新交易到底該如何運作。比恩詳細說給他聽：你給我佛洛伊德，我會交給你阿洛荷跟宋宋──或者隨便他叫什麼來著──外加另一個運動家隊的小聯盟球員。

米納亞還是沒完全搞懂：他要怎麼辦到？比恩解釋，他會用佛洛伊德從波士頓紅襪隊換來阿洛荷、宋宋，**還有**其他的。不用說，他將留下那些其他東西。

米納亞現在懂了。他說，感覺上好亂。

「好吧，歐馬，」比恩說。「我們就這麼辦吧。你要做的呢，就是回電話給他們，說除了阿洛荷與宋宋之外，你還要另一位球員，他的名字是尤基里斯。」

尤基里斯。

希臘走路之神。

尤基里斯，前一年選秀會在第八輪被紅襪隊選走的球員。尤基里斯，迪波德斯塔的電腦中第一個選出來的大學球員，卻被運動家隊球探部門忽視。尤基里斯，要不是比恩的球探部門中殘餘的老一輩棒球智慧作祟，就應該會在二〇〇一年選秀會上被運動家隊以第三輪選走。尤基里斯是二〇〇一年選秀會的傑瑞米．布朗。他打遍二A無敵手，正在升上大聯盟的特快車上。他打起球來，彷彿是想打破保送與磨耗對方投手手臂的世界紀錄。

打從一開始跟米納亞談起佛洛伊德，比恩心裡想要的就是尤基里斯。

米納亞完全沒聽過尤基里斯。「凱文．尤基里斯，」比恩說，不過還是沒幫助。「歐馬，他是無名小卒。他只不過是個胖胖的二A三壘手。」一個胖胖的二A三壘手，也是**希臘走路之神**，而且去年打擊火力提升不少。沒錯：這位希臘走路之神現在愈來愈會打全壘打。這當然也是希臘走路之神的真正命運。

米納亞還是不明白，要怎麼弄來尤基里斯，因為紅襪隊宣稱他們已經開出最好條件了。「不，歐馬，」比恩說。「你就這樣做。我會一步一步教你，保證你穩賺不賠。這件事包在我身上，歐馬。佛洛伊德的經紀人希望他去紅襪隊打球，你知道為什麼嗎？因為紅襪隊能給他高薪。你不要問他們行不行，而是告訴他們你一定要尤基里斯。你只要打電話告訴他們，少了尤基里斯就免談。然後掛上電話。我保證他們馬上會回你電話，給你尤基里斯。誰是**尤基里斯**啊？」

他說尤基里斯這個名字時，口氣與以前截然不同，彷彿他鄙視任何對這位**尤基里斯**有興趣的人。「尤基里斯換佛洛伊德？」他說。「太荒謬了嘛。他們一定會照辦。該死的魯奇諾（紅襪隊總裁）根本不知道他媽的尤基里斯是誰，他們怎麼跟大家交代，沒有弄到佛洛伊德的原因，是他們不願放棄尤基里斯？」

身為窮隊的好處：不必擔心被別人嘲笑

窮球隊比有錢球隊享有一項優勢——不會被公開嘲笑。比恩雖然不太喜歡奧克蘭的媒體，不過比起波士頓的媒體，奧克蘭這邊算是相當溫和客氣的了。除了大約每星期讓比恩發火一次外，他們對於他的行為確實沒有影響力。運動家隊的球迷也一樣，比起芬威球場和洋基球場的瘋狂球迷，奧克蘭的觀眾要冷漠多了，他可以很放心地不理會他們的吼叫。

米納亞不相信比恩這套說法。他覺得，比恩想破壞他的交易。

「歐馬，我現在要做的，只是把我一個球員免費送給你。如果他們不願意，你有什麼損失？你還是可以回到原先的條件啊。」

米納亞說，他很擔心會錯失這筆交易，塞利格正持續對他施壓。拜塞利格之賜，米納亞已經違反了比恩的球員交易守則第二條：「當你說你必須有所作為，你就慘了，因為你會做出很爛的交易。」

「歐馬，」比恩說：「如果他們一定要佛洛伊德，那麼凱文．尤基里斯不可能會礙事。」比利．比恩幫米納亞想像波士頓報紙的標題：**紅襪隊新老闆為了保住小聯盟胖子，輸掉分區冠軍**。

說到這裡，米納亞終於懂了，現在他幾乎快相信比恩的話。不過他還是很好奇，這位讓比恩如此費事要弄到的尤基里斯，到底是何方神聖？或許尤基里斯不應該去運動家隊，而該披上博覽會隊戰袍。

「尤基里斯？」比恩說，口氣好像他才剛聽過這個名字，而且幾乎想不起來了。「只是個二A的胖小子。看看球探對他的評價。他對你根本『沒用』，對我『可能』還有機會。從我們的觀點來說，我們喜歡他是因為他上壘率不錯。」

（我們好蠢！）

現在米納亞又想把事情弄得更複雜。

「歐馬，歐馬，」比恩說：「重點是，我認為你可以利用這筆交易連帶把他弄過來，如果真的成事，我就免費送你一位球員。」

他掛上電話。「他會打電話給紅襪隊，不過我不認為他會太堅持。」他說。

運動家隊總裁克勞利把頭探進比恩的辦公室。「史提夫在電話上等。」他指的是運動家隊老闆史提夫．蕭特。

比恩的思緒還停留在尤基里斯身上。他想像著紅襪隊方面的反應，事後證明相當精準。他們一定料到，丟出尤基里斯這顆臭彈的人不是米納亞，而是他。他們會知道，是因為從以前到現在，只有他一直試圖將尤基里斯弄走，沒有別人。

他們會知道的另一個原因，是紅襪隊協理席歐・艾普斯坦（Theo Epstein）常常跟比恩通電話。二十八歲的艾普斯坦畢業於耶魯大學，早就下定決心自己日後要當大聯盟球團總經理，而他也知道自己最想成為哪一型的總經理。不久之後，紅襪隊便會加入比恩的聖戰行列，一起解放那些不太容易出局的胖小子。這些比恩都知道，卻還是認為紅襪隊會放棄尤基里斯。他不知道的是，艾普斯坦已經掌握新的權力——紅襪隊新老闆約翰・亨利對他言聽計從——並且已經利用這些權力，將尤基里斯塑造成紅襪隊小聯盟系統的模範球員。（「要是早三個月，」艾普斯坦後來說：「比利就會弄到他了。」）

「比利，史提夫還在等你！」克勞利又提醒了他一次，老闆要跟他說話。比恩四下張望，好像忘了什麼東西似的；他花太多時間在尤基里斯身上了。他得找些現金來。他又拿起話筒，最後一次打電話給大都會隊總經理菲利普斯。「史提夫，這樣吧。我不希望林孔今天晚上投球對付我們。」比恩聽了幾句，不過沒有一句話讓他高興。掛上電話後他說：「他也沒有錢。他手上的錢要用來簽卡茲米爾。」（卡茲米爾就是大都會隊將近兩個月前在選秀會選的那名高中投手，但卻一直拖著不肯簽約。）

大都會隊沒有閒錢？這也是前所未聞。棒球員市場就像股票或債券市場一樣，都是瞬息萬變。想要做得好，就必須隨時調整應變。

時間每消逝一分鐘，沙賓（甚至菲利普斯！）就多出一分鐘可以說服夏派若，退出他給比恩兩個小時的等待承諾。比恩向克勞利高喊：「告訴蕭特，如果我們沒把凡納佛洛送走，明年我會用兩倍價錢把林孔賣掉。不。告訴他我一定會賣到兩倍，賣不到就扣我薪水。可是如果賣超過兩倍價錢，多的部分歸我。」

克勞利不知道該怎麼處理。他年薪四十萬美元的總經理準備告訴他的老闆，他要把自己的籌押在一個球員身上。如果照這個玩法，以比恩這麼擅長交易球員的狀況，他一定會發財。但球隊老闆那邊沒有答覆，比恩於是認為這算是默許，他可以自行處理林孔了（後來事實證明，老闆們的確授權讓他處理這筆交易）。他又多等了十五分鐘，讓大都會隊和巨人隊有機會再考慮。最後，他終於做出決定。他要冒險。他拿起電話打給夏派若，跟夏派若說他要林孔。

比恩手裡拿著電話，幾乎是若無其事地朝沙發裡的迪波德斯塔說：「你想不想下去，通知馬南泰他被釋出了？」

「**我**想不想？」迪波德斯塔說。他左看、右看，好像比恩一定是在跟另一個人說話，而那個人喜歡跑去跟一個三十七歲的救援投手說他完蛋了。看向左邊時，透過比恩辦公室的窗戶，可以看到幾碼外的競技場球場。問題不在於馬格斯只差四天就滿十年的年資，可以領到全額退休金。而是馬格斯的大聯盟生涯很可能到此為止。

「總得有人去跟他說。」比恩說。這會兒，忽然間，交易人類還是不同於交易股票或債券。交易人類，會帶來不安的感覺，但比恩從來沒有讓這種感覺影響他的決定。他可以把球員想成棋盤上的一顆顆棋子，這也是他能成為球員交易高手的原因。

「打給亞特吧，」迪波德斯塔說。「那是他的工作。」

比恩正要打電話給亞特．豪爾時，這才想到自己並未實際完成這筆交易，於是改撥給印地安人隊的馬克．夏派若。時間是下午六點半。運動家隊對印地安人隊的比賽，將在三十五分鐘後開打。

「馬南泰剛投完他大聯盟生涯的最後一球了。」迪波德斯塔說。

「馬克，對不起讓你等那麼久。」比恩說。

沒問題，不過既然都等這麼久了，要不要等到比賽結束後再來要林孔。

「不，我們現在就要他。我們要他今天晚上坐在我們的場邊休息區裡。」

為什麼這麼急呢？

「大體來說就是，馬南泰害我們昨天輸球，而林孔則是勝利投手。」

好吧！沒什麼大不了的。我們現在就完成交易吧！

「林孔的健康沒有問題吧？」

沒問題。

「我們得在比賽開打前釋出一個球員，」比恩說。「為了讓事情快點辦妥，你要不要打給喬爾？」他指的是印地安人隊總教練喬爾．史金納（Joel Skinner）。然後比恩臉上露出驚慌的神色。

「啊糟糕，」他說。「麥克度格。他一邊腿有點扭到。你知道這事吧？」麥克度格是比恩打算換過去的球員，他最近練球時常摸魚，運動家隊小聯盟教練團覺得他對比賽無法全心投入。不過，這些情況印地安人隊必須自己慢慢體會。

沒問題。我知道他扭到了。

比恩把電話掛上，然後撥給亞特·豪爾。運動家隊總教練剛回到他在球員休息室旁的辦公室。

「亞特，我是比利。我有好消息跟壞消息。」

豪爾有點緊張地低笑起來。「好吧。」

「好消息是，林孔是我們的人了。」

「真的？」

「壞消息是，你得釋出馬南泰。」

電話那頭沉默了一會兒。「好吧。」豪爾終於出聲。

「你得在比賽開打前通知他。」

「好。」

「我知道這樣把一個人弄走不太好，不過我們得到了一個好投手。」

「好。」

比恩掛了電話，轉向迪波德斯塔：「我們可以讓馬南泰指定讓渡嗎？」這是釋出球員比較好看的方式，因為這樣其他球隊就有機會可以取得他，並從運動家隊手中接手支付他的薪資。當你把一位球員指定讓渡後，比恩解釋：「你等於把他放進棒球的煉獄。但他禱告也不見得有用。」

他隨後匆匆打了幾通電話。他打給運動家隊器材組經理巫辛尼奇（Steve Vucinich）。「老巫，我們要在比賽開打前把馬格斯弄走。對。你還有二十五分鐘內把他的東西移出來。」然後他打給大都會隊的總經理史提夫・菲利普斯。「史提夫，我弄到我要的人了。林孔。」（你如果不收凡納佛洛，就啥都沒有了。）他又打給巨人隊的總經理布萊恩・沙賓。「布萊恩。嘿，布萊恩。嘿，我是比利。我剛剛換來林孔了。」（所以別以為你可以讓我白等半天。）他打給ESPN的記者彼得・蓋蒙斯，告訴他自己完成了這筆球員交易，而且沒有別的交易了。

之後他找來運動家隊的公關楊恩（Jim Young），楊恩贊成應該在比賽開打前發布新聞稿。他還說比恩應該接受媒體採訪。「我一定要跟他們說話嗎？」比恩問。他認為他該講的對象都講過了。

「對。」

最後一通電話打完後，他的電話響起。他看了一下來電顯示，發現是從客隊球員休息室打來的。他拿起電話。

「喔，嗨，里卡多。」來電的是里卡多・林孔。他是墨西哥人，通常透過口譯接受媒體訪問。

「里卡多，我知道整件事讓你有點吃驚。」比恩說。他的用語稍微改變，原本試圖以墨西哥式英語與他對談，最後乾脆以他認為林孔較能理解的語法表達。「我們爭取你已經有好長一段時間了。你一定會喜歡這些新隊友的；他們都很有趣。」

林孔試圖理出頭緒，剛剛球團要求他脫下印地安人隊球衣，收拾私人物品，然後沿著走廊到對面的運動家隊休息室，穿上運動家隊球衣。他一時還不太能接受。

「對！對！」比恩說。「我不知道你今晚會不會上場投球。不過你今天晚上會在我們隊裡。」

不管林孔說什麼，他的意思是：我的天啊！我今天晚上有可能要上場投球？

「沒錯，沒錯。可能你會K掉吉姆・湯米！」比恩的語法就像個墨西哥移民。

「我們會把球衣和其他東西幫你打點好。」這個晚上，比恩已經歷夠多的情緒起伏，他試著用比較自然的方式結束這段對話。「你家鄉在哪裡，里卡多？」

林孔說，是墨西哥的韋拉克魯茲（Veracruz）。

「嗯，韋拉克魯茲離這裡比離克利夫蘭近多了。你離老家更近了！」

他講完把電話掛上，然後說：「這趟客場比里卡多原本預期的又長上許多。」他看起來筋疲力盡，上唇內的菸草已經沒了，他覺得嘴巴好乾。他從桌上拿起水杯，漱漱口吐掉。「我得去運動了。」他說。

那一刻，馬南泰正脫下運動家隊球衣，同時林孔也褪下印地安人隊制服。馬南泰很快地離開運動家隊的球員休息室，他的東西就等以後沒人時再回來拿。他太太當天晚上正好帶小孩來看球，所以他不能就這樣離開。馬南泰陪家人看球看到第六局才離去，這樣他就不必回答媒體的發問了。他不想讓更多人注意到自己的情況。如果年輕幾歲，他可能會講些難聽話，也一定會很怨恨。不過，他已經不再年輕，對很多事情早已麻痺。他對自己的看法與市場一樣，只是被買賣的資產罷了。很久以前，他就忘記自己應該有何種感覺。

重要的是，比恩經過球員休息室，準備換上運動服時，馬格斯已經離開了。但比恩走進去時，剛好碰上穿著便服走出來的林孔。林孔還是一臉困惑。他曾聽說自己可能會被交易到巨人隊或是道奇隊，從來沒想過自己會成為運動家隊一員，而他一時還無法完全理解此事的種種含意。

這位運動家隊陣營中唯一的左投救援投手，正準備走進觀眾席，找個位子坐下來看球。比恩帶他回到球員休息室，球隊職員才剛在一件運動家隊球衣背後印上林孔的名字。「你現在正式成為我們球隊的一員了。」比恩說。

林孔在新東家的休息室穿上新球衣，然後坐下來在電視機前看完整場比賽。「我還沒準備好，」他說。「我沒辦法專心。」不過，他的左臂感覺棒極了。

第10章

好手為什麼被低估

無情的詐騙高手，邪惡的魔術師

比恩拿下林孔與杜倫後，球隊戰績頓時從「好」，變成了「好到不行」。過去五十年內，唯一下半球季戰績比二〇〇二年運動家隊還好的，就是二〇〇一年的運動家隊，而二〇〇一年也只比二〇〇二年多贏一場。九月四日傍晚，美國聯盟西區除了墊底的遊騎兵隊，前三名剛好是六週前顛倒過來（見下頁表）。

天使隊是當時全大聯盟熱度居次的球隊。過去十九場比賽贏了十三場，不過分區排名卻不進反退。原因是運動家隊最近十九場比賽**全部**都贏了，追平美國聯盟史上最高連勝紀錄。二〇〇二年九月四日晚上，在五萬五千五百二十八名觀眾面前（奧克蘭主場有史以來最高的例行賽票房紀錄），他們準備挑戰聯盟一〇二年來史無前例的紀錄：拿下二十連勝。

比賽來到第七局上半，運動家隊以十一比五領先來訪的皇家隊，投手仍是先發的提姆・哈德森（Tim Hudson），比賽似乎大勢底定。

然後突然間，哈德森出現麻煩。很快形成兩出局後，他被史威尼（Mike Sweeney）敲出一壘安打，隨後又被伊巴涅茲（Raul Ibanez）擊出更強勁的安打。豪爾從場邊球員休息區站出來，看了一下牛棚。

	勝	敗	勝差
運動家隊	87	51	—
天使隊	83	54	3.5
水手隊	81	57	6
遊騎兵隊	62	75	24.5

在攻守交替時溜去刷牙，在投手丘上大發脾氣

運動家隊牛棚每天晚上似乎都不一樣。今晚比較不重要的那一半牛棚，包括一位憤世嫉俗、身材矮小的左手側投，他是比恩沒能交易出去的凡納佛洛；另外還有兩位剛從三A升上來的傑夫．譚姆以及麥可．鮑伊（Micah Bowie）。在比較重要的那一半牛棚，包括一位膝蓋有傷、內翻足的螺旋球投手，一位英語不靈光、朝每位隊友都喊「老爹」的矮壯墨西哥左投手，以及一位脾氣與球路都不時失控的火爆快速球投手。他們分別是梅瑟、林孔以及寇區。

在運動家隊球團眼裡，全牛棚對球隊戰績影響最大的，是脾氣溫和、投球姿勢獨一無二的浸信會教徒查德．布瑞佛。比恩交代過豪爾，只要戰況吃緊，就叫布瑞佛上場。大多數情況下，布瑞佛走出牛棚時，比賽總是處於緊要關頭，壘上往往有跑者。但今晚，比賽並非處於緊張狀態；今晚，叫布瑞佛上場是要參與歷史。

豪爾把右手從夾克口袋裡伸出來，以類似草地保齡球的出手姿勢，手指對牛棚一鉤。看到總教練的信號，布瑞佛走下牛棚的投手丘，進入球場。到達投手丘前，他把帽舌往下拉，罩住臉龐，雙眼盯著前方三呎處的地上。

他身高一九五公分，不過走起路卻似乎沒那麼高。真的，這是某種消失術：他鬼鬼祟祟穿過界外線時，全場觀眾似乎沒人留意到他。如果你不知道他是誰，或是他的工作，你可能會以為他正要退場，而不是進場。

棒球界培養出各種怪胎，大聯盟的牛棚裡也充斥著自我意識濃厚的各形各色怪咖。布瑞佛剛好相反。他不像特克．溫德爾會在攻守交替時跑去刷牙；也不像艾爾．若巴斯基會在投手丘上大發脾氣。他不會跺腳、瞪人，或是誇張地躍過界外線[27]。

他遠在密西西比州家鄉的母親常抱怨兒子的場上舉止；她尤其抱怨的是，兒子在場上從來不讓大家知道他有多帥、多有魅力。舉例來說，他從來不對電視鏡頭秀出他迷人的笑容，連順利完成任務坐在場邊休息區時，也是一張撲克臉。布瑞佛從來不笑，因為一想到被電視攝影機拍到自己的笑容，甚至任何神情或動作，都會令他覺得很丟臉。

不過，他再怎麼想保持低調都沒用。一旦站上投手丘，不管他做什麼，都會被觀眾與攝影機一覽無遺。他在整個棒球場上唯一隆起的小平台上討生活，而且他的動作怪異得令人聯想到馬戲團表演。他遲早得投出熱身球，而當他一開始投球，從沒看過他的觀眾就會目瞪口呆、指指點點。球場外的電視轉播車中，工作人員忙著剪接他以前的錄影畫面，以便播報員解釋這位奇才。

不同於其他救援投手，他準備投球時，不會挺直身體稍微後仰，反而是腰部如摺疊刀般一彎，就像是吉魯巴舞者突然朝舞伴傾身。他投球的手臂快速朝本壘板與地面揮出。在離地不到一吋、內野草地與投手丘土地交接處，他的球從指尖旋出。看慢動作重播時，他的投球動作不太像在投球，倒還比較像在餵鴿子或丟骰子。播報員常說他是側投投手，不過這種跟了他近四年的說法其實不正確。在棒球術語中，他現在是「潛水艇投手」（submariner），這是棒球界讓球路陰柔的下鉤投手，聽起來更有男子氣概的講法。

一個帶著幸運小石頭上場的投手

事實上，真的找不到合適的字眼來描述布瑞佛的投球姿勢；「下鉤」並未完全抓到精髓。今年布瑞佛投球時，指節還會刮到地面，這是他職棒生涯中前所未見的情形。有一次投熱身球時，他的手重重打到地上彈起來，球就斜飛出去，掠過打擊準備區裡的藍鳥隊外野手維農·威爾斯（Vernon Wells）的頭上，害威爾斯嚇呆了。ESPN一而再、再而三重播這個畫面。布瑞佛很怕這種事在比賽中重演，電視攝影機會拍到，再一次讓所有人注意到他。

怪的是，布瑞佛巴不得自己正常一點，偏偏他一點也不正常。他不但投球姿勢古怪，怪癖更延續到性格上。念高中的時候，他常偷偷帶著一塊發亮的白色小石頭到投手丘。他是有回投球時注意到這顆石頭。那天他投得特別好，而這塊石頭和他以前在投手丘上看到的石子完全不一樣。於是他把自己的成功，一部分歸功於這顆發亮的小石頭。他投完下場時，就撿起這顆石頭帶回家。接下來三年，他每次上場投球都一定會帶著這顆小白石。他會偷偷把它藏在口袋裡，然後放在投手丘上，完全不動聲色，因而從來沒有人注意到。

升上大聯盟時，他雖然戒掉帶著幸運小石頭上場的習慣，但心態上卻沒有改變。他稍微瘋狂的腦袋中，有種頑強的清醒。身為一名不想引人注意的大聯盟投手，布瑞佛學會將他的迷信偽裝成例行公事。有些事情他就是堅持一成不變，例如他在牛棚裡練投的球數每次都一樣，練習的球種順序也一樣；另外比方他還告訴他太太，只要他一上場，她就得離開球場。還有些事情他從來不會做，例如摸松香袋。

他的雙重欲望——想要成功，又想保持低調——愈來愈無法並存。對運動家隊球團來說，從布瑞佛二〇〇二年的個人統計數據看來，他不但是牛棚裡的最佳投手，更是大聯盟效率最高的救援投手之一。運動家隊給布瑞佛的年薪只有二十三萬七千美元，但以他的表現，薪水多幾倍都不為過。

有回運動家隊球團說，如果布瑞佛繼續維持這個表現，有朝一日他會獲得年薪三百萬美元以上的複數年合約。神奇的不光是他價碼這麼便宜，還有運動家隊居然能得到他。同樣神奇的是，在運動家隊以超低價碼弄到他之前，大聯盟根本從來沒有人留意到布瑞佛。

如果不考慮其他因素，從這個角度來看，布瑞佛與運動家隊其他投手很像。運動家隊擁有美國聯盟最佳的投手陣容，而所有投手中，只有牟德（三位優秀先發投手之一）未曾被球探嚴重懷疑過其能力。他們隊上的第二號王牌投手哈德森，是個身材不高的右投手，他念完大三時參加一九九六年選秀會，沒有球隊要他，到了一九九七年才在第六輪被運動家隊選上。第三號王牌投手齊托則先後被兩個球隊放棄過，一九九八年遊騎兵隊在選秀會第三輪選了他，卻不肯花五萬美元簽下他；然後他私下前往教士隊試投，而且他很想加入該隊，不過教士隊嫌他球速不夠快，不夠格上大聯盟。

運動家隊不同意，於是一九九九年選秀會以第九順位指名要他。三年後教士隊一位高層主管解釋，運動家隊能用這麼少的錢贏得這麼多比賽，是因為「比恩很幸運，能有這些投手」。

確實如此。但如果解釋的定義是可以讓人安心，那麼以「幸運」來解釋運動家隊投手群近年的成功，這種心智可以說是幾近昏迷不醒。

投手不是高性能跑車，也不是純種賽馬，是作家

由於球隊預算拮据，比利．比恩不得不對大聯盟投手抱著截然不同的心智模式。以比恩的想法，投手不是高性能跑車，也不是純種賽馬，或者其他意指很酷、天生很優越的比喻。投手比較像是作家。跟作家一樣，投手開啟了行動，為他們的比賽定調。他們有各種手法以達到不同效果，而

評斷他們的依據，必須是這些效果，而不是他們的外表或技術。一味只強調球速的重要，就像是一味追求辭彙量豐富一樣。說每個投手都該像諾蘭・萊恩那樣投球，就像是堅持所有作家都該寫得像約翰・厄普戴克，都是很荒謬的事。能讓打者出局的，就是好投手，至於如何辦到則不是重點。

投手在另一個層面上也跟作家一樣：他們的成果都難以預測。

一位二十二歲、控球超級精準的天才投手，哪天早上起來心神不寧，就會一再投出飛過捕手頭上的暴投。備受看好的新秀可能雷聲大、雨點小；沒人留意的無名小卒，可能爆冷門變成明星。三十歲的平庸投手可能練出某種新球種，一夜之間就變成王牌投手。有些投手的大聯盟統計數據，遠優於小聯盟時期。怎麼會這樣？把人家弄出局，這是個奇怪的行業。

很明顯地，投球是身體的行為，不過也有一部分是想像力在發揮作用。哈德森在小聯盟時練出新球種：一種犀利的變速球，讓他與當年運動家隊在第六輪選中他時判若兩人。齊托在專科與大學期間，不斷琢磨自己的曲球，練到出手時對手無法分辨是曲球或是不太出色的直球。引導投手走向成功的種種調整，心理成分和身體成分都同等重要。

在運動家隊陣營中，擅長把打者弄出局的怪投手裡，布瑞佛是最不正統的一位。他打進大聯盟，靠手臂力量的成分比較少，靠高超想像力的成分較多。現在，沒有人看到這點，因為沒人真正知道他是誰，也不在意他是誰。你只要稍稍了解他，就會知道投手的想像力能玩出多麼厲害的把戲。但是要了解他，你必須回到從前，回到布瑞佛還沒在奧克蘭競技場球場五萬五千五百二十八名觀眾面前出洋相之前。

想像的力量，有可能來自拒絕預測未來

查德．布瑞佛在密西西比州傑克生市（Jackson）附近一個名為拜倫（Byram）的小城長大，他排行老么，家境小康。他向來自稱是「鄉下人」。

布瑞佛兩歲生日前沒多久，他的父親中風癱瘓，還差點喪命。醫師告訴他父親，說他這輩子不可能再站起來走路。他的父親不信邪，躺在床上的他板著臉往上看，說他要工作賺錢，撫養三個男孩長大成人。憑藉著過人的意志力，外加上帝的恩賜（他認為），他真的做到了。查德過七歲生日時，他的父親不但能走路，還能勉強跟兒子玩傳接棒球。他的手臂無法舉到肩膀以上的高度，因此無法正常傳球，但他可以挪高手套把球擋下來。他接到查德的傳球後，就會用下鉤方式把球拋回給兒子。這種奇特的投球方式，深深烙印在小男孩的腦海裡。

與父親玩傳接球，是查德．布瑞佛孩提時代最快樂的事之一。他的父親對他並沒有特別的期望，只希望他能快快樂樂，繼續信基督教，而且不要離開密西西比州。布瑞佛家不認識任何職棒球員，他們認識的人，也沒有人認識職棒球員。

但查德在學校兩度碰到要寫自傳式作文，他兩次都以職棒為主題。八歲的他在「我的志願」中

寫道：

等我長大了，我要當棒球球員。我想要打道奇隊，我也希望打紅雀隊，我也希望能打金鶯隊。我想當這些球隊的游擊手。

五年後，查德十三歲時，老師要學生們想像自己已經年邁，寫出自己一生的故事。查德·布瑞佛以回顧的觀點，寫自己從學校一畢業就結婚，有了兩個孩子，一男一女，而且成為大聯盟投手，而非游擊手。他想像不出其他的未來，幸運的是，等待著他的未來，正如他的想像。他十八歲高中一畢業，就娶了女友珍妮，兩人很快就生了一個兒子，然後是女兒。在老二出生前，二十三歲的查德·布瑞佛已效力於白襪隊，在大聯盟初登板。想像的力量，有可能源自於拒絕預測未來。

從八年級的那篇作文到升上大聯盟，中間的障礙只有過一個：布瑞佛根本不行。他的志向只是癡人說夢，幾乎每位打進大聯盟的棒球員，中學時代全都是全州、全分區、全國的明星選手；幾乎每位升上大聯盟的投手，中學時代都是痛宰打者。十五歲念高二時，查德·布瑞佛很勉強才擠進校隊。除了棒球，布瑞佛沒參與其他運動，也沒有展現特殊的運動才能。密西西比州拜倫鎮的「中央海茲學校」畢業的棒球員中，有好幾百個人比布瑞佛更有潛力，卻從來沒有人打過職業棒球。任何聽布瑞佛說他要成為職棒投手的人，都會目瞪口呆，就像日後他在大聯盟投手丘現身時所引來的觀眾反應一樣。於是，他再也不跟別人說他的棒球夢了。

「別人」之一，就是他的高中棒球隊教練、綽號「麋鹿」的比爾・裴瑞（Bill Perry）。布瑞佛和他認識的所有人一樣，從小就是浸信會信徒。麋鹿不但是他的教練，也是他的牧師。這種怪異的角色混合，意味著當麋鹿需要狠狠罵醒某個球員時，他都很確定這是上帝的旨意。在麋鹿的眼中，十五歲的布瑞佛就是很欠罵。麋鹿認為，布瑞佛只是個呆呆的、懶惰的男生，他想參加棒球隊的原因，不是他對棒球有特殊的天分或興趣，而是想跟其他打棒球的朋友鬼混。

「布瑞佛是個好學生，」麋鹿幾年後談起他時，努力想找出好話說。「在那所學校，如果學生在某一領域展現特殊才能，你就會想好好鼓勵他們。不過你從布瑞佛身上看不出什麼前途，他會在棒球隊裡，基本上就只是他意願很高，就這樣而已。這麼說真是可怕，不過這是實情。」

每投出一球，要罵一句髒話

查德跟麋鹿說他想投球，不過麋鹿看不出他有什麼機會。「他大概是那種比賽輸贏已經無關痛癢，才會派出場的投手，」麋鹿說。「我不會讓他在重要比賽投球。他的變化球除了會旋轉，其他都不會。他的球速也不快，對打者而言，他的直球等於是餵球機。」

麋鹿除了在高中教棒球以及對學生講道之外，還有其他工作。其中之一，是在大都會隊位於密西西比州傑克生市二A球隊的浸信會禮拜堂擔任牧師。這個職位，讓他在更早幾年前，曾帶領比利．比恩做禮拜（比恩原是天主教徒，他說當時去浸信會做禮拜，是想兩邊都押寶）。查德．布瑞佛升上高二的前一個球季，有一次麋鹿對客隊一位側投投手佈道。

儀式結束後，麋鹿問這位二A投手側投的訣竅，這位球員就幫他上了一課。在球季開始前的一個冬日下午，整個中央海茲學校的棒球場都泡在水裡，球隊無法正常練球，麋鹿於是把布瑞佛帶到旁邊的美式足球場，要他試試那位小聯盟投手教他的投法。布瑞佛將手臂壓低到比標準側投手臂稍高處，也就是從原先的十二點鐘方向壓低至兩點鐘方向，然後很確定地，他的快速球開始會跑。即便如此，他還是只會投直球，不過現在直球有了尾勁：進壘點在右打者的內側、左打者的外側。一直以來，布瑞佛都能將球投進好球帶；如今，拜他的教練兼牧師之賜，他不但能投進好球帶，還讓打者很難出手。

突然間，麋鹿多了一個可以用的投手，至少理論上是如此。實際上，據麋鹿的說法，布瑞佛「呆呆的」。為了讓他不那麼呆，而是更加強悍，麋鹿堅持他每次投出球時都要罵粗話。於是，一九九〇年代初期，在傍晚經過中央海茲學校棒球場的人，都會看到一個身材瘦長、唇上剛冒出細細絨毛的小伙子，以側投朝著他的牧師投去，隨著每一球就脫口大罵：「狗屎！」

側投對查德．布瑞佛並不是自然的投球方式。他每天練到天黑，回到家中溫暖的磚造小屋，再與父親傳接球，他的父親因為右臂局部癱瘓，手還是沒辦法舉到肩膀以上，只能用下鉤方式將球拋回給他。他的父親記得，查德回家秀出新練的側投法，球更會跑了。「我接不到！」他說。「球咻咻地飛過，我差點沒命。那時候我就說：『喔，不行，不能再跟你玩傳接球了！』」

查德將他的注意力轉到家裡的側牆。兩叢冬青之間的間隔，差不多與本壘板同寬。他開始練習側投，瞄準灌木之間的磚牆，試著不要打中灌木。他打破過幾面窗戶。他父親說，要幫他建造個投手丘（「我父親什麼都能蓋。」布瑞佛說）。老布瑞佛把一片金屬絲編成的網狀圍籬，掛在一根四吋粗的木柱上，圍籬上釘了片地毯，再在地毯上畫出好球帶的方格。然後他跨步量出六十呎六吋的距離，用密西西比泥巴塑出一個投手丘。每天查德在學校練完球，就回家在這座投手丘上練投。幾年後他進入小聯盟，季後回到老家密西西比州拜倫期間，還是會站上老爸為他特製的投手丘練球。

他的投球動作還是不太順，不過愈練感覺愈好，當他看到自己的新技巧令打者一籌莫展，就決定把自己的不適拋開。「我看到打者面對我時會有點畏縮，我心想：『嘿！這真的有效！』」儘管如此，他從未被選入中學明星棒球隊。

大家都以為，他頂多就是不錯的高中投手。畢業時，布瑞佛是唯一認為自己可以繼續打棒球的人。「全美沒有一所NCAA第一級的大學球隊找我去[28]，」他承認，然後笑，「第二級大學球隊也不要我。」他去離家只有幾哩的海茲社區學院找棒球隊教練談。這位教練說他隊上還有個投手缺額，因此他就進了這所學院，入學前還匆匆請麋鹿教練幫他主持婚禮。

從查德．布瑞佛在每個層級棒球的表現來看（包括少棒），如果他夠理性的話，早就能判定自己的棒球生涯實在坎坷得不值得去努力。他無法解釋，他就是喜歡打棒球。「我真希望能說出我對棒球的熱愛來自何處，」他說：「不過我真的不知道。」他在社區學院時代投得不錯，不過從來沒有好到讓任何人認為他打棒球會有前途。

或者應該說，除了白襪隊球探華倫．休斯（Warren Hughes）之外。

休斯也是個怪咖，他是澳洲人，曾是澳洲國家代表隊投手，後來取得南阿拉巴馬大學棒球獎學金。休斯第一次看到查德．布瑞佛投球時，才剛開始當白襪隊球探，還沒受到傳統成見影響，而放棄那些不符合職棒既定規格的選手。「我很少看到有人從那個角度投出球，看起來卻那麼自然。」休斯說。「他的手臂角度這麼低，控球卻這麼好，讓我覺得很有趣。」儘管休斯住在阿拉巴馬州莫比爾市（Mobile），開車到海茲社區學院要花上三個半鐘頭，但他還是常常跑去。

剛開始，布瑞佛並不知道自己被球探盯上了。一九九四年球季結束後，他突然收到一封來自白襪隊的電報，告訴他白襪隊已經在選秀會的第三十四輪選中他。電報上說，球隊還不打算跟他簽約，不過他們握有接下來一年簽下他的權利，他們打算持續對他進行觀察。次年，從未與查德．布瑞佛多談的休斯，還是常在布瑞佛的比賽出現。「像他這樣投球的投手，你要多觀察幾次才能欣賞他的優點，」休斯解釋。「我愈看查德，就愈是欣賞他。」

休斯告訴布瑞佛，白襪隊在一九九五年也沒有錢簽他，說他應該繼續升學。那一年選秀會上，沒有任何球隊選中布瑞佛——其他大聯盟球隊根本沒注意到他。於是布瑞佛就去念南密西西比大學，在那所學校繼續投球，依舊只有一位大聯盟球探來看他。美國南方到處都是職棒球探，不過沒有人對查德．布瑞佛產生絲毫興趣；也沒有其他白襪隊球探來觀察布瑞佛——除了那位怪怪的澳洲佬。到了下一年，一九九六年，休斯把自己所拍攝的那一大堆布瑞佛投球錄影帶載去芝加哥，希望說服白襪隊在選秀會上指名布瑞佛。不過在他出發前，他先打電話給布瑞佛，確定他有簽約意願。

「查德，」他說：「其他還有幾個球探找你談過？」

「都沒有。」

「唔，查德，」休斯說：「看起來就是我了。我是你的唯一機會。」

他告訴查德．布瑞佛，如果他先同意簽約，白襪隊還是會在比較後面幾輪選他，不過這次願意出一萬兩千五百美元的簽約金。即使是當時，布瑞佛仍覺得白襪隊並沒有把他當回事——對他們而言，自己只不過是填滿小聯盟名單的一員。唯一能證明他們對他有興趣的，只有這位莫名其妙老在密西西比鄉下出現的澳洲佬。但他無法決定到底該怎麼辦：該完成大學學業，還是去當白襪隊的小聯盟投手？他最後做了每當無法下決定時最常做的事：打電話給麋鹿，問他該怎麼做。

不收下他們的錢，你就是傻瓜

「查德，」麋鹿問，口氣比較像牧師、而非教練，「你有多想打職棒？」

「那是我從小唯一的夢想。」

「那你不收下他們的錢，你就是傻瓜。」

他的第一個小聯盟球季，都待在高階一A球隊。情況不太妙。在三流大學棒球賽中，他時速八十六哩（一三八公里）的快速球似乎還夠用。但來到小聯盟，那種球速就有點可笑了。他已經結婚又生了一個兒子，不禁懷疑沒有把書念完是不是個錯誤。

簽約金很快就花光了。他在小聯盟月薪只有一千美元，季後就去開堆高機卸貨賺外快。「我在季後看了自己的統計數字，」他說：「我心想：我應該繼續這樣下去嗎？」一九九八年他在春訓現身時，白襪隊問他同樣的問題。投手教練群通知，他已經被正式歸類為「留校察看」。「他們說：『如果你今年球季表現不錯，可以繼續待下來。否則你就回去吃自己。』」

一九九八年球季開打時，他的目標就只是保住飯碗。那年春天稍後，開始有人注意到他的投球策略似乎有些不同。他改變投球方式，出手的角度更低了。大學時期，他就在不知不覺間，手臂角度逐漸從兩點鐘方向下降到三點鐘方向，也就是居於四分之三側投與標準側投之間。他在小聯盟第一個球季的尾聲，手臂也差不多是在那個位置。如今，他發現自己的放球點遠低於腰部，這是前所未見的。

但布瑞佛在看到自己的錄影帶前，根本不知道自己改變了投球姿勢。其實他從未去改變，他是在無意識之間，逐漸演變成一個看起來比較像慢速壘球的投手。他感覺自己在往下沉，於是盲目地往後亂伸手，想抓住什麼；這奇怪的投球動作是他所抓到第一個穩定的東西。「麋鹿帶著我把手臂從十二點鐘壓低到兩點鐘方向，」他說。「不過後來為什麼會再往下降，我真的不知道。我根本不曉得發生了什麼事。我無法解釋。」他只知道，當他從更低的角度出手，他的球就會產生新的移動，在小聯盟春訓期間讓打者摸不著頭緒，後來到了二A，打者還是沒輒。

六月底，白襪隊將布瑞佛從二A升到位於加拿大卡加利（Calgary）的三A球隊。他到了以後，才明白為什麼：這個新主場位於加拿大洛磯山脈的山麓間，地勢很高，風經常由內野往外吹。這座球場是有名的投手墳場：他要取代的那位投手決定不玩了，突然「落跑」。

布瑞佛報到後的第一場比賽，他所屬球隊的先發投手只投了三分之二局，已經丟掉六分。第一任救援投手上來又丟了七分，沒有解決掉任何打者。原本應該是稀鬆平常的高飛必死球，在空氣稀薄的山上，都一個個飛出球場外。一局上還沒打完，他的球隊已經以零比十三落後，此時卡加利的總教練指著查德．布瑞佛。

「當我發現自己是下一個，」他說：「我心想，『我到底跑來這裡幹嘛？』」他走上場，發現答案已經在等著他。等到他兩個鐘頭後離場時，比賽已經是八局上，比分變成十四比十二。他投了六又三分之一局，只被攻下一分。接替他的投手很快地又丟了五分，終場比數為十九比十二。

一位之前在小聯盟比賽從沒投超過兩局，沒沒無聞、球速慢吞吞的二A投手，竟然在這個可能是三A最難投的球場中，毫不留情地送出六又三分之一局的好投。

他的表現確實令人吃驚，不過真正令人好奇的，是他辦到的方式：他出手壓得更低了。跟以往一樣，布瑞佛一直到事後才知道發生了什麼事。或許是稀薄的空氣，或許是比賽的壓力，但某種看不見的力量，或是某種遙遠的記憶，逼著他的手臂愈投愈接近地面。這是他這輩子第一次以下鉤投法壓制打者。他只知道有一個人，跟他用一樣的投法。

當被問到如何解釋自己奇蹟般的成功故事時，查德．布瑞佛只是說「一切都是上帝的安排」。上帝所安排的，似乎是要讓棒球員體會達爾文的「物競天擇，適者生存」教誨。每次布瑞佛被推上全新的、更具挑戰性的環境，他總在不知不覺中自我調適，儘管白襪隊或他自己都沒期望他能適應。

當年休斯觀察他時，布瑞佛的快速球大約是八十六哩（一三八公里）。休斯向他的白襪隊主管推薦時說，布瑞佛會愈來愈強壯，有一天會變成球速超過九十哩（一四五公里）、控球精準的側投投手。布瑞佛曾經嚮往自己有朝一日能投得像其他人一樣快——這樣他就很正常了。但結果，他變成球速介於八十一到八十四哩（一三〇到一三五公里）的下鉤投手。

壓低放球點有許多效果，但最明顯的是，球出手時，他的放球點與捕手手套之間的距離就縮短了。他時速八十四哩（一三五公里）的速球，飛進本壘板所花的時間，大約等於較傳統投法的九十四哩（一五一公里）速球。下鉤投法讓他的伸卡球在往下掉之前會先飄起來，就像是網球場上猛烈上旋的發球。他的滑球也一樣，對右打者來說，好像直直往自己的眼睛飛來，到了本壘板前才突然朝外角下墜。即使以前曾與他對陣過的打者，看到這種球都會出自本能地畏縮，而且發現幾乎不可能把球由下往上打，轟到山區的稀薄空氣中。

他們出棒時打的，是顆往上飛的球，但球棒碰到時，球卻是往下掉的。通常他們面對布瑞佛的最佳辦法，就是把球打成滾地球。這座位於加拿大洛磯山脈的球場，對大多數投手都是悲慘的地獄，但對於布瑞佛而言，卻成為替他量身訂做的天堂。不管空氣多麼稀薄，不管風怎麼朝外野吹，滾地球是不可能飛出全壘打牆的。

腳一碰到投手板，馬上變成無情的詐騙高手、邪惡的魔術師

除了求生存，也是因為他無法想像自己除了當大聯盟投手，還能扮演什麼世俗的角色。在這兩種力量的引導下，布瑞佛完全宰制三A打者，而卡加利隊其他投手全都陷入低潮。在專為長打者打造的球場裡，他總共投了五十一局，防禦率一．九四，只被擊出三支全壘打。打者老是抱怨，面對他有多麼難受，他的球有多麼難看透，他多麼會**騙人**。

這真是好玩。走下投手丘，布瑞佛不管做什麼事，都沒有欺騙任何人的能力。他就是個老實的鄉下人，在家裡偶爾會想鬼扯一下——例如跟太太說他會清理車庫卻沒動手，但他就是做不到。「有時候我混過去了，但還是會自己招認，」他說。「我就是討厭那種罪惡感。」

但在投手丘上，他完全沒有罪惡感。他的腳一碰到投手板，馬上變成無情的詐騙高手、邪惡的

魔術師，把漂亮女人鋸成兩截，把小白兔變不見。

他隱約覺得，如果自己持續讓打者出局，白襪隊球團沒有別的選擇，一定會讓他升上大聯盟。

他想的確實沒錯。有一天，他跟一位較年長的小聯盟隊友練傳接球時，卡加利隊總教練把他叫進辦公室。他的新任務：搭下一班飛機前往達拉斯。他將加入白襪隊牛棚，準備對遊騎兵隊的系列戰。緊接著他走回球場，繼續傳接球。

跟他一起練球的那名年長投手叫賴瑞・卡西恩（Larry Casian），那一季結束後就退休了，他問起總教練說了什麼；布瑞佛照實說了。卡西恩問他，既然應該要趕飛機去打大聯盟，幹嘛還在三A球場練傳接球？布瑞佛說他不知道，繼續丟球。「我想我當時還處於震驚中。」他後來說。在他的牧師兼教練為避免他被踢出校隊太難堪，而傳授他一招的八年之後，他終於得到機會，要在大聯盟把這招本領秀出來。

白襪隊在阿靈頓球場三連戰的第二戰，布瑞佛被叫上場救援。他覺得自己不屬於這裡，他覺得自己能力不足。「你會想，我該怎麼投才好？你會想，這跟你之前經歷的比賽完全不同。」他面對的前七名打者，一個接一個出局了。那個球季的最後兩個月，他以救援投手身分為白襪隊投了三十又三分之二局，最後防禦率三・二三。中間他還曾締造連續十二次出賽無失分紀錄。在那個全壘打滿天飛的球季，沒有一支是從布瑞佛手中敲出的。

那個球季結束後，他一如往常回到密西西比州的拜倫老家。他也不知道為什麼，但這是他第一次沒有站上父親為他建造、後來又重建過的投手丘練球。壓低手臂改成側投，結束了父子間的傳接球。升上大聯盟，則切斷了這最後的倚賴。他沒有多想，只覺得該是把那個舊投手丘拋諸腦後的時候。當他一九九九年前往春訓營報到時，心想：「太棒了！我在大聯盟了。」

他才沒有。白襪隊並不信任布瑞佛的成功。球團不信任他的數據，而由於不願相信他的數據，他們就回到比較主觀的評估方式——布瑞佛看起來不像大聯盟球員，舉止也不像，成功似乎是一時僥倖，他的伎倆一定會被大聯盟打者看穿。

白襪隊高層當然沒在布瑞佛的面前說出這些話來。一九九九年春訓期間，曾經在大聯盟投過球的白襪隊總經理舒勒（Ron Schueler）告訴布瑞佛，他的球沒有以前那麼會跑，他要把布瑞佛送回三A。布瑞佛沒有膽把話說出來，不過他心裡卻不斷地嘀咕：我的球不會跑？我的球沒別的好處，就是會跑！他回到三A後，一位教練向他保證，他的球跟以前一樣會跑，總經理只是不願說出事實，不願說他們心裡把他視為「三A級選手」。

上帝或許已經為查德．布瑞佛做出安排。不過很顯然地，就連上帝也得尊重大聯盟球員休息室那扇門背後的生命奧祕。

隨後的兩年，布瑞佛大都在小聯盟投球，偶爾升至大聯盟的時間雖短，表現通常都很不錯。兩年來，他讓三A打者一籌莫展，卻眼睜睜看著統計數字遠不如自己的投手一個個升上大聯盟。「我看到有人從二A直接被叫上大聯盟，知道自己只是個以防萬一的備胎。以防萬一有人受傷。以防萬一有人被交易掉。不管我的表現多好，他們還是不會讓我升上大聯盟。」

他跟太太談起想離開白襪隊，去日本職棒打球，這樣收入可能會大有改善。他發現每天唯一能讓自己起床、走進球場的辦法，就是提醒自己：他不光是為白襪隊投球而已。「到了一九九九年球季中途，我投球是為了要讓其他大聯盟球隊觀察我，」他說：「我只希望有人在注意我。」

確實有。

如何分辨投手的好壞？

布瑞佛不知道，認為他值得留意的人，已經翻了三倍。他還打業餘時，只有一位大聯盟球探對他有興趣。

轉入職業後，他多了兩位遠方的仰慕者。一位是保羅．迪波德斯塔，他不太敢相信白襪隊會把如此致命的投球武器埋沒在三A，於是跟比恩提起過，說如果能設法說服白襪隊，讓布瑞佛來運動家隊打球，那該有多好。

另一位仰慕者是芝加哥一名對工作厭倦的律師助理沃若斯．麥克拉肯（Voros McCracken）。為了轉移注意力，別去想律師事務所裡他該做的討厭工作，麥克拉肯開始玩夢幻棒球。一開始他並不知道，但他即將解釋出白襪隊為何看不出布瑞佛的真正價值，而運動家隊卻看得很清楚。

麥克拉肯想為自己的夢幻棒球隊選進布瑞佛。不過在此之前，他想更進一步了解大聯盟的投手。更明確地說，他要弄懂如何分辨投手的好壞。

麥克拉肯小時候打過棒球，有一陣子對棒球極為著迷。一九八六年，十四歲的他偶然看到最新一期比爾・詹姆斯寫的《棒球摘要》後，對棒球的興趣就轉變成無法自拔的求知欲。他對書中讀到的內容感到訝異。「基本上，當你十四歲時，你所知道一切有關於棒球的知識，幾乎都是來自棒球播報員。」麥克拉肯說。「這傢伙卻告訴我，棒球播報員告訴我的東西，至少有百分之八十完全是狗屁，然後以令人信服的方式解釋為什麼。」麥克拉肯對棒球的興趣在接近二十歲時逐漸消退；不過，後來他因為網路上的夢幻棒球遊戲，重拾對棒球的熱愛後，他依然追隨詹姆斯的精神。

網際網路對於探尋棒球新知當然頗有影響。網路的長處之一，就是能將各處有共同興趣的人聚在一起。各種網路棒球論壇以及諸如baseballprimer、baseballprospectus等網站紛紛出現，架設這些網站的年輕球迷，小時候都曾被詹姆斯的著作吸引。麥克拉肯常去其中一個棒球論壇，與網友討論如何運作自己的夢幻球隊，有回他看到有人說無論做多少研究，都無法把投球從防守裡切割出來。也就是說，沒有人能提出好的防守統計方法，或是好用的投球統計方法。打者將球擊入場內後，如果你不知道如何替野手加分，那麼你自然也不知道如何為投手扣分。也因此，你永遠無法很確定地說任何一位投手有多好。或者，任何一位野手有多好。

麥克拉肯看到這段話時，「我心想，『這種態度真愚蠢。你就不能想個辦法嗎？』面對問題的方法竟然是放棄，我實在不能接受。」他試著以邏輯方法思考這個問題，然後將可能受野手影響的投手統計數據（安打與責任失分），以及投手必須自己完全負責的統計數據（四壞保送、三振、全壘打）區隔出來。然後他將所有大聯盟投手依據第二類數據排名。他統計一九九九年數據時，得出的前五名投手是：蘭迪・強森（Randy Johnson）、凱文・布朗（Kevin Brown）、佩卓・馬丁尼茲（Pedro Martínez）、葛瑞格・梅達斯（Greg Maddux）以及麥克・穆西納（Mike Mussina）。

「我看著這份名單，」麥克拉肯說，「然後說：『該死，這看起來就像是職棒前五大最佳投手嘛。』」然後他提出這個問題：如果他只看三振、保送與全壘打的刪去法，還是能找出職棒五大最佳投手，其他的東西能有多重要呢？

結果，一九九九年剛好是梅達斯狀況較差的一年。一九九八年他的防禦率只有二・二二，但一九九九年上升為三・五七，主要原因是他少投三十二局，卻被對手多擊出五十七支安打。球季期間梅達斯幾次提到，他很訝異怎麼會被打出這麼多不營養的安打，但當然沒有人留意到這點。

麥克拉肯發現，梅達斯的「場內被安打率」，比他過去的水準高出許多——事實上，這比例在大聯盟也排在前幾名。巧的是，同一年梅達斯的隊友投手凱文・密爾伍德（Kevin Millwood）的場內被安打率，是全大聯盟最低的幾個之一。更怪的是，他們兩個人的這項數字在次年恰恰相反。密爾伍德的場內被安打率非常高；梅達斯則是降得很低。完全沒有道理。

麥克拉肯又問自己另一個問題：投手的統計數據，每一年之間會有任何關聯嗎？

確實有。投手送出的四壞保送、被全壘打數，以及他三振次數，就算無法預測，最少也是可以理解。一位投手若今年三振很多打者，通常明年也很可能會三振不少打者。常被擊出全壘打的投手，情況也相同。不過要是談到一個投手的場內被安打率，每一年之間卻找不到任何關聯。

就在此時，麥克拉肯突然萌生一個革命性的想法：

一旦球被擊入場內，它是否會變成安打，投手是不是無法掌控？

顯然地，有些投手被擊出的安打較少，不過那可能是因為他們三振比較多，也因此，打者擊入場內的球也較少。不過一般以為，投手會影響球是否能被擊入場內。一般認定，像蘭迪·強森或梅達斯這種投手，會誘使打者擊出較不會形成安打的球。

但問題是，這種假設與實際紀錄不符。有好幾年，梅達斯與強森在這方面是最糟的投手。如果麥克拉肯沒錯的話，過去一直被歸功於投手球技的東西，事實上是由守備、球場或運氣所造成。不過梅達斯與密爾伍德的例子點明，球場與守備似乎是次要因素。他們後面是同一群野手，而且大都在同樣的球場投球。這又讓麥克拉肯產生另一個革命性的想法：

之前一直被認為是投手責任的東西，難道就只是運氣？

一百五十年來，投手的評比標準，一部分就在於球被擊入場內後不會形成安打的能力。一位常被擊出場內安打的投手，責任失分與敗場數都比不常被擊出場內安打的投手多。常被擊出場內安打的投手，其評價遠不及球被擊入場內、卻被野手接殺的投手。但麥克拉肯這位即將失業、準備去亞歷桑納州鳳凰城投靠父母的年輕人，卻想找出不同的看法。

他的結論是，一旦球被擊入場內，投手毫無能力阻止它形成安打。他們可以防止挨全壘打、防止四壞保送，或利用三振防止打者有機會將球擊入場內。而本質上，投手能做的也就只有這些。

麥克拉肯的理論具有革命性，但是他看到很多支持他理論的有力證據。

接下來發生的事，讓人對美國教育體系更具信心：麥克拉肯試圖證實自己是錯的。他寫了一個電腦程式，將四壞保送、三振、被全壘打數相近，但被擊出安打數卻差很多的大聯盟投手兩兩配對相比。他在一九九九年球季，找到了九十「對」這樣的投手。如果場內被安打率的確是投手能控制的，麥克拉肯推斷，那麼一九九九年被擊出較少場內安打的投手，二〇〇〇年挨的場內安打數也會較少。

事實卻不然。事實上，任何一位投手防止有效球形成場內安打的能力，在不同的年度之間並無關聯。

在麥克拉肯尚未確認自己的理論之前，棒壇仍持續出現這種令人迷惑的情況。例如，二〇〇〇年球季開始兩個月後，報紙開始大肆報導之前表現平平的白襪隊投手詹姆斯．鮑德溫（James Baldwin），他在球季之初大發神威，儼然快變成下一位佩卓．馬丁尼茲。麥克拉肯更深入觀察他的數據，發現鮑德溫的場內被安打率極低。他的防禦率也相當低——因為他一直運氣很好。果然，後來他被擊入場內的球開始落地形成安打，他又回復到平庸的原形，大家也不再拿他與馬丁尼茲相提並論了。

二〇〇〇年，麥克拉肯說他幾乎整年「都在找出梅達斯一九九九年被擊出較多安打的原因，到今天我還沒找到答案」。最後，他在baseballprospectus.com網站上發表了一篇文章，披露他的發現。結論是：「在防止打者擊出場內安打這方面，各個大聯盟投手的能力幾乎沒有差別。」ESPN專欄作家奈爾（Rob Neyer）讀到麥克拉肯的文章，驚嘆於那種思考的深度和其論點的有力，馬上寫了一篇有關於麥克拉肯文章的報導。數千位業餘棒球分析家投書表示，麥克拉肯的觀點從表面看起來相當瘋狂。有幾個人甚至暗示，麥克拉肯可能是當時老被打爆的西雅圖水手隊投手艾倫．希利（Aaron Sele）的化名。

比爾．詹姆斯也讀了奈爾的文章。詹姆斯投書表示，如果麥克拉肯的理論正確，那就極為重要，不過他無法相信它是正確的。然後他——和其他大約三千人——親自著手證明麥克拉肯的觀點是錯的，但他辦不到，其他人也辦不到。他們頂多只發現，蝴蝶球投手似乎稍稍能控制場內被安打率。九個月之後，詹姆斯在他的巨作《詹姆斯歷史棒球文摘》（*Bill James Historical Baseball Abstract*）的第八八五頁中，提到麥克拉肯的論點，並指出沃若斯．麥克拉肯（Voros McCracken）這名字是NekcarCcM Sorov倒過來拼，接著他提出四個觀點：

一、大家對麥克拉肯的論點，就像看待大部分事物一樣，都太拘泥於字面了。一位投手對於每局被安打率的確有**某些**影響，除此之外，投手的責任就反映在全壘打與三振上。

二、上述這一點成立的話，我很確定麥克拉肯是對的。

三、這個發現相當重要，而且很實用。

四、我覺得自己好笨，三十年前沒能想到這點。

麥克拉肯這項對投手的分析，次要影響之一就是引導他找到了白襪隊三A投手查德・布瑞佛。麥克拉肯開發出一套自己信得過的統計數據，他稱之為DIPS，也就是「與守備無關的投手數據」（defense independent pitching statistic）。它也可被稱為LIPS，代表「與運氣無關的投手數據」（luck independent pitching statistic），因為被抽離出來的運氣成分，往往比守備更容易扭曲一般人對投手好壞的觀感。

但無論如何，布瑞佛在三A的投手數據，納入守備影響就已經優秀得驚人了（布瑞佛在三A一共投了二〇二又三分之二局，防禦率為一・六四），而扣除守備影響的結果，甚至還要更好。於是麥克拉肯趕緊把布瑞佛搶到他的夢幻球隊中，儘管球員在大聯盟累積的實戰紀錄，對夢幻球隊才有幫助。「基本上，」麥克拉肯說：「我一直在等著有人跟我一樣看出布瑞佛的價值，然後好好用他。」

他等了將近一年。在無意中，麥克拉肯的研究也有助於解答白襪隊為何認為布瑞佛是「三A級球員」。因為白襪隊球團跟幾乎每個大聯盟球團一樣，在評估年輕投手時，寧願相信自己主觀的意見，而非小聯盟的投球數據。投手數據有瑕疵，或許不像打擊數據那麼嚴重，但還是足以讓人更加懷疑。球團經營主管們之所以偏好自己的主觀意見，勝過確切的數據，至少有一部分原因是，他們這輩子看過種種可疑的數據。他們看過太多在三A防禦率很低的投手，上了大聯盟就被打爆。因此碰到查德．布瑞佛這樣球速慢、動作又怪的投手時——唔，你就是知道他不會有前途。

一般人可能會以為，麥克拉肯刊在baseballprospectus.com發表的文章，會在大聯盟內部獲得極大的回響。可是夠了解內情的人，就知道不是如此，麥克拉肯也知道。

「大聯盟的問題，」他說，「在於它是個自體繁殖的組織，種種知識都是長年日積月累形成的。職棒圈裡的人要不是球員，就是退休球員。就他們的立場來說，他們的組織架構與一般企業不同。他們並沒有評估自身系統的設計。他們沒有一套去蕪存菁的機制。他們要不是保留一切，就是丟掉一切，但他們很少會選擇後者。」他同情那些不知道該怎麼想、甚或該不該想的球團老闆。「如果你是球團老闆，從來沒打過大聯盟，你要相信麥克拉肯還是拉瑞．波瓦（Larry Bowa）？」你要相信待業中、住在父母家的前律師助理，還是前大聯盟明星游擊手、現任總教練，而且他還擁有至少一幢自宅？

麥克拉肯有關於大聯盟投手的驚人發現，對於職棒投手的實際調度與評估，並未產生明顯影響。沒有圈內人打電話給麥克拉肯討論他的發現；甚至就他自己所知，到目前為止，並沒有圈內人讀過他的文章。不過迪波德斯塔讀過了。他深思後的反應是：「如果要說誰會是詹姆斯第二，可能就是麥克拉肯。」而他沒深思的直覺反應則是：「我第一個想到的，就是布瑞佛。」

聚焦在正確的數據上，你就不會太在意他的外表

麥克拉肯提出的理論，解釋了運動家隊球團早已相信的事情：你可以創造出可靠的投手數據。沒錯，離大聯盟愈遠的球員，其統計資料愈無法可靠預測他未來在大聯盟的表現。不過如果你聚焦在正確的數據上，當然可以從一位球員的三A數據，甚至是二A的數據，推測他未來的表現。正確的數據是四壞保送、全壘打、三振，再加上其他少數幾項。如果你相信這些數據，你就不會那麼在意一位球員的外表，或是他的球速。你可以依據他**過去交出的成績**，客觀判斷一位投手的價值。

對於運動家隊球團來說，把布瑞佛找來這件事根本不用猶豫。「重點不是他投球的方式與眾不同，」迪波德斯塔說：「而是他讓打者出局的效率，實在高得嚇人。」布瑞佛讓迪波德斯塔用電腦愈算愈興奮。他很少投出四壞，他不太會被轟全壘打，而且他幾乎每局都會三振一名打者。迪波德斯塔與詹姆斯一樣，認為大家可能太拘泥於麥克拉肯字面上的意思。

他認為，除了四壞球、全壘打與三振之外，還有一件重要的東西是投手可以掌控的：二壘打與三壘打。布瑞佛被擊出的有效球也會形成安打，不過跟其他投手相比，他被擊出的安打大都是滾地

球。他在小聯盟被擊出的滾地球與高飛球比例是五比一。大聯盟投手的平均滾飛比大約是一．二比一。滾地球不但越不過全壘打牆；也不容易形成二壘或三壘安打。

這也引發了一個明顯的問題：大聯盟為什麼沒有更多像布瑞佛這種成功的滾地球型投手？答案也同樣明顯：因為沒有第二個像布瑞佛這樣的滾地球投手。以上肩高壓方式投球的滾地球投手，大多數是伸卡球投手，也很容易有控球問題，同時三振能力都不強。無論從統計數據角度或從他這個人的角度來看，布瑞佛都是異數。

最棒的是，球探們不喜歡他。他們就像希臘古典戲劇中的合唱隊，無法認同他們口中的「詐騙之徒」。迪波德斯塔認為，白襪隊把布瑞佛送回三A實在有夠荒謬，不過他也猜得到為什麼。很久以前，他曾坐在本壘板後方觀察布瑞佛投球，聽到其他球探拿他開玩笑，儘管布瑞佛把打者耍得團團轉。這傢伙投起球來的模樣確實滑稽，這點毫無疑問，而且他的快速球時速只有八十一到八十五哩（一三〇到一三七公里）。

當時布瑞佛自己並不知道，當他手臂往下壓，投出慢吞吞的速球時，就注定他將要穿上運動家隊的球衣。「因為他那個樣子，我們就覺得應該有機會把他弄進來。」迪波德斯塔說。「通常會讓我跑電腦注意到的，是大家都知道的球員。不過沒人知道這小子，因為他投球姿勢太怪了。如果他在三A的數據不變，但球速有九十四哩（一五一公里），我們絕對沒機會把他交易來。」

比恩早就發現，如果他想要哪個球員，只要一表現出興趣，那個球員就會變得比較難弄到手。

二〇〇〇年球季結束後，他終於打電話給接替舒勒成為白襪隊新任總經理的肯尼・威廉斯，然後若無其事地提起，他正在找「可以成為球隊第十二號或第十三號投手的人」，他說或許白襪隊農場系統有適合的人選，或許在三A。比恩說，他願意用一個小聯盟捕手交換一位白襪隊的三A投手，是誰都無所謂。他要白襪隊建議幾個人，威廉斯花了好一陣子，最後才提起布瑞佛的名字。他說他很不願意提起布瑞佛，因為這個年輕人剛從密西西比打電話來，說他的背在痛，可能需要開刀。「我們就要他了。」比恩說。

第11章

九局下之謎

把勝利者拉下來，把失敗者拱上去

在那個歷史性的九月夜晚稍早，查德．布瑞佛登板前，奧克蘭發生大塞車，即使以北加州的標準，都是很罕見的。視野可及之處，都是長長的壅塞車陣。

運動家隊售票處，從未見過像過去兩天的盛況。往常堪薩斯皇家隊進城作客時，進場的觀眾大約都是一萬名左右。但過去二十四小時內，已經有超過兩萬名球迷，親自跑來球場預先買票。比賽開打前，如果從空中俯瞰奧克蘭，就會發現似乎所有人都往競技場球場的方向移動。只有一個人正要離開球場，那就是比恩。

比利．比恩完全不想目睹自己的球隊改寫歷史。這只不過是另外一場比賽，他說，而他是不看比賽的。「球賽只會讓我產生主觀的情緒，」他說：「那樣可能會造成反效果。」他估算，自己接受幾家媒體訪問後就可以溜掉，開著他的 Range Rover 休旅車，到東邊的莫戴斯托市（Modesto）。

在運動家隊試圖拿下二十連勝的同一晚，維薩利亞橡樹隊（Visalia Oaks）正在與莫戴斯托運動家隊（Modesto A's）交手。這兩支球隊都是運動家隊的小聯盟一A球隊。運動家隊幾個月前在選秀會上選進的球員，大都在這兩隊陣營中。比恩並不是不想看這些年輕球員的表現——尼克．史威許、史提芬．史坦利、馬克．提亨、傑瑞米．布朗——他們都有失敗的時間和本錢。尤其是來自阿拉巴馬州休伊城、那個身材極糟的捕手布朗。運動家隊在選秀會第一輪選走布朗時，所有人都在嘲笑他們。但對比恩而言，布朗一天比一天更有意思。

為了幾場比賽動肝火，有必要嗎？

在比恩應該得意洋洋的這一天，他唯一想做的，竟然就是溜出球場。沒想到，正當他要閃人時，卻被滿臉驚訝的球隊行銷部門人員攔下。這些負責行銷運動家隊的人不太敢相信，這個一手建立起球隊的人，居然在這種時候要落跑。他們向比恩解釋，如果他離開，就等於把一堆錢堆在馬路上放火燒掉，會毀掉這個能為運動家隊大肆宣傳的良機。連勝紀錄，已經成為全國大新聞。

雖然不太高興，但比恩還是留了下來。他坐下來接受哥倫比亞電視網的晚間新聞、CNN、福斯體育新聞台、ESPN以及其他媒體的訪問，然後跑到重量訓練室，躲避媒體和球賽。

在從跑步練習機換到健身自行車之間，他看了一下隨身的小白盒，比賽已進行到三局下半，他的球隊正以十一比零領先。好長一段時間以來，他首度感到放鬆了。他滿身大汗地跑進總教練豪爾空蕩蕩的辦公室，打開電視看比賽。連續贏了十九場，面對大聯盟最爛的球隊之一，領先了十一分，而大聯盟的最佳投手之一，仍在投手丘上為運動家隊封鎖對手——看這場比賽應該很安全。不會違反或然率法則，不會讓他抓狂，讓他做出事後可能會反悔的事。在那一刻，比利．比恩心平氣和極了，因而願意讓我進入他的世界。

他雙腳蹺在豪爾的塑膠貼皮辦公桌上。他感到超然、滿足、愉悅。他大部分時間的感覺都是如此，因為他大部分時間總是設法遠離棒球。他承認，之前看到豪爾在先發名單上寫了梅布里，取代了哈特柏格原來的位置時，他曾經表達自己的擔心。這樣的安排，可能會讓哈特柏格覺得很遺憾，他在進攻上對運動家隊付出過這麼多重大且無私的貢獻，但在這場舉世矚目的比賽，他卻沒被安排上場。

豪爾跟比恩解釋，哈特柏格從未碰過皇家隊王牌投手保羅．博德（Paul Byrd）；而另一方面，梅布里對博德不但打得嚇嚇叫，還宣稱自己看得出博德的習慣動作——也就是說，梅布里可以猜到博德將投出什麼球。比恩說，他相信豪爾的判斷力，好像這是非常自然的事情。

很快地，梅布里就讓豪爾看起來像個天才。他在第一局就敲出帶有一分打點的中外野一壘安打，運動家隊此局一口氣攻下六分，同時讓博德這一局投完就退場。然後在第二局，梅布里又轟出一支陽春全壘打。

眼前，比數十一比〇，運動家隊先發投手哈德森繼續修理皇家隊打者，哈特柏格沒在先發陣容的事，已成遙遠的記憶。比恩能在這時候保持平常心，應該不怎麼困難，畢竟，這場比賽突槌的機率實在小得可笑。他打電話給現年十二歲、仍舊住在南加州的女兒凱西。

「嘿，凱西，你在看球賽嗎？」

停頓了一下，聽對方說話。

「《美國偶像》？你在看《美國偶像》？」

凱西正在看《美國偶像》。他告訴凱西，最新消息是球隊正遙遙領先，全國棒球迷都在看。比恩逗了她一下，然後掛了電話。

比恩在他的球隊比賽期間，應該都要像現在這般平靜才對。如果他相信自己宣稱相信的——棒球可以簡化成一種社會科學；棒球只需計算機率、利用或然率法則即可；棒球選手都遵循明顯可預期的模式在打球——那麼除了保持平靜，其他情緒都沒有意義。**為了幾個攻防、甚至幾場比賽而大動肝火，就像賭場經理擔心吃角子老虎機吐出錢幣，都是徒勞無益的**。

彷彿是為了要強調這一點，比恩指著電視，裡頭的查維茲剛完成一個看似平常的困難守備動作，靦腆地開始踢自己面前的泥土。「他簡直是害怕承認自己有多好，」比恩說。「重點是，他現在才二十四歲。你知道他現在如果到這裡，」他把手放在胸前一比，「有一天他會到這裡，」他再把手高舉過頭。「你有充分理由相信查維茲是棒壇最具天賦的球員。」

我請他進一步證明，當下心境超然的他也很配合。對一支可憐的球隊打到十一比〇，這讓他陶醉在客觀、科學的精神中。

「評估球員時，年紀是很關鍵的因素，」他說，然後從豪爾的書架裡抽出運動家隊贈送給媒體的觀戰手冊。「你看這裡……查維茲今年二十四歲，球季還沒結束，已經轟出三十一支全壘打、二十八支二壘安打、五十五次四壞保送。打擊率二成八三，還有三成五三的上壘率。你想拿他跟誰比？」

「傑森．吉安比。」我說。

「好，」他又抽出洋基隊的媒體觀戰手冊。「不過我早就知道答案了，因為我已經比較過。」他找到吉安比的生涯打擊數據。「吉安比二十四歲時，有半個球季待在艾德蒙頓的三A球隊。他在大聯盟的半個球季裡，擊出六支全壘打，有二十八次四壞保送，打擊率二成五六。還要跟誰比？」

「貝瑞．邦茲。」我說。在舊金山灣的另一邊，邦茲每晚都用手上的球棒，證明自己是史上最佳打者。

「那很難，」比恩說。「光靠天賦是達不到邦茲的境界的。不過沒關係，我們就拿他來比一下。」他伸手抽出巨人隊的媒體觀戰手冊。「我也知道答案是什麼，因為我也比較過他的數字。邦茲一九六四年出生，一九八八年的打擊率二成八三，有二十四支全壘打、七十二次保送及三十支二壘安打。這樣你就應該有點概念，知道查維茲有多好了吧。」

「還有誰？」他問。可是在我想出其他人之前，他說：「我們來試一試A-Rod〔羅德里格茲〕吧。沒人起步比A-Rod還快。」他抽出遊騎兵隊的觀戰手冊。「A-Rod一九九九年滿二十四歲。那年，他的打擊率二成八五，有二十五支二壘安打、四十二支全壘打，一一一個打點。」他抬起頭來。「他的數據比起來夠好了，但是不要忘記還有防守。查維茲是大聯盟防守最好的三壘手，A-Rod卻不是防守最佳的游擊手。」

球員，是否有「自由意志」這回事？

對人的未來性進行這類預測，我還是不太能信服，也照實告訴他。我的看法簡單講是這樣的：每個球員都不一樣，每個球員都必須以特殊個案來看；但取樣數永遠就只有一個。

而比恩給我的答案同樣簡單：棒球選手會遵循類似的模式，這些模式會深深烙印在紀錄冊裡。當然，有時某些球員可能會有不符既定模式的成績，不過在一支二十五人的球隊中，統計上的偏差通常會互相抵銷掉。大多數人的表現，都會頗為符合他的期望值。例如，他對於查維茲的棒球生涯沒有任何疑慮。「唯一能阻止查維茲的是，他可能會覺得厭倦，」他說。「大家都不明白這點。那些對他抱著太高期望的人，有時候會對他失望。但他才**二十四歲**，他在二十四歲所達到的成就，是沒有人能達到的。如果健康情況允許，他的職棒生涯已經買了保險。」

我說，有時候比恩自己也是對查維茲失望的人之一。查維茲與米蓋．提哈達一樣，也是亂揮大王。但比恩這會兒心情很好，揮揮手把我的反駁打發掉。他不明白我心胸怎麼這麼狹隘。「查維茲還年輕，」他說。「他長得很帥，已經是百萬美元身價。這種狀況下，他看到球不揮棒，似乎對不起自己。你二十四歲時又是什麼樣？」

眼前這個人格所展現的行為，很符合他聲稱想要經營自己棒球隊的方式：理性、科學。這是「客觀」的比利．比恩，這個總經理確信「你無法改變球員，他們就是原本那個樣。」他形容自己的工作，是「肥皂箱賽車」——你在每年年初把車子組裝好，之後就只能把它順著坡推下去。以這個比利．比恩的思考方式，去干擾科學實驗是沒有意義的。試著掌握球員的想法，例如重新塑造他們面對比賽的心態，是沒有意義的事。他們會怎樣，是改變不了的。當你聽到「客觀」的比恩談起他的球員時，你會開始懷疑，棒球員是否真的有自由意志。

不過還有另一個沒那麼客觀的比利．比恩。第四局上半，提哈達漏接二壘手馬克．艾利斯（Mark Ellis）一記稀鬆平常的傳球，搞砸原本可以讓此局結束的雙殺，另一個比恩突然從沉睡中醒來。即便皇家隊攻下本來不該拿到的五分，比恩還是保持鎮定——畢竟，比數還是十一比五，哈德森還在場上投球——不過他已經提高警戒。他開始以不同的方式談論球員，他也讓我看到這項科學實驗的實際情形，比首席科學家所願意承認的還要混亂。

四局下，運動家隊進攻。中外野手隆恩擊出投手前滾地球後，拚命地往一壘衝。這可是新鮮事，在此之前，隆恩擊出內野滾地球出局時，總是慢慢朝一壘跑，完全不在乎一般球迷怎麼想。隆恩太年輕了，他是故作吊兒郎噹的高手，但他不知道，大家會認定你就是那調調。結果幾天之前，隆恩走進球員停車場時，赫然發現有人蛋洗他的車。聽到這件事後，比恩就跑去更衣室裡找隆恩，告訴他自己收到了一封砸蛋人寄來的電子郵件，是個運動家隊球迷，說他很生氣自己花錢來看隆恩慢吞吞跑壘。

這件事，對隆恩迅速產生效果。他擊出必死滾地球，由平常的慢慢跑向一壘，變成卯起勁來拚命往一壘衝，直到他確定那一刻停下、不會惹得比恩不爽為止。當他往一壘衝的時候，比恩說，隆恩的真正問題是：「他的自我懷疑，而且又被媒體火上加油。那是年輕球員常犯的錯誤之一——他們真的會去看報紙。」

到了五局下，運動家隊進攻時，比數還是十一比五，拉蒙．賀南德茲率先上場打擊。前四局中，這位運動家隊捕手兩度將對方的外角快速球，推打成反方向的二壘安打。這又是新鮮事——整個球季下來，赫南德茲老是想拉打外角直球而徒勞無功。他是全隊進攻的一大敗筆，無法達成球團對他更高的期望。於是幾天前，比恩跑到更衣室找赫南德茲，跟他打了個賭：只要他將外角球推打到反方向，比恩就給他五十美元；只要他試圖拉打外角球，他要給比恩五十美元。比恩現在透露打這個賭的目的：「這讓我有藉口可以對他嘮叨。他並不知道我可以用這招，繼續對他碎碎念。」

在這個歷史性的夜晚中，大多數在電視螢光幕上露臉的球員，他們的行為都曾被比恩巧妙地操縱過。比恩一方面宣稱，試圖改變他人沒有意義；但他卻照樣採取行動，想要改變這些球員。他對旗下大多數球員的了解很深，遠超過他讓球員以為的程度，儘管這件事點出的含意有限，不過還是透露出某些事。

「瞧瞧米蓋的臉，」比恩在第六局結束時說。電視攝影機拍到場邊球員休息區裡的米蓋・提哈達，令人訝異的是，他看起來鬱鬱寡歡。「他是整個打線裡唯一還沒擊出安打的人，這也是年輕球員常發生的事：他們想做太多。等著看：他會因為急著想表現而弄巧成拙。」果不其然，在哈德森碰到麻煩、布瑞佛從牛棚進場救援時，提哈達確實弄巧成拙了。

專心投球、專心投球，不要搞砸、不要搞砸……

在牛棚裡，布瑞佛常會想起父親，這有助他以客觀的態度面對各種壓力。醫師曾告訴他的父親，他永遠無法再走路，但他不但能走路，而且還能工作，而且不但工作，還能玩傳接球。如果那麼困難的事父親都辦得到，眼前又算什麼呢？

這種想法常讓他覺得好過些，不過今晚比賽的重要性非同小可，想著父親也沒用了。他覺得自己不再像是幾個禮拜前的那個投手。

問題浮現之前，他跟迪波德斯塔的電腦所預測的一樣有效率。將近兩個完整球季以來，他實現了他的美夢。二〇〇一年球季開打前，他剛動完背部手術沒多久，比利．比恩打電話告訴他，已將他交易過來，希望他成為運動家隊牛棚的主力中繼投手，當時他自己都不太敢相信。比恩說出他認為布瑞佛可以締造的統計數字，但就連布瑞佛自己都覺得那些數字太誇張了。神奇的是，布瑞佛幾乎完全達到比恩預期的成就。「就好像這個人能未卜先知即將發生的事。」布瑞佛說。

如今，他開始懷疑比恩對自己是否看走眼。他把帽舌拉低，罩著自己的眼睛，快步朝投手丘走去，從牛棚到場內的步伐數，與平常完全一樣。外表看來，一切與平常沒有兩樣；但在他的內心世界，感覺卻完全不同了。幾個禮拜前，當他看著捕手的暗號時，完全不在意周遭的一切。他會把壓力拋諸腦後，心中重複提醒自己那句話。

專心投球。

專心投球。

專心投球。

今晚，他無法不在意一切。今晚，當他身體前傾看著捕手時，他意識到周遭所有事物。觀眾的鼓噪，各種標語，全國的觀眾。一句新的咒語在他腦中浮現：

不要搞砸！

不要搞砸！

不要搞砸！

他正處於個人職棒生涯中的最低潮，儘管實際上沒那麼可怕——有一次在洋基球場投很差，另一次在芬威球場——他卻無法以客觀心態看待。他家裡的書架上有兩本書，並排放著，因為經常翻閱而破舊不堪。一本是《棒球的心理遊戲》，另一本則是《聖經》。他最喜歡的章節，是腓立比書第四章第十三節：「我靠著耶穌加給我的力量，凡事都能做。」然而，這句話現在卻無法給他任何慰藉。幾天前的一個晚上，在結束另一次令人提心吊膽的投球任務後，他打電話給太太珍妮，當時她帶小孩回拜倫市老家，準備學校開學，然後他跟珍妮說：「我覺得我沒辦法再投下去了。」

運動家隊投手教練瑞克．皮特森認為，布瑞佛的問題始於八月初，當時ＥＳＰＮ播報員傑夫．布蘭里（Jeff Brantley）到奧克蘭對布瑞佛做了一則報導，在全國性電視網封他為全職棒最佳布局投手之一。那種矚目性，打亂了布瑞佛的專注。運動家隊投手群能如此成功，皮特森扮演了關鍵性角色。他讓運動家隊投手保持健康，有時候也協助他們保持專注。他總是喜歡說：「如果你有十二個不同的投手，你就得講十二種語言。」布瑞佛跟其他投手不同的是，其他投手可以用言語表達「我屬於大聯盟」這句話，但在布瑞佛的語言裡，卻缺乏這類臭屁的、自信的詞彙。在布瑞佛的職棒生涯裡，他面對麻煩的反應方式，不是內觀自省，而是將自己的出手點壓得更低。如今他投球時，手指關節會摩擦到地面。「他現在已經低到無法再低了，」皮特森說：「除非他倒立投球。」

投手教練試圖教導布瑞佛如何探究內心。某次出場投球表現不佳後，布瑞佛一臉失落，皮特森就跟他坐下來，看他今年球季前五個月修理大聯盟打者的錄影帶。當布瑞佛看著過去的自己時，皮特森提出他的觀點。

「查德，你是基督徒吧，對不對？」

「對。」

「你相信耶穌？」

「對。」

「你看過祂嗎？」

「沒有，我沒看過祂。」

「你看過自己讓打者出局嗎？」

「有。」

「既然這樣，你搞屁呀！你相信從沒見過的耶穌，倒是不相信自己明明一再讓打者出局的投球能力？」

說完這句話後，教練轉身離開，讓他自己好好去想。布瑞佛坐在那裡自言自語說：「好吧。有道理。」但過了一會兒，自我懷疑又回來了。在他以往的棒球生涯中，幾乎沒有人相信過他，如今大家信得過他，他反而信不過自己。「這是我的最大弱點，」他說。「我的自信心是零，我唯一的解釋是，我並不是時速九十五哩的投手。能投出九十五哩，顯然都是有棒球天分的投手，但我不是，我的投球本事依賴騙術。想要奏效，一切細節都得完美配合才行。一旦開始苗頭不對，我會想：『我的天呀，真希望能讓我再繼續愚弄他們。』然後我會開始問：『我還能騙他們多久？』」

他所經歷的狀況，最精確的說法，就是信心危機。當他有信心時，總能將球投到想要的位置；當他沒信心時，球就永遠不聽使喚；而此刻，他就是毫無信心。布瑞佛沒意識到自己有多麼好，只以為自己的成功是騙術，是一時好運，或是隨時可能被破解的咒語。他沒意識到，在他神奇的棒球生涯中，這是第一次，世上只有他自己一個人抱著這種觀點。

那一個九月初的晚上，他內心的交戰比平常更猛烈。比利．比恩知道，他那廉價的出局製造機器出現了程式上的故障。他不曉得如何修理，不曉得如何進入布瑞佛的腦袋裡。怠惰、偷懶、缺乏紀律、對管理階層不夠敬畏，這些問題比恩都會對付。但缺乏安全感，卻難倒了他。如果他懂得如何解決這個問題，他此刻可能才要結束自己的球員生涯，準備被選入棒球名人堂。但到現在，他還是不懂得怎麼解決，這讓他很擔心。布瑞佛不知道他可以解決打者，那種完全可以預測的方法與效率，簡直就像機器人一樣。結果到頭來，他畢竟不是機器人。

糟了，每一種強項，都會製造一個弱點……

比利．比恩會看完接下來發生的一切，因為他反正被我絆住了，只好跟我一起看球賽轉播。

接下來發生的是：布瑞佛向全世界示範，棒球比賽的大幅領先優勢可以多麼迅速失去。他在七局上兩出局時上場，讓對手打出一記滾地球出局。第八局還是個問題，豪爾讓布瑞佛續投，面對一堆左打者。

「我很高興，豪爾繼續讓他留在場上，」比恩說。「如果只讓他解決一名打者，實在很浪費。」我問他，是否擔心布瑞佛對信仰如此依賴。布瑞佛發自內心相信，他之所以有解決大聯盟打者的超凡能力，完全是上帝的恩寵，這點大家也都能理解。不過這也讓他懷疑，上帝是否也可能會改變心意。

「不會，」比恩說。「我也是信徒，我剛好相信滾地球的魔力。」

布瑞佛今年將近七十次救援上場，只送出十次四壞保送，差不多每面對三十名打者，才會投一次四壞。但今晚第八局一開始，他就四壞保送了布倫特・梅因（Brent Mayne）。

梅因慢跑上一壘時，運動家隊球迷開始喧囂鼓噪。有人從中外野露天看台將一卷衛生紙丟進場內。場務人員花了幾分鐘清理掉，也讓布瑞佛有空胡思亂想。比賽重新開始後，五萬五千名觀眾都站起來，或許是以為這樣能幫布瑞佛定下心來。

「為什麼觀眾鼓噪，對打者的影響會大於對投手？」比恩有點不耐煩地說：「如果你在客場打球，可以假裝那是觀眾的喝采啊。」

接下來，布瑞佛又四壞保送了狄・布朗（Dee Brown）。這是他今年以來第一次連續保送兩位打者。電視攝影機掃過游擊手提哈達和二壘手艾利斯，他們正用手套掩嘴在講話。

「過去十年來，他們開始用手套遮住嘴巴講話，」比恩忽然兇巴巴地說。「我從不知道棒球界有人會讀唇語。是不是讀唇語突然流行起來，而我一直被蒙在鼓裡？」

第三位打者尼菲．裴瑞茲（Neifi Perez）擊出二壘方向的軟弱滾地球，守一壘的梅布里衝出來攔下球，布瑞佛只是呆站在投手丘當觀眾。等到他醒過來，想去一壘補位已經來不及了。滿壘、無人出局。這時又有人從中外野露天看台丟了一卷衛生紙到場內，觀眾站起來，鼓噪聲大得空前，天曉得為什麼，球迷還是覺得他們的鼓噪，可以讓布瑞佛安然度過難關。

比恩厭惡地看著電視，就像一個劇評家被迫在看胡亂改編的《哈姆雷特》。「真不敢相信我竟得坐在這裡，看這種鳥比賽。」他說，拿出他的小白盒，放在桌子上。小白盒原本閃亮的外表，已經磨得黯淡無光。「如果我到處走來走去看這玩意，我現在大概會掛掉。」他說。他正在幻想：如果不是因為我把他困在這個辦公室裡一起看電視，此刻他會在停車場走來走去，每隔五秒看一次小白盒。他寧願在外頭急死，也不願待在這裡。

下一位打者路易斯．歐達茲（Luis Ordaz），印證了比恩稍早對提哈達的預言——等著看：他會因為急著想表現而弄巧成拙。歐達茲擊出一記提哈達右側的尋常滾地球。一般應該是傳至三壘封殺跑者，但提哈達卻嘗試高難度的特技，試圖封殺奔回本壘的跑者。結果他躍起傳球，球在捕手赫南德茲面前落地，結果所有跑者全部安全進壘：十一比六。還是滿壘、無人出局。

豪爾幾乎是從場邊休息區跳出來，把布瑞佛拉下場。回到休息區途中，布瑞佛只是低頭緊盯著地上，努力不露出任何表情。他進場時還有六分的領先優勢。他退場時，代表追平分的打者已經站上打擊準備區。球從來沒有打出過內野。

「老天，這真是他媽的丟人現眼，」比恩說。他伸手到桌下拿出一罐菸草。然後把一坨菸草塞進上嘴唇裡。「我幹嘛要看這種鳥比賽？」

新上場的投手林孔很快解決兩位打者，只被對手以高飛犧牲打攻下一分：十一比七。兩人出局，一、三壘有人，豪爾再度走出來。這次他換上的譚姆是剛從三A升上來的右投手，以應付右打者史威尼。史威尼當時暫居美聯打擊王。

「幹，」比恩說。「為什麼？他們都太相信右投剋右打、左投剋左打這套了。讓林孔繼續投下去有什麼不對？」

之前有兩年，譚姆在運動家隊牛棚所扮演的角色，就跟現在的布瑞佛一樣。內野教練華盛頓有一陣子喜歡叫譚姆「衛生紙」（「因為他老是幫其他人擦屁股」）。不過後來就出問題了，不是譚姆的心理狀況，就是他的投球姿勢，過去兩年他完全變了個人。「**救援投手就像是價格波動很大的股票**，」比利．比恩說。「**他們是你得密切觀察的資產，而且要趕緊賣掉獲利了結。**」

當運動家隊的總教練上場與救援投手商議時，比利．比恩看著我時的臉色超難看。不到四十五分鐘內，他就從超脫到關切，從關切到煩躁，從煩躁到生氣，而現在顯然已到了失控暴怒的邊緣。

他對於自己的情緒轉變感到尷尬，不過還沒尷尬到足以控制住。「好吧，」他終於說：「我得失陪了，我要到處走走。」

就這樣，比利．比恩走出辦公室，進了球員休息室，隨手把門帶上，開始到處橫衝直撞。他經過防護員的房間，裡頭可憐的哈德森正在熱敷肩膀，他一定在想，自己到底要怎樣才能拿下勝投。然後比恩經過哈特柏格與梅爾斯旁邊，這兩位左打者原本以為今晚不會上場，但這會兒他們狂奔穿過球員休息室，跑到後面的打擊練習區揮棒，以防萬一要上場代打。最後，比恩經過視聽室，坐在裡頭的迪波德斯塔正在為這一晚發生的怪事而大傷腦筋。迪波德斯塔原先已經算出二十連勝的機率（他說是百萬分之十四）。現在，他又在計算領先十一分被對手逆轉的機率。（「可能不是百萬分之十四，不過也相當接近了。」）

比爾．詹姆斯在一九八三年的《棒球文摘》裡，已經預料到今晚的比賽。詹姆斯發現，在棒球比賽中有一種「競爭平衡的定律」。「世上有一種負面的動能，」他寫道：

> 這種動能不斷運作，把強隊與弱隊、戰績領先與戰績落後球隊、好球員與壞球員之間的差距拉近。我的推論如下：
>
> 一、每種長處都彌補某一弱點，也會創造另一弱點，也因此每種長處也是弱點，每種弱點也是長處。

二、種種策略的平衡，永遠有利於落後的球隊。
三、心理因素容易把勝利者拉下來，把失敗者拱上去。

這種比較像是形而上學而不太像物理學的說法，對於人與棒球隊同樣適用。亟欲獲取勝利、亟欲被視為贏家的人，就占有戰略上較大的優勢。但這種非贏不可的欲望，也同時是一種弱點。在比利・比恩身上，這種特性顯而易見，它已經不光是弱點，而是一種詛咒了。

比賽恢復進行後，譚姆與史威尼激烈纏鬥。這個打席的第十球，之前猛揮大棒而打出過四支界外球的史威尼，看準譚姆的一記滑球，以高爾夫揮桿姿勢擊出，球飛越一家金融服務業者的廣告招牌，過了左外野圍牆。

十一比十。

球員休息室傳來大東西被砸爛的聲音。

從豪爾辦公桌上方的電視，我看到亞特・豪爾本人又走上投手丘，將譚姆換下，派上左投手鮑伊。史威尼此時正在皇家隊的場邊休息區裡，興高采烈地向隊友說他原以為那支全壘打是界外球。電視播報員則說很可惜提哈達「急於表現」，沒把那個尋常的滾地球傳給三壘。若非如此，運動家隊早已結束這一局。

比恩突然又衝回豪爾的辦公室，兩頰通紅、牙齒黑黑的。「操他媽的譚姆，」他說。「他以為他的滑球可以騙得過全聯盟最佳的打者。」他把電視機轉成靜音，抓起他的菸草罐，然後再度消失，留下我在總教練辦公室裡獨自看球。

總教練的辦公室現在一片安靜。外頭五萬五千名現場觀眾極盡所能地鼓噪，但在這個黑暗的房間裡，卻完全聽不到。可憐的亞特·豪爾，他沒費事把辦公室布置出家的溫馨感，反映出他對這個世界的看法與比恩完全不同，他總教練的飯碗能保住這麼久，還真是奇蹟。房間裡有個裱褙的格言：「樂觀者的信條」。還有鐫刻著前美式足球傳奇教頭文斯·隆巴迪（Vince Lombardi）智慧語錄的紀念牌。一個空的咖啡壺，還有一罐奶精。總教練的白色塑膠貼皮辦公桌後方，掛著「感謝你不在這裡抽菸」的牌子。還有兩張透露出他忠於棒球箇中奧妙的照片：一張是豪爾站在休息區的階梯上；另一張則是他與大聯盟史上巨星小卡爾·瑞普肯（Cal Ripken, Jr.）的合照（瑞普肯還在上面簽名）。

電視裡，霍爾仍然是一副堅忍不拔的表情。螢幕下方字幕顯示，自從一九三六年費城運動家隊敗給聖路易布朗隊後，運動家隊從未在領先十一分後被對手逆轉過。棒球界有太多傳統與歷史了。你可以尊敬它，也可利用它從中獲利，不過它仍無時無刻、無所不在。

麥可·鮑伊終於結束了皇家隊八局上的攻勢，運動家隊八局下很快地交出白卷。九局上，皇家隊面對運動家隊終結者寇區，攻上了二壘。兩人出局，場上是打擊火力薄弱的路易斯·阿利塞亞（Luis Alicea），球數形成兩好球，比賽看起來再度大局底定。阿利塞亞卻又擊出左外野平飛一壘安打。

一根新球棒，四杯咖啡，九局下……

十一比十一。

我聽到球員休息室傳來一聲刺耳的大吼，接著是金屬相互撞擊聲。我打開豪爾辦公室的門偷偷看了一眼，瞥見哈特柏格從打擊練習區跑出來，衝向通往運動家隊場邊休息區的通道。

哈特柏格並沒有準備要上場打球。他的心理狀態完全不對，帶的球棒也不對。之前豪爾告訴他今晚不用上場，他就幫自己倒了一杯咖啡，然後又喝了第二杯。他坐下來短暫地跟一位未曾謀面過的人聊了幾句，這位他記不住名字的人，拿了幾根自己手工製作的球棒給他看。哈特柏格挑了其中一根黑亮的楓木棒，握把上方有道白圈。他喜歡這根球棒的手感。

跟大多數球員一樣，哈特柏格在打小聯盟時，就與路易維爾強棒公司（Louisville Slugger company）簽約，同意只使用該公司提供的球棒。由於幾乎已經確定自己今晚不會上場，哈特柏格就將這支違反合約的球棒帶進場邊休息區。當比數來到十一比〇，他更確信自己不會上場，他把球棒夾在雙膝之間，肚子裡已灌進四杯咖啡。到了九局下，他身體已經產生化學變化，手上還握著自己從未用過的球棒。

比數還是十一比十一。皇家隊終結者傑森．葛林斯利（Jason Grimsley）站上投手丘，投出他一如往常的犀利伸卡球。戴伊擊出右外野高飛球被接殺，一出局。電視攝影機掃過運動家隊場邊休息區，從大多數球員的表情可以看出，他們覺得這場比賽幾乎是輸掉了。把十一分的領先優勢搞砸，輸掉的不只是這場比賽而已。他們的表情，彷彿覺得所有好運氣已經用光了。

豪爾要哈特柏格去拿球棒，派他上場代打。哈特柏格拿起那位不知名人士給他的球棒上場，這違反了他小聯盟時與路易維爾強棒公司簽下的合約，不過管他的。

兩天前，他才在類似情況下面對過葛林斯利，九局下，平手，不過上一次是滿壘狀態。今晚他不必再看錄影帶，面對像葛林斯利這型的投手，你閉著眼睛都知道他會投什麼球：九十六哩（一五四公里）的速球。你通常也知道他會把球投到哪裡：不是好球帶的底部，就是好球帶邊緣的下方。兩天前，葛林斯利對他連續投出六記快速伸卡球，全都偏低、偏外角。

等了兩個好球，哈特柏格才出棒，打成軟弱的二壘前滾地球（在他之後上場的提哈達則擊出中間方向致勝的一壘安打）。儘管上次對決經驗結果令人失望，不過在眼前就有了意義。他已經看過葛林斯利投的六球，他已經蒐集到足夠資訊了。他知道，如果可能的話，就不應該再去打葛林斯利的偏低伸卡球。

今晚踏入打擊區時，他告訴自己，除非球數已經兩好球，否則不再出棒打好球帶下方的來球。他要等待自己想要的球路，除非已到沒有選擇、必須照單全收的地步。他在等待偏高的球——可以打成二壘安打，讓自己站上得分位置。

他擺出自己慣常的開放式打擊準備姿勢，握著那支發亮的黑色違禁品球棒，在好球帶前後揮動，像站在第一洞準備開球的高爾夫球員。葛林斯利準備投出球時，他的臉扭曲得讓人看了渾身不舒服。他投球時真的在咧嘴笑，而且是不友善的笑。那是一個喜歡把蒼蠅翅膀拔掉的人在笑。這個畫面，會讓電視機前的觀眾渾身不舒服。不過哈特柏格沒看葛林斯利的臉。他只專注在葛林斯利放球點的區域。他只需要看一球，好抓到揮棒時間點。他心想：**如果我第一球忍住不出棒，或許下一球就會是好球帶上半部的球**。他不斷告訴自己：**放掉第一球**。這個球員在本球季第一球不出棒比率領先全美國聯盟，但眼前他居然覺得必須對自己精神喊話，提醒自己不要去打第一球。一定是咖啡因作祟。

第一球，他沒有出棒。那是記偏低的壞球。葛林斯利擺出另一個可怕的表情後，準備投出第二球。第二球還是記快速球，不過卻是好球帶偏高的球。哈特柏格俐落地出棒，球打到棒身，高高地飛向中左外野深遠處。

他低頭開始向前跑。他跑得好快，像是打出三壘方向緩慢滾地球後一樣。他沒看到葛林斯利的暴怒，他沒聽到五萬五千名球迷的歡聲雷動，他沒注意到一壘手轉身離場。他也不知道有位來自古柏鎮棒球名人堂的工作人員，跟在他身後拾起一個個壘包，然後馬上會找他要球棒。整座競技場球場裡，唯一不知道球飛到哪裡的人，就是把球擊出去的打者。只有哈特柏格一人以近乎超然的心態，看著球在夜空中愈飛愈高、愈遠。

這一球，不但飛出全壘打牆，還落在外野看台高處，比中外野深遠處標示三六二呎的圍牆還多飛了約五十呎。終於確定這顆球出去後，哈特柏格高舉雙手過頭，看起來無法置信的成分多於勝利的得意。繞過一壘壘包時，他朝奧克蘭場邊休息區望去。不過裡面卻空無一人——所有球員全部都衝進場內。欣喜若狂的情緒，讓他變成另一個人。他對著隊友大喊，不是喊說：**我做到了！**而是：**我們做到了！我們贏了！**跑壘時，他大約每跑二十呎，就少掉一歲。當他踩上本壘板，看起來像個孩子，不像大人。

然後，不到五分鐘之後，比利．比恩總算能直視著我，說這不過是另一場勝利罷了。

第12章

觀念的穿透力

棒球季，是一種嘲弄理性的設計

比利．比恩從來不會讓自己對任何一場比賽、任何一位球員、任何他自己的經驗，流露出私人情緒。他已經築起一道高牆，把自己微妙的感覺隔開——至少，是試著隔開。

他用來定義自己的，是對過去球員生涯的反省，而不是肯定。這和其他在棒壇討生活的人迥然不同，大多數曾經打過大聯盟的球員，退休後都很懷念往日時光。

大多數大聯盟退休球員對自己過去的職棒生涯——也就是自己過去打球的方式——都有相同的感覺，這對於反傳統的運動家隊來說，卻是個困擾。他們需要雇用有經驗的人士，但往往伴隨經驗而來的，卻是慣常的感覺、本能與直覺。

比恩常覺得，面對自己的球員與教練，他好像在與過去的自己搏鬥——彷彿整個球團只有迪波德斯塔一個人，從同樣的資料得出和他相同的結論。而隨著季後賽接近，這個問題愈來愈嚴重。

不盜壘的盜壘高手

例行賽結束的前一天，運動家隊內野教練朗・華盛頓與打擊教練薩德・伯斯利（Thad Bosley），一起到阿靈頓球場客隊休息室旁的打擊練習區。他們的談話剛開始相當單純，球隊即將打例行賽倒數第二場比賽，對手是遊騎兵隊。雷・杜倫正進行額外的打擊練習，兩位教練此時比較像是鑑賞家，不太像是教練。

鏗！

在雷・杜倫走完比恩的「租球星打半季」老路之前，華盛頓和伯斯利最後一次充滿熱情地觀賞他的身手。比恩下一季再跟杜倫續約的機會很低，他的毛病不夠多——其實他根本**沒有**任何毛病。杜倫擁有棒球界所有總經理看重的特質：開路先鋒的打擊爆發力、跑壘速度，以及優秀二壘手的名聲——儘管這個名聲不如五年前那麼名副其實。在自由市場中，杜倫的身價大概會被高估。不過即便他估價合理，比恩也不會留他。以杜倫的身手，在市場沒有無效率的現象。

「瞧瞧雷。」華盛頓說。

鏗！

「那小混蛋的身體裡真是有打擊威力，」華盛頓說。「如果你把球投到不對的地方，他就會傷害你。」

「揮棒像個男人，」伯斯利說。「而且那男人破壞性超強。」

「他站在那裡看起來像小木偶，」華盛頓說。「不過他有本事傷害你。」

鏗！不曉得雷．杜倫有沒有聽到這段對話。

「你知道雷剛過來時，我對他印象最深的是什麼嗎？」伯斯利說。「他衝向一壘的模樣。」

「他是我們全隊唯一的盜壘高手，」華盛頓說。「你知道什麼是盜壘高手嗎？」

我想他應該期待我說不知道。

「盜壘高手就是全場明明都知道他會盜壘，他照樣能盜壘成功。」

鏗！

華盛頓在七〇年代初被皇家隊簽下，當時皇家隊試圖找田徑好手來改造成棒球員。皇家隊特別偏好腳程，而速度特快的華盛頓則是受益者。以華盛頓的說法，每場比賽從第一球起，他和隊友就開始狂跑，一直跑到最後為止。「有些時候不能亂跑，」他說，不過他得用力想一下到底什麼時候不能跑。「諾蘭．萊恩投球時你不能跑，」他終於說：「因為他投球時你偷跑，只會把他惹毛。你只能乖乖待在一壘壘包，把推進的責任寄望在打擊的隊友身上。」

我沒有特定目的，隨口問華盛頓他年輕時盜了多少次壘。

「有一年盜了五十七次。」他說。

雷．杜倫突然微微轉身，歪著頭露出吃驚的表情：**真的假的？**

華盛頓直直看著杜倫說：「伯斯利盜了九十次。」

伯斯利點點頭。

杜倫驚訝地放下球棒。「你盜了九十次壘？」他說。

伯斯利再度點頭，好像這沒啥大不了。

「該死！」杜倫這下子正式加入對話行列。他看起來活像一個美國觀光客，在火車上剛剛發現隔壁的德國佬就是自己失散多年的表兄弟。「這裡真的不一樣，嗯？」他說。

這是明知故問，雷．杜倫自己就親身體驗到這裡有多麼不一樣。兩個月前，剛被比恩以超低價碼從白襪隊交易來之時，杜倫在效力新東家的第一場比賽開打前，跟新隊友坐在場邊休息區的板凳上，一大群運動家隊的跑線記者將他團團圍住。他們的第二個問題是：「你對於比恩要你守中外野，有何感想？」那是杜倫首次聽到比恩為他設定的天馬行空計畫。他從高中之後就沒守過外野，杜倫盡責地表示只要能對球隊有幫助，他任何事都願意考慮，但在同時，他圓滾滾的雙眼好像在說：**你他媽的在開我玩笑嗎？**幾乎同一時間，杜倫的經紀人就打電話給比恩，說他的客戶是今年底即將成為自由球員的明星二壘手。杜倫雖然很願意為這支奇蹟式地、花少少錢就能夠租用他半年的球隊，在攻擊上盡心盡力，不過他可不打算為了運動家隊，在中外野出洋相，打壞自己未來的身價。

雷・杜倫堅持不肯守中外野，終止了這個棒球效率的嘗試方案。不過當運動家隊教練讓他不要再嘗試盜壘，他就乖乖聽話了。在杜倫的職棒生涯中，球隊一直要他盜壘；來到運動家隊後，教練卻要他在球被擊出去之前按兵不動。比恩把杜倫找來，並不是看中他會盜壘，而是因為他很會上壘——不會製造出局。也因此，生涯中第一回，杜倫上壘後都採取保守的跑壘戰術。

從美學觀點來看，這實在是很可惜。如果准許杜倫在壘包上盡情發揮，絕對會令人血脈賁張。前幾天晚上在西雅圖打客場，他利用對方一次捕逸的機會，從二壘狂奔上三壘，然後並未像一般正常人就此打住，而是繞過三壘直朝本壘衝去。全場都有點驚慌失措。水手隊捕手飛身撲球、趕緊轉身，水手隊投手覺得喉嚨發緊，而四萬名水手球迷則倒抽一口冷氣，好像剛攀上雲霄飛車第一個頂點。然後杜倫突然緊急煞車，慢慢跑回三壘，低聲笑著。杜倫知道如何利用自己的快腿讓人們抓狂。

叫雷・杜倫不要盜壘，就好像叫他不要呼吸一樣。不過在此之前，他除了壓抑住雙腿的速度，也壓抑了內心的感覺。現在他卻說：「這裡真的不一樣，嗯？」

季後賽靠的是江湖智慧，不是科學方法

華盛頓冷哼一聲。「都是那狗屎，」他說。「我們全年一共只盜了二十五次壘。其中有八次，是跑者自作主張而盜壘成功的。有十次是滿球數，壘上跑者本來就該準備跑。只有七次是亞特對跑

者下達盜壘令。」球季已經打了一百六十場例行賽，豪爾只下達了七次盜壘令。這應該是新紀錄。

「雷，今年球季你盜壘幾次？」華盛頓問道。

「二十五次。」杜倫說。

「他轉隊過來時，已經盜了二十二次，」華盛頓說。「所以他來這裡之後只盜了三次壘。其中兩次是他自作主張。」

「在這支球隊想要盜壘，後果自行負責。」伯斯利說，一副不祥的口吻。

「沒錯，」華盛頓說。「這支球隊有個規定。如果你盜壘成功就沒事。如果出局，絕對有你受的。」盜壘失敗會讓比恩變成撒旦。

雷・杜倫無法置信地搖搖頭，拿起球棒繼續打擊練習。

鏗！

「如果你說跑壘不重要，你就會忘記如何跑壘。」伯斯利說。

「你聽過真正滑稽的事情嗎？」華盛頓說。「跟我一起待在三壘側的跑壘指導區，就會看到一堆狗屁倒灶東西。這個球隊沒人知道怎麼從一壘衝上三壘。」除了擔任一支不能浪費錢在防守上的球隊裡的內野教練之外，華盛頓同時也是這支花不起錢買速度球隊的三壘跑壘指導員。每當球打到外野圍牆邊，他就得精心計算並斟酌比恩提供給他這些球員的跑壘本事。他不想聽到腳程的價值被市場高估的說法。

杜倫再也無法專注在打擊上。「到了季後賽，就不能太謹慎了。」他說。

華盛頓與伯斯利沒搭腔。最多再過三星期，雷．杜倫就會成為自由球員，可以決定要接受哪份數百萬美元年薪的合約：到時候杜倫就可以肆無忌憚地批評比利．比恩的棒球策略。再過幾天，運動家隊將在季後賽第一輪對上明尼蘇達雙城隊（Minnesota Twins），屆時所有電視與報紙上的報導，都會強調季後賽與例行賽如何不同。季後賽重要的是「製造」得分。打季後賽要靠江湖智慧，科學方法並不管用。

「我沒看過太多季後賽打到八比五這種比數，」杜倫說。「通常都是一比〇或二比一。」

「事實的真相是，」華盛頓說：「比利**痛恨**有人跑壘不慎而出局。」

雷．杜倫喪氣地搖搖頭，繼續打擊練習。

我無意間巧遇到運動家內部一個想起義的小團體：三個對於速度的必要性仍深信不疑的人。這三人，可不是什麼笨蛋。雷．杜倫顯然跟專放高利貸的一樣精明；華盛頓每一開口就會說出《巴雷特氏名言錄》（*Bartlett's*）裡面的名言雋語；伯斯利的成就則不僅限於棒球。在大聯盟打了十三年後，接下來七年他投身音樂創作和製作，這讓伯斯利多少染上局外人的觀點——也是比恩會雇用他的原因。伯斯利欣然接受運動家隊賦予他罕見的「上壘指導員」角色，而不是常見的「打擊教練」。他不介意球團漠視打擊率。但他們漠視跑壘，那就是另外一回事了。

「雷從小就被訓練跑壘要積極主動，」華盛頓說。「在他來這裡之前，**從來沒有**因為跑壘太過積極而挨刮過。」

鏗！杜倫一棒揮出，球打到防護鐵網後方餵球給他的牛棚捕手布蘭登・巴克利（Brandon Buckley）腳上。布蘭登痛得跳來跳去，懷疑骨頭是不是被打斷了，此時雷・杜倫轉身說：「白襪隊總是告訴我們，積極進取的錯誤不算是錯誤。」

華盛頓心有戚戚焉。隊上有這麼個天生盜壘能力高超的球員，**但是根本沒人鳥他**。他說：「雷，你每次把球打出去後，腦袋裡都在想什麼？」

「二壘。」

「只要球還在滾？」

「我都會奮力往前衝。」

「你都會奮力往前衝。」

「一壘安打變成二壘安打。」杜倫說。

「二壘安打變成三壘安打。」華盛頓說。

隨後一分鐘，沒有人再開口。然後華盛頓說：「這裡的情況不一樣。在這支球隊要是有人擅作主張盜壘被抓到出局，一大堆專家會跑過來告訴你，說你瓦解了這一局的攻勢。」

「我從沒見過這種事情。」雷・杜倫說。

季後賽中，那些「馬後砲」們……

每年球季尾聲，當比利．比恩的運動家隊確定進入季後賽時，就會發生兩件事。第一，是少數職員會不太識相地利用報紙對總經理施壓，希望能改善他們的待遇。其中最明顯的是總教練豪爾接受《聖荷西水星報》（*San Jose Mercury News*）專訪，談到自己簽長約的話題。「我在這裡待了這麼多年，也讓球隊交出不錯的成績單，」他說。「我認為我值得球團給我長約保障。我的想法是，此地不留爺，自有留爺處。」豪爾的太太也坦承，她實在不解，為何比恩不願保障他們夫妻倆退休後的生活。然後豪爾提到，他很吃驚各個球團裡權勢等級的安排有這麼大的差異。「在天使隊，」他說：「他們口口聲聲只會提到總教練。我認為那裡大部分的人根本不知道總經理是誰。」

另一件必定會發生的，是引擎室裡對於艦長整個球季以來所堅持的狂想式航道，出現一種混亂的重新評估。教練、球員、記者，所有人突然對運動家隊不短打、不積極跑壘開始擔心起來。尤其是跑壘。比利．比恩對於盜壘完全缺乏興趣這件事，在之前的一六二場例行賽的實行效果奇佳，但在季後賽卻被認為愚蠢之至。即便腳程不算快的人也會開始說，季後賽裡「你必須製造機會」，對敵人主動進攻。「需要積極跑壘的返祖現象。」比利．比恩如此稱之。

例行賽被忘得一乾二淨，但其實是不應該的。不管你怎樣看，這一年例行賽的戰績都是個奇蹟。全大聯盟，只有洋基隊的勝場跟運動家隊一樣多。運動家隊在吉安比追尋高薪離去後，幾乎被貶到谷底，但他們這一年卻贏了一〇三場比賽，比起前一年還多一場。或許更令人震驚的是——至少對於經濟決定論者而言——美國職棒最強的美聯西區，最後排名竟然與全隊薪資高低成反比[29]。

至少在美聯西區，球隊花愈多錢在球員身上，那些球員就愈不會贏球。同樣的道理雖然不見得能適用在其他分區，不過還是出現許多出人意表的結果：高預算的大災難（大都會隊、道奇隊、金鶯隊），以及低預算的成功（雙城隊）。

	勝	敗	勝差	全隊薪資
運動家隊	103	59	—	$ 41,942,665
天使隊	99	63	4	$ 62,757,041
水手隊	93	69	10	$ 86,084,710
遊騎兵隊	72	90	31	$106,915,180

儘管運動家隊如此成功，但還是有一股微妙的壓力，想逼他們改變經營方式。其中，大部分的壓力都來自媒體。

當比恩聽到電視上某位棒球專家第十五次提到運動家隊無法獲勝、因為他們無法「製造得分」後，他開始擔心教練與球員真的會相信這種說法。他把二〇〇二年球季運動家隊與雙城隊的進攻數據列印出來，與教練團坐下來一起討論。雙城隊的全隊打擊率比運動家隊高出〇．一一成，他們的長打率則高出〇．五%。儘管如此，他們的總得分卻比運動家隊少了三十二分。為什麼？因為雙城隊的全隊上壘率較低，而且盜壘刺高達六十二次（運動家隊只有二十次），另外他們的犧牲觸擊次數也多出一倍。也就是說，雙城隊浪費了太多的出局數。

「他們試圖操弄比賽，而不願讓比賽順其自然，」比恩說。「一算就知道了。但是不管你已經證明了多少次，你總是得再證明一次。」

一旦季後賽開打，你就可以感受到棒球圈內人站出來努力貶低運動家隊，覺得他們不可能真的懂什麼。代表圈內人發言的，是已進入名人堂的明星二壘手喬．摩根（Joe Morgan），他在運動家隊對雙城隊的五戰三勝系列戰中擔任電視轉播球評。每場比賽，摩根總會向觀眾說明運動家隊思考邏輯上的瑕疵，而不是他對運動家隊的思維結果有何深刻體認。

他堅信，運動家隊的戰略完全沒有道理。運動家隊以五比七輸掉第一戰後，摩根就趁機在第二戰第一局開場時解釋，運動家隊為何會陷入困境。「來到季後賽，你必須努力製造得分。」他說，指的是要觸擊、盜壘，以及大體上不要再把出局當成稀有資源看待。令人難以置信的是，他接下來解釋洋基隊前一晚會擊敗天使隊，就是因為他們會「製造得分」。

我看了那場比賽。洋基隊打到第八局仍以四比五落後，二壘手阿方索．索里安諾登上一壘後，就盜上二壘。下一棒基特被四壞保送，然後吉安比揮出一壘安打送回索里安諾。接下來伯尼．威廉斯轟出三分全壘打。任何有理性的人看了洋基隊這局攻勢後，會說：「呼，感謝上帝，索里安諾盜二壘沒被逮到；因為事後看來，那是愚蠢的險招，可能會瓦解整個攻勢。」但摩根卻認為，索里安諾盜上二壘，也就是由生產線製造的唯一一分，才是洋基隊後來居上的**原因**。令人吃驚的是，摩根那天替觀眾上棒球戰略課的最後結論是：「如果你老是坐在那裡等三分全壘打，你可能會永遠空等下去。」

一場巨型的擲骰子賭博

但有關這堂小小戰略課最奇妙的一件事，就在摩根在電視上侃侃而談時上演。在運動家隊第二戰中，第一棒雷．杜倫率先上場，獲得四壞保送登上一壘後，並沒有依照摩根希望的試圖盜上二壘；接下來的第二棒哈特柏格，也沒有依照摩根希望的觸擊，他敲出二壘安打。過了一會兒，查維茲轟出三分全壘打。摩根還繼續在電視上滔滔不絕，強調要打小球強迫取分、也就是避免這類打出三分全壘打的打法，彷彿場上發生的事，並未嚴重牴觸他嘴巴剛剛講出來的話。

那一天，運動家隊靠保送與猛打攻下九分，並贏得勝利——此役布瑞佛也恢復水準，投兩局沒有失分。兩天後，戰場轉至明尼蘇達，第三戰開打前，摩根又把同一套東西拿出來再講一遍。結果，反而是運動家隊自己幫了所有棒球專家一個忙——在關鍵的第五戰敗給雙城隊[30]。運動家隊所贏的兩場比賽，比數分別為九比一與八比三；輸掉的三場比數為五比七、二比十一、四比五。這可不是杜倫想像中的低得分季後賽。

運動家隊季後賽被淘汰後，各種馬後砲與檢討聲浪，幾乎全都依循杜倫與摩根的理論。灣區著名的棒球專欄作家，《舊金山紀事報》（*San Francisco Chronicle*）的葛倫．迪奇（Glenn Dickey）向讀者解釋說：「運動家隊不知道如何『製造』得分，這是他們在季後賽比數接近時的致命傷。總教練豪爾來到運動家隊之前，原本是相信『小球戰術』的，現在卻太習慣運動家隊的四壞保送／全壘打策略，因而到了季後賽就無法調整。」到了十月底，摩根撰文歸納運動家隊的問題：「運動家隊會失敗，是因為他們只有兩個強項：他們有好投手，以及想打出全壘打。他們不會利用速度，也不會試圖製造得分。他們只想等全壘打，到現在還在等。」

對於這一切評論，運動家隊球團覺得都是老套。「盜壘，」保羅．迪波德斯塔在塵埃落定後表示。「大家都指出是我們的缺失所在，所以一旦我們輸球，這就是原因了。」

接著，他在計算機上按了幾個數字。運動家隊例行賽每場平均攻下四．九分，季後賽對雙城隊的平均每場得分則是五．五分。換言之，大家說他們沒有「製造」得分，但實際上他們季後賽的得分卻比例行賽還要多。「真正的問題在於，」迪波德斯塔說：「例行賽我們每場球平均丟掉四分，季後賽每場卻丟掉五．四分。小樣本的意義不大，不過這也凸顯出那些批評我們進攻哲學的說法有多麼荒謬。」

真正的問題，其實在於王牌先發提姆．哈德森，之前他大比賽表現出色，對雙城隊尤其無懈可擊，但在季後賽兩次上場卻表現極差。但這種事，沒有人可以預測到。

季後賽多少也說明，為何棒壇如此頑抗科學研究的果實：抗拒所有純理性的球隊經營概念。不光是因為在棒球界當家的老棒球人，堅持要用習慣的老方式繼續運作。更重要的是，整個球季最後的終局，就是一場巨型的擲骰子賭博。季後賽讓理性管理的球隊感到挫敗，是因為不同於漫長的例行賽，季後賽有小樣本的問題。賽伯計量學家、同時也是《棒球裡的隱藏遊戲》一書的作者帕瑪曾經計算出，**因球技導致的比數差距是平均每場一分；而因運氣導致的比數差距則是平均每場四分。**在漫長的球季中，好運與壞運會互相抵銷，球技的差異自然會被凸顯出來。不過在五戰三勝、甚至七戰四勝的季後賽，任何事都可能發生。在五戰三勝系列賽中，最差的球隊有一五%的機會擊敗最佳球隊；魔鬼魚隊對上洋基隊也能靠運氣贏球。棒球科學仍能為一支球隊增添少許優勢，不過這少許優勢會被機運徹底壓垮。**棒球球季的結構，就是一個嘲弄理性的設計。**

正因為科學在最重要的季後賽中不管用，棒球人也因此更有藉口回復到未開化狀態。棒球的結構設計，以心理學的角度來看，是贏家全拿的遊戲（不過從財務上的角度則非如此）。一支沒拿到世界大賽冠軍的球隊，不會有人認為他們這個球季很了不起。二〇〇二年的運動家隊就是如此，在這個被大家普遍視為失敗球季的尾聲，迪波德斯塔只能說：「我希望他們繼續相信我們的方法根本行不通，這樣我們還會有幾年的好機會。」

任務完成後，把自己賣掉

在運動家隊季後賽挫敗期間，比利・比恩一直保持異常的平靜。在對雙城隊第二戰開打前，我問他，為什麼看起來如此超然冷靜？為什麼他沒有帶著小白盒在停車場裡走來走去？他說：「我那一套東西在季後賽根本不管用。我的工作是幫球隊打進季後賽，之後發生的事，根本就是他媽的運氣。」第五戰結束後，所有人都打包回家了，深夜帶著球棒衝進視聽室砸椅子的人，是迪波德斯塔。比恩的態度似乎是，**管理階層所能做的，就是組成一支有能力在漫長球季打出好成績的球隊**。來到季後賽，除了擁有三位超強先發投手，就沒啥贏球祕訣，而他已有三位超強先發投手。

他的客觀精神，在季後賽淘汰後只撐了一個禮拜。自己的球隊竟然會輸給實力明顯較差的雙城隊，讓他非常痛苦。他從沒說出來，不過他顯然還是無法相信竟然沒什麼人欣賞自己的成就。就連他的老闆也在抱怨，儘管他花錢所得到的回報是其他球隊老闆的數倍。

公眾輿論的反應，也讓比恩心力交瘁。通常在這種心神不寧的情況下，比恩會試圖尋求進行交易。不過當時他心裡並沒有適當的球員交易人選；整個球團裡，唯一離隊後會讓他開心點的人，只有總教練豪爾。沒多久，他就萌生出新的想法：把豪爾賣掉。

他花了大約一星期，才完成這件事。他打電話給大都會總經理菲利普斯，告訴他豪爾是很出色的總教練，不過他的一年新約卻要求大幅調薪，運動家隊負擔不起。菲利普斯剛把總教練瓦倫泰（Bobby Valentine）開除，一時還找不到接替人選。比恩原本還以為可以順便從大都會隊弄來一位球員，不過最後只省下豪爾的薪資而已。豪爾最後簽下一紙為期五年、年薪兩百萬美元的合約，接任大都會隊總教練。比恩則將運動家隊的板凳教練馬卡（Ken Macha）晉升為總教練，接替豪爾的遺缺。

這件事，讓比恩稍微開心了一點，但也沒有持續多久。他感覺，自己已經來到某個階段的終點。過去幾年在他領導下，這支低價球隊的經營效率已經高到無法再高，可是根本沒有人注意到。**沒有人在乎你是否找到經營大聯盟球隊的革命性新方法，大家唯一在乎的，是你在季後賽擲骰子賭局的表現**。他如此賣力工作，年薪大約只相當於大聯盟年資第三年的後援投手，而迪波德斯塔的年薪連大聯盟球員最低保障薪資都不如。比恩的價值，無疑超過任何現役球員；他的貢獻比任何他取得的球員都要被嚴重低估。要利用這個怪誕的市場低效率情況，他只想得到一個方法：把自己賣掉。

他的時機，可以說恰到好處。需要比恩效勞的市場，正在迅速改變中。看起來像是新風潮的一股趨勢，一年前便已在多倫多展開。藍鳥隊的新業主「羅傑斯傳播公司」（Rogers Communications）已經清楚表示，過去幾年虧損在大聯盟排名第一的這支球團，必須自給自足。

二〇〇一年球季結束後，曾經擔任過多倫多市長、沒有任何棒球相關經驗的藍鳥隊新執行長保羅．葛佛雷（Paul Godfrey），便決心以合理的方式來經營這支球隊。他新官上任，就先把總經理炒魷魚。隨後把其他二十九支球隊的媒體觀戰指南堆在桌上，開始尋找接替人選。

棒球界幾乎每個人都接到他的電話，他也面試了不少人：曾擔任響尾蛇隊總教練、現為電視播報員的巴克．休瓦特（Buck Showalter）；老虎隊的總經理戴夫．鄧布洛斯基（Dave Dombrowski）；曾在藍鳥隊顛峰時期擔任過總經理、目前是水手隊總經理的派特．吉利克；剛被遊騎兵隊開除的道格．梅爾文（Doug Melvin）；當時是印地安人隊總經理，後來取代梅爾文當上遊騎兵隊總經理的約翰．哈特（John Hart）。「他們都跟我說同樣的話，」葛佛雷說。「最後總是同樣的結論：給我足夠與洋基隊競爭的資金，我就接下這份工作。他們不明白，我說要找一位有前瞻性發展策略的人，到底是在說什麼。我可不想找個傢伙告訴我：『給我一億五千萬美元，我就給你一支冠軍球隊。』」

在撲克牌桌上找傻瓜

在整個職棒圈裡，葛佛雷只找到一個不迷信金錢至上的例外——奧克蘭運動家隊的比利．比恩。他判定運動家隊運作方式，和其他球隊截然不同。他決定，無論他們的運作方式是什麼，他都要如法炮製。他以為比恩與運動家隊仍有長約在身，一時還動不了。於是他去找保羅．迪波德斯塔，要讓他接下藍鳥隊最高主管職位——不過迪波德斯塔不想跳槽。葛佛雷只好回去找運動家隊的媒體觀戰手冊，查看排在迪波德斯塔底下的那個人是誰，發現是個叫里奇阿迪的球員發展部主任。

里奇阿迪飛到多倫多面談，只花了不到五分鐘，就拿到這份工作。「他對於任何事情都講得出道理，」葛佛雷說。「我面試了那麼多人，里奇阿迪是唯一提得出企業規畫的人，也是唯一告訴我：『你花太多錢了。』基本上，他看了球員名單後說：『這些球員全都可以用你沒聽說過的球員取代。』我說：『你確定？』他說：『聽我說，**如果你能承受來自媒體的壓力，我就可以給你一支更省錢、更好的球隊**。我會花兩個月幫你省錢，然後再花兩年讓球隊更好。不過你會好轉很多。』」

里奇阿迪上任後，第一件事就是雇用奇斯．洛（Keith Law），這個二十八歲的哈佛畢業生從未打過棒球，卻幫baseballprospectus.com網站寫過很多有關棒球的有趣文章。這一部分也是比利．比恩的主意。比恩曾告訴里奇阿迪，為了在撲克牌桌上找到傻瓜，「你需要自己的保羅。」

里奇阿迪做的第二件事，就是開除二十五位藍鳥隊球探。隨後，在接下來的幾個月中，他將隊中幾乎每個高薪、已打出名氣的大聯盟球員統統賣走，以大家沒聽過的小聯盟球員取代。到了二〇〇二年球季尾聲，里奇阿迪很喜歡跟奇斯．洛一起看每場藍鳥隊的比賽。此時他可以在比賽進行至一半時，轉向他一手提拔的賽伯計量學家開心大喊：「雨人，我們只花了一百八十萬美元，就組成場上這支球隊！」

利用科學方法的優異管理手法，居然可以如此低廉，無疑是棒球界最欠缺效率之處。而對於市場及其愚行感覺最為敏銳的那位球團老闆，也觀察到這一點。剛買下紅襪隊的約翰．亨利，正想運用運動家隊的精神整頓球隊。十月底，他聘請比爾．詹姆斯出任球團「棒球經營資深顧問」（「我不明白為什麼花了這麼久時間，才有人想到要雇用他。」亨利說。）一不做，二不休，他也找來沃若斯．麥克拉肯出任投手特別顧問。接著，他就開始找人來主導大局。

只有一個人實際證明過，他能在大聯盟球團內實施理性經營，而這個人，主掌的球隊兩個星期前在季後賽被淘汰，正對自己的工作感到不滿。一連串機緣湊巧之下，不久後比利・比恩答應出任紅襪隊總經理。紅襪隊保證要給他五年一千二百五十萬美元的薪資，是大聯盟總經理有史以來最高的紀錄。

比恩還未在合約上簽字，不過那只是個手續罷了。他已說服運動家隊老闆中止原有合約，也開始要重新整頓紅襪隊。在他腦海中，已經決定把紅襪隊三壘手謝伊・希倫布蘭德（Shea Hillenbrand），交易給一支不曉得二成九三打擊率加三成三三上壘率，對整體進攻是負面效應的球隊。他也決定簽下艾德佳多・阿方索（Edgardo Alfonzo）來守二壘，再簽比爾・穆勒（Bill Mueller）來守三壘。紅襪隊捕手傑生・瓦瑞泰克（Jason Varitek）要走人，白襪隊的替補捕手馬克・強森（Mark Johnson）將取代他的位置。比恩還要收回曼尼・拉米瑞茲（Manny Ramirez）的手套，這位強打者往後的紅襪生涯，將專職指定打擊。這一切，他都已在腦海中清楚勾勒完畢。

兩個哈佛人坐在我的沙發上，想著該怎麼坑我

在運動家隊，比利・比恩即將跳槽，很快在運動家隊球團內部產生連鎖反應。

保羅・迪波德斯塔已經答應接任總經理，並且將擢升自己的哈佛學弟大衛・佛斯特擔任協理。

迪波德斯塔最關心的，是紅襪隊挖走了他們總經理，應該回報給他們多少。

有一天比利．比恩去上班，發現了一個新狀況。他的說法是：「兩個哈佛人坐在我的沙發上，想著該怎麼坑我。」一切看起來像是一段新關係的開始。他和保羅．迪波德斯塔互相討價還價，最後講好了要用比利．比恩換來的球員：凱文．尤基里斯。這位「希臘走路之神」，當初要不是運動家隊那群老球探，尤基里斯老早應該是運動家隊球員了。他是全職棒界裡，僅次於邦茲的上壘率第一名。迪波德斯塔還想要另一位小聯盟球員，不過尤基里斯才是真正的大禮。

一切都搞定了，只等著比恩在紅襪隊的合約上簽字。可是，他卻簽不下去。

在接受了亨利所提供新工作的四十八小時內，比恩突然變得瘋狂、無理性、難以成眠，就跟五月時運動家隊被藍鳥隊橫掃那時一樣。他對許多事情都很果決，不過碰到與自己有關的決策時，他就癱瘓了。他想替亨利工作，因為這位老闆了解市場及其無效率之處。不過你不會只為了替另一個老闆工作，就大老遠搬到三千哩外，展開新生活。

五天前，比恩已經讓自己相信，他接這份新工作並不是為了錢。而既然他也顯然不是因為喜愛紅襪隊，那麼接下來就要問，他到底為什麼要接受這份新工作？他斷定，自己做這件事，只為了證明他做得到，要證明他的特殊才華有具體的價值，是可以用金錢數字衡量的。在正常世界裡，他應該因此坐領高薪才對。

但現在問題是：他「已經」證明這一點了。所有的棒球專欄都在熱烈討論，比恩將成為棒球史上最高薪的總經理。現在每個人都知道他的真正價值了，比恩已經沒什麼好證明的。接下來，唯一接受新工作的原因，就是為了錢。

次日早上，他打電話給亨利，告訴他無法接任新職[31]。幾個小時之後，他一時口快，對一個記者脫口說出自己將會後悔吐露的實情：「我這輩子曾經為了錢做出一個決定——放棄史丹佛大學，去跟大都會隊簽約。我答應過自己，不再做同樣的事。」之後，比恩就只鬼扯一堆私人因素。他說的那些話，都不太理性或「客觀」——但反正，他的人也一樣不太理性。

一個星期之內，他就又回到老樣子，計畫著如何讓運動家隊再次打進季後賽，保羅．迪波德斯塔也回到原來的助手位置。比利．比恩因此又再度得面臨自己最害怕的事：沒有人會**真正**知道。他和保羅．迪波德斯塔，可能會找出更多聰明的辦法，不用花大錢就能建立偉大的球隊，但除非他們能贏回一個或兩個世界大賽冠軍戒指，否則沒有人會知道。但即使他們真的贏了世界大賽冠軍，接下來又怎樣呢？他只會是眾多贏過世界冠軍的總經理之一，大家開心慶祝一天後，隔天又被人忘了。人們永遠不會知道（即使只有短暫片刻）：他是對的，全世界都錯了。

關於這一點，我覺得他可能搞錯了。他是一個奇形怪狀觀念的絕佳容器，而這個觀念正在移動中，如同運動家隊的跑壘者，從這一站邁向另一站。這個觀念曾引領比利．比恩採取行動，而他的行動已經產生了種種深遠的影響。有些球員的優點原本可能會被永遠埋沒，但他予以發掘，從而改變了他們的一生。而那些受惠於此觀念的球員，正在忙著回報這份恩情。

結語

爛身材之罪？

讓世界看見你的價值

十月初走進打擊區的傑瑞米·布朗，正是——也可以說不是——那位來自阿拉巴馬州休伊市的胖捕手，也就是前陣子運動家隊在選秀會中，最出人意表的第一輪人選。

他還是一七三公分、九十七公斤；他依然不是賣牛仔褲的理想人選。不過在其他方面，也是重要的層面上，經驗已令他脫胎換骨。

三個月前，也就是六月選秀會剛結束時，他來到運動家隊位於加拿大溫哥華的菜鳥聯盟球隊報到。等著他的，是對他似乎永無止盡的玩笑。在球員更衣室最廣為傳閱的雜誌《棒球美國》，不斷出現各種以他外表作文章的粗魯字句。他們引用其他球隊未具名球探的一些話，像是：「他從來沒有碰過他不喜歡的披薩。」還寫說運動家隊自家球探部主任艾瑞克·庫波塔承認，在選秀會第一輪選進外型如布朗的球員，確實是很奇怪。

「他不是身材最好的球員，」庫波塔說，一副抱歉的口吻。「那個身材並不好看……這小子是偉大的棒球員，困在一副爛身材裡。」雜誌裡刊登了一張翻拍自布朗大學畢業紀念冊的照片，下面的圖說：「爛身材之罪」。他在休伊市的母親看過這一切報導，每次有人取笑她兒子的身材時，她就要從頭氣一遍，而他的老爸只是放聲大笑。

菜鳥球隊的其他隊員認為這樣很好玩。他們等不及要看下一期的《棒球美國》雜誌，看看又會在布朗身上作什麼文章。布朗的新朋友尼克．史威許總是第一個發現雜誌寫了些什麼，只是對於這些報導，他一概嗤之以鼻。身為前大聯盟球員史提夫．史威許的兒子，尼克．史威許不但是公認的選秀第一輪人選，也根本不鳥別人的批評。史威許不會等著別人告訴他說他有什麼價值；他才要告訴別人他的價值。

他想把同樣的臭屁態度灌輸給傑瑞米．布朗，但效果不怎麼樣。有天晚上，幾個球員共進晚餐時，史威許對布朗說：「《棒球美國》上面寫的那些東西，全都是屁話。你能打球，這才是最重要的。你以為貝比．魯斯是大帥哥嗎？才不呢，他是個死胖子。」布朗連發脾氣都慢半拍，他等了一、兩秒才了解史威許這番打氣話的雙重含意。「魯斯是個死胖子，」他說：「就像布朗一樣。」餐桌上每個人都笑成一團。

抵達溫哥華幾個禮拜後，球隊防護員告訴傑瑞米．布朗和尼克．史威許，教練團要他們兩個去辦公室。布朗第一時間想到的是：「唉呀，我一定是做了什麼蠢事。」每次只要有長輩對他特別留意時，布朗的直覺反應就是：我做錯事了。

但在這裡，他所做的是每次上場打擊時，上壘率是驚人的五成。布朗讓菜鳥棒球聯盟比賽顯得太簡單了，因此比利．比恩要讓他面對更嚴厲的挑戰，想看看他的本事。教練遞給布朗與史威許各一張機票，說他們兩人是運動家隊二〇〇二年選秀會第一批升上一A聯盟的新人。

他們兩人花了好久時間，才從加拿大溫哥華趕到加州的維薩里亞（Visalia）。他們在一場比賽開打前抵達，已經三十一個小時沒睡覺。沒有人跟他們說話，沒有人搭理他們。在小聯盟奮力向上爬就是這樣子：你的新隊友看到你絕對不會太高興。「每個人只是看看你，一句話也不說。」布朗說。「我試著表現得很禮貌。你不會想一開始就給人壞印象。」

在維薩里亞的第一個晚上，他跟史威許兩人穿好球衣，坐在板凳的最尾端。他們簡直就像坐在客隊的板凳上，連一個過來打招呼的人都沒有，若不是史威許坐在一旁，布朗可能以為自己根本不存在。比賽到了第三局，身材高大的先發捕手荷黑．索托（Jorge Soto）上場打擊。布朗從來沒聽說過索托，他以為自己將與索托競爭先發捕手的位置，事實也是如此。

對方投手的第一球，索托就擊出布朗與史威許從未看過的超大號飛球。球飛越左中外野的照明燈塔，還在往上飛。最後不但飛過停車場，也越過停車場另一邊的滑板競技場。這是布朗親眼看過打得最遠的一球。五百五十呎，或許更遠。索托慢慢跑過各壘包時，布朗轉過頭來對史威許說：「我想我沒機會在這裡蹲捕了。」

如果由新隊友來決定的話，他確實沒機會。這些隊友完全把機會大門鎖起來，如果布朗與史威許想進去，就得把門撞爛才行。有一天，他走過維薩里亞球員休息室時，聽到有人以嘲諷的口氣對他高喊：「嘿，大猩！」布朗完全搞不懂對方在說什麼。沒多久他終於明白了，那些依然不太理他的隊友幫他取了個綽號「大猩」。「那是因為洗澡時，他們看到我身上有很多毛。」布朗解釋說。他們還是背著他，拿他開玩笑。布朗也還是跟往常一樣，一笑置之。

從此，世界為他而改變……

球季結束後，布朗與大多數運動家隊二〇〇二年選秀會選來的新秀一樣，一起受邀參加在亞歷桑納舉行的冬季訓練聯盟。當時布朗升至維薩里亞已經三個月，再也沒有人嘲笑他了。在維薩里亞，他很快從索托手上搶下先發捕手的位置，打擊率（三成一）、上壘率（四成四四）與長打率（〇．五四五）都是全隊第一。在五十五場比賽中，他灌進四十分打點。

由於布朗的棒子橫掃高階一A投手，比利．比恩便邀請他參加運動家隊二〇〇三年大聯盟春訓──他是二〇〇二年新秀中唯一有此榮耀的。運動家隊二〇〇二年選秀會的其他新人，包括史威許，都得經歷運動家隊小聯盟主任奇斯．李普曼（Keith Lieppman）所說的「現實」。「**現實就是，**」李普曼說：「**當你體會到如果要存活下去，就必須改變自己的打球方式。**」

只有傑瑞米．布朗是唯一完全不用改變的球員，要改變的是他周遭的世界。而世界的確改變了。《棒球美國》雜誌對他的評語，出現一百八十度大轉變。當該雜誌把他選為二〇〇二年選秀會前三名最佳打者，以及運動家隊小聯盟四大潛力新秀之一時，他的母親打電話告訴他：終於有人寫他好話了。他的維薩里亞隊友不再叫他「大獾」（Badger），現在大家都叫他「徽章」（Badge）。

十月中旬的這個下午，在亞歷桑納史考茲岱爾市，當布朗上場打擊時，比賽來到二局下。雙方比數零比零，壘上沒有跑者。對方那位身材高大的左投手，一局下讓運動家隊前三棒打者很快就出局。此時面對布朗，他投出偏離好球帶的快速球。布朗只看不揮。一壞球。第二球是布朗不太擅長的外角變速球，所以他也沒動。一好球。布朗對於投手的觀察是：「他們幾乎總是會犯錯，」他說：「你只要等他們犯錯就行了。」

耐心等著機會送上門，通常都會實現。剛剛那個被判好球的變速球投來時，他留意到投手即將犯錯的可能性。這位投手投變速球時，手臂動作比投快速球明顯要慢一些。

下一球是好球帶外的快速球。兩壞球。球數來到一好兩壞，對打者有利。

第四球，對方果然就犯錯了：投手又投出變速球。布朗看到他較慢的手臂動作，就在等著要打。這記變速球從腰部高度、紅中位置進壘。布朗揮出的強勁平飛球，從投手的右耳上方呼嘯掠過，飛向左中外野間的空隙。

布朗離開打擊區、奔向一壘時，看到左外野手與中外野手間的距離迅速拉近。左外野手以為可以接住這球，努力跑到全壘打牆邊準備。布朗知道他這一球打得扎實，因此他曉得接下來會發生什麼事（或想像自己知道）——球會打到全壘打牆，然後彈回場內；跑過頭的左外野手就得回頭來追球。還沒跑到一壘，布朗腦中只想一件事：**我得跑上三壘**。

對他而言，這是個很新的想法。他沒有跑出三壘安打的身材，也已經有好幾年沒打過三壘安打。這個新想法令他感到興奮：傑瑞米．布朗打出了三壘安打。自從他靠某種奇蹟而成為運動家隊小聯盟系統竄升最快球員的同時，也發生了一件有趣的事。身旁的人都不斷告訴他，說他可以辦到幾乎任何事，逐漸地，他也開始相信自己了。

他很快繞過一壘壘包（「我真是拚了老命」），看到左外野手朝全壘打牆奔跑，可是卻沒看到球。他卯足了吃奶的力氣跑，然後突然沒跑了。在一壘與二壘之間，他的腳突然打結，接著他後仰跌倒在地，就像史努比漫畫裡的查理．布朗。他首先注意到一手的刺痛：他扭傷了手指。他趕緊起身，爬回一壘壘包，此時他看到休息區裡的隊友。所有人都笑得東倒西歪。

史威許、史坦利、提亨、奇格，所有的隊友都在笑他。不過他們的笑聲跟以前不一樣；那不是以前嘲弄他身材的諷刺竊笑。他朝左中外野之間的空隙望去，兩個外野手只是站在那兒，沒有人在追球。球已經飛出去了。布朗想像中的三壘安打，事實上，是支全壘打。

後記

棒壇內的宗教戰爭

一場永遠不會有結果的論戰

任何一個人走進大聯盟，一定會注意到球場內與暗潮洶湧的場邊，兩者之間鮮明的對比。經理人員和球探，就是在場邊討生活。比賽本身，是一種殘酷的競爭。除非你真的很行，否則無法在其中存活。

但是在場邊，再無能都可以被容忍。這種狀況有許多原因，其中一大原因是，大聯盟的結構比較不像企業，倒是比較像個社交俱樂部。這個俱樂部除了負責經營球隊的工作人員，還包括許多密切注意棒壇，並負責解說的棒球作家與球評，他們的功能有點像是支援非作戰任務的「婦女後勤隊」。

加入「俱樂部」有其門檻，不過入會資格與保留資格的標準，卻不是很明確。可以讓「俱樂部」丟臉的原因很多，但會員「沒把分內工作做好」，絕不是其中之一。會員對於「俱樂部」最大的冒犯不是無能，而是不忠。吉姆．波頓如果不是下筆時毫無保留，或許現在他已經找到生涯第二春，成為潛力新秀的球探或教練。但就因為他寫了《四壞球》這本書，等於終身被「俱樂部」放逐了[32]。

會滾蛋，但不會滾太遠

這並不是說，棒球經理人與球探沒有好壞之分，只是好與壞並沒有被區分得很清楚。棒球界不會讓經理人面對類似上場打球的壓力，甚至是經營企業的壓力。當一支大聯盟球團花了大筆鈔票卻還是輸球時，可能有人要滾蛋，但不會滾太遠。「俱樂部」的內行人很善於守候在圈內，他們會去當球探、擔任球評，直到其他高階職位出缺為止。

也因此，他們會滿懷希望，跟其他球團新近開除的「俱樂部」成員一起爭取面試。「俱樂部」並沒有真正的標準，因為沒有人想坦白說出問題所在：這些人有什麼條件擔任此職務？如果撇開他們已是「俱樂部」會員，只考量其他的任何特質，就會讓每個人的會員資格都更不穩固一點。

一如我在很多頁之前指出的，這本書始於一個簡單、明顯的觀察：在花錢贏取勝場這方面，某些棒球經理人似乎比其他人厲害很多。這個觀念並不是我率先提出的——一位名為帕帕斯（Doug Pappas）的優秀棒球作家，老早就在研究這個效率的觀念。帕帕斯曾指出，比起其他球隊，運動家隊的效率一直高出許多，因而看起來好像處在另一個行業。我則是試圖解釋為何會這樣。

要完全體會「俱樂部」內部對於《魔球》這本書的反應，就得先知道一些完全無關的背景。

當初剛開始為這本書進行採訪時，我並不認識運動家隊的任何一個人，連他們的總經理比利·比恩的名字都沒聽過。在我研究這個球團的那一年間，比恩對於我這個寫作計畫唯一明確表現出興趣──也是他唯一會提起的時候──就是有幾次說我不該把焦點太集中在他身上。

他和其他運動家隊球團的關鍵人物，包括協理保羅·迪波德斯塔，從來沒有對我不禮貌過，不過他們卻很清楚地表示，他們還有比接受我採訪更好玩的事要做。他們對於我這個寫作計畫唯一的影響力，就是把我請出他們的辦公室或球員休息室──有好幾次，他們也真的這麼做了。

事實上，對他們來說，我這個人無足輕重。就他們所知，我根本不是在寫一本有關於奧克蘭運動家隊的書，而是在寫一本理性與棒球衝突的書（當我設法向他們解釋我要寫的書時，他們跟別人一樣目光茫然）。我在書中會提到他們，也會寫其他球隊。那些因他們所推行的新價值體系而人生改觀的球員，也會在書中出現。書中會有很長的一部分，專門介紹他們企業創新的精神導師：棒球作家比爾·詹姆斯。

直到我和其他球隊談過，發現沒有太多可以加入這個故事中的素材後，我才把焦點集中在運動家隊的經營團隊與球員身上。等到球季結束時，我已經蒐集到我要的材料。通常，如果材料非常扎實，寫作時就得壓縮故事。我覺得不得不拋棄一切與組成棒球隊無關的東西。

結果我寫出來的，完全不像某個人的傳記，倒是比較像某個「觀念」的說明──而其中主要角色比利·比恩，篇幅就占了好幾十頁。

在看到我的書之前，運動家隊球團對於整本書會是什麼樣子，只有很模糊的概念。大約在精裝本上市前一個月，出版社印了一批試讀本給評論人，運動家隊的工作人員也拿到了。結果，每個人讀過後的反應都不太相同。

其中，比恩的反應，是近似驚恐。他很驚訝，有這麼多內容是跟他有關，而且對於我把他描繪成瘋子也感到不爽。這一點，我或許應該比當時更加愧疚才對。我以為大多數讀者都了解，我寫的只是他的其中一面，並不完整，而且我有我的考量。我想捕捉比恩在做那些拿手的事情時多麼有趣——評價、網羅、管理職棒球員。而當他做這些事情，在最緊繃的時刻時，他確實有點像瘋子。

魔球，讓大夥兒錯怪了比利・比恩

以上就是關於這本書的背景交代。接下來所發生的事情，是我寫作生涯中的新經驗。在場邊謀生的「俱樂部」成員——總經理、球探，以及「婦女後勤隊」中比較聒噪的作家與評論員——抓狂了。請注意，他們抓狂的對象不是我，而是**比利・比恩**。二〇〇三年球季期間的那六個月，每一天太陽下山前，總會有一些大言不慚的專業人士——包括有一半的電台播報員——似乎認為，自稱「瘋狗」是聰明之舉，大肆抨擊比恩特大號的自我意識。各式各樣的譏嘲加諸在可憐的比恩身上，但他唯一的罪狀，就是把我趕出辦公室的次數還不夠多。

要一一記錄下這些難聽話太花時間了。不過有幾個例子值得一提：

比恩有一本暢銷書《魔球》，內容大部分都在寫他，書裡不斷吹噓自己如何重新發明球員的評價方式，智取有錢的球團。——亞特·席爾《西雅圖郵報》（Art Thiel, *Seattle Post Intelligencer*）

……另一位據說可能接任伊凡斯（Dan Evans）在道奇隊總經理職務的，是奧克蘭的比利·比恩，他在運動家隊以微薄的資金做出了不起的成績，但他也同時很無恥地推銷自己，他寫了一本書吹噓自己想像中的天才，廣受棒壇球探所唾棄。

——道格·克里克里安《長堤電訊報》（Doug Krikorian, *Long Beach Press Telegram*）

最近上市的書《魔球》有兩件事很明顯。運動家隊總經理比利·比恩的自我意識已經膨脹到爆炸了……

——崔西·林哥斯比《洛磯山新聞報》（Tracy Ringolsby, *The Rocky Mountain News*）

我稍後會回過頭來，談林哥斯比先生認為很明顯的第二件事，因為他是替「俱樂部」最大的派系發言。對我而言，很明顯、也很駭人的事情似乎是：棒球圈內人想強迫我的寫作對象，收回自己說過的話。一大堆記者不斷跑去跟比恩或迪波德斯塔求證，問他們的話是否被「錯誤引用」，如果每問一次，運動家隊就可以收一塊錢，他們早就湊到足夠的錢去買進很好的中外野手了。

尤其是比恩，承擔了極大的公眾壓力。從沒有人像他一樣，因為沒說過的話、沒做過的事而被一再指控。少數幾位圈內人還編起故事，指控比恩說自己的話被錯誤引用是撒謊，但打從一開始，他就沒說過自己的話被錯誤引用。「整本書兩百多頁，他的話不可能從頭到尾都被錯誤引用。」水手隊總經理吉利克氣呼呼地說，說完就發誓他永遠不會看這本書。而在他說這話之前，他旗下總薪資昂貴的水手隊，才剛剛再次被廉價的運動家隊遠遠拋在後面。

但運動家隊並沒有收回他們說過的話，一場假辯論隨即熱烈展開。它並不像真正的辯論那麼有趣，因為它沒有觀念交流的機會。那比較像是場宗教戰爭——或者像神造論者與進化論者之間永無休止、永遠不會有結果的爭執。

辯論的一方，是球迷社群，他們一面迴避思慮不周的問題與羞辱言辭，一面認真思考棒球數據的使用與濫用。而另一方，則是不斷拋出思慮不周問題與羞辱言辭的「俱樂部」成員，他們強烈地、茫然地想保住自己的既有地位。

問：如果比恩以為自己真是個了不起的天才，為何他沒有在選秀會中選進某某某（最受矚目的高中球員）？為何他還支付戴伊一千一百萬美元年薪？

答：重點不是比恩永遠不會犯錯；重點是他掌握到一套思考體系，讓原本難以確定的判斷，也就是球員未來的表現，稍微更確定一些。他不是算命師。他是在賭場裡算牌的玩家。

問：如果比恩真的如此聰明，又堅稱上壘率如此重要，為什麼運動家隊全隊得分沒有增加？

答：他們沒有攻下更多分，是因為他們的上壘率沒有那麼好——比起以前差了很多。一大部分要拜運動家隊的成功所賜，市場對上壘率的看法已經改變。儘管如此，運動家隊的上壘率仍保有一項重要特質：錢花得非常超值。而且重點不是爭取最高的上壘率，而是以最低成本贏得最多的比賽。想要以低成本贏球，祕訣就是買進某些被市場低估的球員特質，同時賣出被市場高估的。

問：哪種自大狂會宣稱自己發明了這一堆統計數字？上壘率！我的老朋友某某某早在一八七三年就知道上壘率這些東西了。

答：運動家隊從來沒有宣稱他們發現了複雜的統計分析方法。他們只宣稱將這些方法硬是實施在真正的大聯盟球隊身上。

在本書中，我特別花了些心思說明，比恩所拼湊出來的那些概念，其實都是別人的腦袋構思出來的。的確，任何《魔球》的讀者，只要閱讀過比爾．詹姆斯的著作，或常看其他一流棒球作家

（彼得・蓋蒙斯、羅伯・奈爾、艾倫・舒瓦茲〔Alan Schwarz〕）的作品，或是常上baseballprospectus及baseballprimer這兩個領導網站，一定會不解有什麼好大驚小怪的：**這些我們早就知道了**。

就我個人而言，值得大驚小怪的反倒是：終於有人把這些概念付諸實行，而這一點，確實應該大大歸功——或是歸咎，依你的觀點而定——於比利・比恩。他的貢獻，是知性勇氣。他有膽子抓住被其他「俱樂部」成員排斥、或至少沒太認真看待的觀念，然後一一實踐。不過，我從來不認為比恩是天才，他比較像是一個沒有研究長才、卻很有交易天分的華爾街交易員。

在二〇〇三年球季期間，我一再發現自己不斷面對讀者大眾與「俱樂部」成員不同的兩極反應。不過直到喬・摩根加入，我才完全明白，兩者間的差距有多大。

身為名人堂球員、ＥＳＰＮ播報員，同時也是棒壇領袖的摩根，可以說是最類似「俱樂部」聯誼會主席的角色。當摩根決定有必要談談《魔球》這本書後，他的說話口氣由詭異轉變成完全是胡言亂語。球季中途有人在ＥＳＰＮ網站的聊天室中，問他對於這本書有何看法。摩根寫道：

> 當你寫書時，通常都會想把自己寫成英雄。比恩顯然就是這麼做。根據我在《紐約時報》讀到的（《紐約時報》刊登過《魔球》的書摘），比恩比任何人都要聰明。我不認為這麼做會讓他更受其他球隊總經理或其他棒球人歡迎。

沒看過書，照樣開砲

不少人在網路上向摩根指出，比利．比恩並不是《魔球》這本書的作者。不過完全沒用。一星期之後，在另一次網路聊天時段，有人問摩根，如果他是比恩的話，會怎樣提升運動家隊的戰力。針對這個問題，摩根想了半天後回答：「首先，我不會是比恩！其次，我不會去寫《魔球》這本書！」

這就是問題的癥結：喬．摩根沒讀過這本書，卻堅信比恩是作者。「俱樂部」成員中，即便有人知道明明是另一個人費心寫下《魔球》的每個字句，但他們內心深處還是認定比恩才是此書作者。**比利．比恩說有某種客觀的方法，可以評估一支棒球隊的表現，還說他是最擅長此道的人。**還有更糟的：**比利．比恩寫了一本書，說俱樂部成員說的話與做的事，大都是荒誕可笑的。**

就某個角度來說，這真是身為一個作家的美夢成真：對於他的著作最反感的人，居然搞不清楚真正作者是誰。

同一時間，在「俱樂部」外的大眾，對於這本書的興趣與理解則好得不得了。運動家隊球團接到各種來自美國商業界與運動界的電話：NHL職業冰球隊、NFL職業美式足球隊、NBA職籃隊；華爾街投資公司；《財星》雜誌五百大企業；好萊塢製片廠；大學與高中棒球校隊。甚至有位經營連鎖熱狗攤的先生，從運動家隊球團內部進行的這項實驗，發現可以用在他的生意上（別問我）。美國社會的每個角落、每個縫隙，似乎都有人一心想找出市場欠缺效率之處，並予以利用——而運動家隊球團啟發了他們。最確定自己無法從中學到東西的，就是其他的大聯盟職棒球隊。但那是當然的！他們不是企業，他們是「俱樂部」。在商場上，如果有人把你最有效率的競爭對手的商業機密告訴你，你一定會高興得要命。即便你心有存疑，也還是會拿起這本書偷看一下，看看到底是怎麼回事。

在棒壇卻不是這樣。在職棒圈裡，他們氣瘋了。在「俱樂部」裡，根本沒有讀這本書的必要——棒球經理人老是**自誇**他們沒讀過這本書——因為，呃，它太得罪人了。水手隊總經理、同時也是「俱樂部」大老吉利克，就荒謬至極地用「沒有品味」來形容這本書。

看看藍鳥隊與紅襪隊……

棒壇圈內人沒讀這本書，而是編派各種理由來忽視已經在運動家隊發生的事，而這些事現在正在藍鳥隊與紅襪隊發生。他們之所以如此容易被激怒，是因為理性經營球團的觀念，已經開始傳播開來。試圖挖角比恩未果的紅襪隊，做了次佳的選擇，他們雇用了一名非常聰明的年輕人席歐．艾普斯坦擔任總經理，而他把比恩視為榜樣；藍鳥隊則是早已聘用比恩的左右手里奇阿迪。

艾普斯坦與里奇阿迪都碰到了文化抗拒——不過採訪紅襪隊的媒體向來惡毒，所以無法分辨出這種惡毒是針對新權威，還是任何冒失闖進波士頓芬威球場的新面孔。在波士頓，最有趣的是從來沒有人報導的故事，以及從來沒有人提出的問題：如果我們八十年來都在用類似的方法做事，而且我們對於結果已經氣瘋了，那麼是不是該試試別的方法？科學會不會提供打破貝比．魯斯魔咒的答案[33]？

藍鳥隊則比較像是單純的個案研究。新總經理里奇阿迪做了任何有見識的總經理都會做的事：開除一堆球探，雇用一名擅長統計分析的專家（出身baseballprospectus網站的基斯．洛——**天啊！從網站找人！**），然後開始毫不留情地交易進來超值的球員。他盡可能擺脫高價球員，以一大堆低價的取而代之——然後開始贏球。他最大的煩惱，是找到球隊願意從他手上接收身價太高的球星（他告訴我，他一整年中最爽的一天，就是洋基隊老闆史坦布瑞納有一天看到洋基隊右外野手漏接一個高飛球後勃然大怒，下令洋基隊去跟藍鳥隊買走孟德西）。這讓他把藍鳥隊的全隊薪資從九千萬美元，一下子砍到五千五百萬美元。在一個有效率的市場裡，如果你把總薪資砍掉四〇%，就預料將會多輸一大堆比賽。當然，這種情況沒有發生。真正發生的是，藍鳥隊由一支表現與高身價不成正比、士氣低迷的隊伍，一夜之間變成一支讓人興奮的球隊。他們變得更年輕、更便宜，而且更棒。

大體來說，多倫多市相當歡迎新的改變。不過，即便在那個溫和有禮的地方，還是有些不愉快的聲音——來自「婦女後勤隊」的悲慘尖叫抗議聲。二〇〇三年球季某天清晨，多倫多市民起床後發現《多倫多星報》（*Toronto Star*）的頭版新聞，對於新藍鳥隊提出令人心驚的問題。這篇報導的標題：「白鳥隊？」搭配上藍鳥隊一堆球員的大頭照，這篇報導寫道：「在一個擁有多種文化面貌的城市裡，多倫多的棒球隊竟是整個大聯盟最白的球隊。為什麼？」

撰寫這篇報導的記者傑夫．貝克（Geoff Baker）做了點研究，發現大聯盟每隊的二十五人名單中，平均有十位非白人球員，可是藍鳥隊在里奇阿迪掌權並大幅交易後，只剩六位非白人球員。新來的總經理，似乎有計畫地交易進來低價的**白人**。多倫多這麼一個以多樣化聞名的城市，藍鳥隊卻不再體現這種精神，這是件多麼令人傷心、多麼遺憾的事。「除了巧合之外，里奇阿迪很茫然，不知道該如何解釋這個數字。」貝克寫道。貝克可一點都不茫然，他從里奇阿迪經營棒球隊的方式裡，找到了一個解釋。

這種攻擊的說詞，很能激起一般大眾的興趣，不過卻有策略上的遺憾。文章本意是想得到棒壇以外的回響（但到頭來，這一點反倒成了「俱樂部」的致命傷。畢竟，俱樂部無法完全避開資助自己的、更廣大的圈外文化）。讀者抗議來信如雪片般湧進《多倫多星報》，該報同時接到一大堆申訴電話，要求針對這篇報導道歉。

其他家報紙也很關注這篇報導，《國家郵報》（*National Post*）刊登了一篇極其嚴厲的社論，指出藍鳥隊行銷上主打的兩位看板球員：卡洛斯．迪嘉多（Carlos Delgado）與維農．威爾斯都是黑人。該社論表示，多倫多市人口有八%是黑人、二%為拉丁裔，而藍鳥隊員有一二%是黑人、一二%是拉丁裔。因此，認真來講的話，當初那篇報導應該要呼籲藍鳥隊**減少**非白人球員才對。那篇社論還說，根據幾件球員交易案，就歸納出種族歧視的結論，實在太可笑了。《國家郵報》寫道：「這篇報導充斥著種族歧視的模糊暗示，企圖抹黑一支全心只想贏球、取悅球迷的球隊。」

提起一桶煤油來救火

但是最火大的地點，發生在藍鳥隊的球員休息室：球員們氣炸了。他們認為自己能被找來藍鳥隊，憑藉的是他們的棒球球技，而不是膚色。迪嘉多告訴《多倫多太陽報》（*Toronto Sun*）：「那是我聽過最蠢的事情，完全沒道理。不會有人去寫職業冰球多倫多楓葉隊（Maple Leafs）陣中沒有一個黑人，或是ＮＢＡ多倫多暴龍隊（Raptors）的球員有九成是黑人。這跟種族一點關係也沒有，我們球隊裡根本沒有這種問題，也不需要理會這種狗屁玩意。」

舞台的右側，《多倫多星報》的另一位棒球作家里查德．葛瑞芬（Richard Griffin）此時登場了。葛瑞芬是另一個老棒球人，從一開始就不斷想找里奇阿迪的麻煩。他對藍鳥隊的新權威、新方法始終看不順眼，因而從來不會錯過批評他們的任何機會。如今，他很有耐心地對該報讀者解釋，說他們不該「誤斬使者」。他同事的報導，不是關於種族歧視的，而是……好吧，那到底是關於什麼？他終於掰出一個新詞：「棒球種族鑲嵌畫的變動。」

啊！原來是這樣。天真的多倫多讀者一定會一邊抓抓頭，一邊如此想著。接著葛瑞芬闡述他的意思：「藍鳥隊總經理里奇阿迪，還有運動家隊的比利・比恩，以及一些新浪潮派都相信，」他寫道：「透過耐心選球，以及上壘後不要冒險盜壘，可以建立打擊火力。那是二次世界大戰前的打法，按照那種準則，第一位大聯盟黑人球員傑奇・羅賓遜（Jackie Robinson）永遠沒機會上大聯盟。」

如果你想把談話焦點從種族歧視引開，就應該挑更安全的例子。這真是棒球寫作中最接近馬克斯兄弟經典喜劇橋段的事情了。葛瑞芬就像哈波，看到他的朋友身陷火海，隨手抓起一桶水要救火，沒注意到桶子上寫著「煤油」[34]。

讓劇情加倍奇怪的是，傑奇・羅賓遜正是運動家與藍鳥隊垂涎不已的那一類型球員。他具有他們特別重視的突出數據——高上壘率、揮棒自制力、二壘手少見的強大長打力等等——還外加**他被市場低估**。沒錯，棒球球團經營方式的革命，可以視為是在尋找「不那麼戲劇化的傑奇・羅賓遜」——這些球員出於某種不公平的原因，通常是因為外貌，而受到市場的惡意對待與低估。

儘管如此，從某方面來看，這兩位多倫多棒球作家還是說對了一件事：無論如何巧妙地影射種族歧視，他們的文章其實與種族無關。種族只不過是個工具，是一場更重要戰鬥中的武器，以對抗那些不願意無條件相信球探與棒球作家的人。

激怒他們的，是這些……這些小書呆子，在那邊利用他們的部落格和棒球數據和電腦，自以為可以說三道四，教你如何建立棒球隊。貝克宣稱，他那篇報導所引起的反應，只不過是這些書呆子的陰謀。「我們懷疑，」他寫信給我表示：「許多抱怨這篇報導的電子郵件與信件，部分是在棒球部落格發起有組織活動的結果，部分是來自想駁斥這篇報導的團體。」那些討厭的局外人！「白鳥隊」報導、無知又懶得打電話的棒球作家的鬼叫、ESPN上惡意攻訐的旁白、有關比恩是「天才」那些心照不宣的玩笑——全都是同一件事。為了捍衛「俱樂部」抵抗新觀念，會員們就必須扭曲那個新觀念。

難怪，窮球隊照樣能翻身……

到了二〇〇三年球季尾聲，我從出版《魔球》過程中學到了一些事。我發現，只要你尋找得夠久，就可以找到反對理性的論點。

六個月來，「俱樂部」內部有一股極其明顯的渴望，希望運動家隊失敗。這本書剛出版時，有人還希望這種情況很快就發生。為了應付全隊薪資預算，比恩把他的明星終結者寇區交易到白襪隊，換來被許多人低估的奇斯·佛克（Keith Foulke）。他也把第四號先發投手科瑞·萊多交易掉，因為他也變得太貴了。運動家隊再度身處其他球隊都有錢得多的分區裡。更糟糕的是，紅襪隊與藍鳥隊讓球員市場變得愈來愈有效率。運動家隊到底該怎麼做，才能繼續贏球？

然而，當時他們的確繼續贏球。除了巨人隊、洋基隊、勇士隊，他們例行賽勝場比任何其他球隊還多。他們在五戰三勝的季後賽第一輪，對紅襪隊贏了前兩戰。這真是一大樂事——我們不只是看到大衛擊敗巨人歌力亞，同時也看到投資在巨人生活方式上的人，得為大衛即將到手的勝利做好心理準備。

過去三年來，每年運動家隊在季後賽被淘汰，「俱樂部」的「婦女後勤隊」就開始喋喋不休——運動家不可能會贏的！他們不喜歡犧牲短打！他們不相信盜壘！他們挑球員的特殊品味！他們對棒球古老智慧大不敬！這些在例行賽中讓運動家隊一帆風順的怪癖，到了季後賽卻注定了運動家隊的輸球厄運。第二戰結束後，沒有人——真的是一個都沒有——說：「啊，運動家隊不可能擊敗紅襪隊。他們或許可以拿下前兩場比賽的勝利，但由於他們企業創新的本質，他們永遠無法在季後賽贏得系列戰。」他們做的，是編派出一個解釋，想要合理化即將發生的可怕事情。大家開始凝聚共識，認為這個解釋就是：

拉蒙．赫南德茲觸擊！

運動家隊之所以贏得對紅襪隊的系列第一戰，是因為他們腳程慢的捕手在兩出局情況下，觸擊點出三壘邊線旁的短打。這個動作在「俱樂部」會員腦中，引發了一種化學反應。

《魔球》球隊是不觸擊的！這些……小書呆子都說，聰明的總教練不會用出局來換取壘包。

哈！看吧！他們贏了。不過他們也證明了我們的觀點才正確！

先不管將比賽的結果，歸因於某個單一事件有多荒謬；先不管單一特例，並不影響整個立論。長期來看，用出局換取進壘，是錯誤的。先不管不喜歡觸擊，只不過是新棒球策略的一個細微末節。**那不是犧牲觸擊**。因為當時已經兩人出局！捕手拉蒙·赫南德茲並不是想用出局來換進壘，而是想點出內野安打。

好吧，感謝上帝，運動家隊在第五戰終於敗下陣來。（不過如果他們前三場全輸淘汰，一切當然就會更清楚嘍？）當佛羅里達馬林魚隊（Florida Marlins）拿下世界冠軍，一切當然都變成必然的趨勢，是他們真正大無畏精神的結果。《棒球美國》雜誌專欄作家崔西·林哥斯比（Tracy Ringolsby）——是截至目前為止批評比利·比恩最執迷、最大聲的人——馬上跳出來大力推崇馬林魚隊的總教練傑克·麥奇恩（Jack McKeon），致上最高的讚美：「他當然完全不信《魔球》書中的那一套理論，那本書宣稱，職棒球隊選秀時應該只挑大學球員，尤其是投手。」

當然，麥奇恩對於選秀的看法根本不重要，因為他是在球季中途才空降至馬林魚隊，並非一手建立起這支球隊。麥奇恩擁有林哥斯比所了解的某種特質——像比利·比恩那種人永遠不會了解。那種男性氣概，是小書呆子永遠搞不懂的。那股勁兒，林哥斯比打心底強烈感覺得到，而你們這些軟趴趴的局外人就無法體會。就是那種特質，才能贏得總冠軍。

具備那種特質或缺乏這種特質，恰好是林哥斯比認為《魔球》這本書中，顯而易見的另一點。問題不只是比恩的自我意識大到失控，而是《魔球》一書的作者「棒球知識有限，而且完全迷上了比利・比恩」。

棒球知識有限——聽起來夠損人，不過到底是什麼意思？意思絕對**不是**指林哥斯比曾在壓力之下登上棒球場比賽（因為他從來沒有近似球員的經驗），而我卻沒有。也不是指他曾試圖了解運動家隊那幫人到底在搞什麼東西，因為他從沒想過要採訪他們。想想看！一位靠棒球寫作維生的人，年復一年，大肆批評運動家隊進行的極端實驗，竟然從來沒拿起過電話，要求比利・比恩解釋他在做什麼。**棒球知識有限**：就我個人看來，意思是，他只不過是又一個沒有運動細胞的人，自認職責就是要把他認為沒資格的人一律擋在門外。他不是作家，他是個守在門口的保鑣。

不過這個傢伙還是有他風光的時刻。當他坐下來寫專欄時，他心底知道，他是在替許多場邊工作的人代言。他可能只是「婦女後勤隊」的一員，不過他對棒球的觀點，卻反映出俱樂部真正成員的想法。許多負責打造棒球隊的人，想法跟他很像。

這也是為什麼，在球場上，一支沒有錢的球隊，會贏得這麼多場勝利。

註

1 編按：五拍子（five-tool guy）指的是守備、臂力、速度、力量、打擊都強的棒球員。

2 編按：尤基里斯（Kevin Youkilis）的外號是「希臘走路之神」（The Greek god of walks），英文中的「保送」與「走路」（walk）是同一個字。

3 麥祖斯基（Majewski），德州大學棒球隊外野手，外型有如希臘雕像。

4 一九四〇年代晚期，職棒界曾玩票式試用過心理醫師。前聖路易布朗隊（St. Louis Browns）聘請了一位名叫大衛·崔西（David Tracy）的心理醫師，專長是催眠療法。崔西隨後出了《心理學家上場打擊》（*Psychologist At Bat*）這本書，描述自己的親身經驗。這本書至少可以讓你有點明白，為什麼棒球界沒有急著採納心理治療。崔西在書中描寫自己的治療技巧：我要一位布朗隊投手躺在沙發上，我站在他後面。我把手指舉在他眼上六吋處，要他緊盯著我的手指，同時我說：「你的腿愈來愈沉重，非常沉重。你的手臂也愈來愈沉重，非常沉重。你將陷入深沉的昏睡……」

5 攻守紀錄表較為全面、完整的歷史沿革，請參見 Jules Tygiel 著作：*Past Time: Baseball As History* (2000)。

6 譯註：布蘭奇·瑞基（Branch Rickey）在一九四七年任職道奇隊時，把第一位黑人球星羅賓遜拉進大聯盟，打破種族藩籬。

7 棒球狂熱另一個看不到的後遺症，是對配偶的影響。「我們剛開始交往時，比爾隱藏他對棒球的狂熱，」詹姆斯的太太說。「如果當初知道他迷到這種程度，我不確定我們還會不會在一起。」

8 譯註：卡士達（Custer）是十九世紀末率軍攻打印地安人的美國將領，但最後遭印地安人擊敗身亡。

9 賽伯計量學（Sabermetrics）取自「美國棒球研究協會」（Society for American Baseball Research）的字母縮寫。

10 編按：薩利耶里（Antonio Salieri, 1750-1825），生於威尼斯的作曲家，長年服務於維也納的宮廷，是莫札特最有名的對手。後世戲劇與野史將他描繪為善妒小人，對莫札特百般陷害。

11 當「美國圖書館」出版社於二〇〇一年出版美國最佳棒球文選時，選入包括佛洛斯特（Robert Frost）、約翰·厄普戴克（John Updike），以及其他作家生花妙筆的文章，不過這些人的作品比不上詹姆斯生動有趣。可是不知道為什麼，詹姆斯的文章竟然一篇都沒有被收錄。

12 編按：傑夫·肯特（Jeff Kent），大聯盟明星二壘手，二〇〇〇年拿過國聯MVP，五次入選明星賽，還是大聯盟史上唯一生涯全壘打數超過三百發的二壘手。

13 這些所謂 percentages（百分比率）的設計，會讓所有仔細思索的人抓狂。說你為球隊付出一一〇個 percent 的努力是一回事，不過說上壘率是一千個百分點（on base 1,000 percent），那就是另一回事了。上壘率（on-base percentage），這個 percentage（百分點）實際上是 per thousand（千分點）。舉例來說，一位打者十次打擊有四次上壘，口頭上講他們的上壘率是四百（.400）。長打率（slugging percentage）就更難以理解了，因為這個 percentage 其實是 per four thousand（四千分之一）。完美的長打率——每次都擊出全壘打——是四千：每次打擊都進帳四個壘打數。為了實際運用上方便，上壘率與長打率都被設定成同樣的計算比例。整體而言，大聯盟球員上壘率多半介於三成（.300）至四成（.400）之間；至於長打率則介於三成五（.350）與五成五（.550）之間。

14 編按：亞伯特·貝爾（Albert Belle），一九九〇年代印地安人隊著名強打。

15 編按：孟德西（Raul Mondesi），兼具長打、快腿與臂力的大聯盟球星，一九九三年登上大聯盟，隔年獲得國聯新人王。

16 編按：聖經故事，以色列少年勇士大衛最後殺死了巨人歌力亞，普遍用來詮釋「以小搏大」的精神。

17 編按：「工具人」是指除了投手、捕手位置，其他位置都能守備的球員。內野工具人就是指可以守內野任何位置的球員。

18 編按：艾利斯・羅德里格茲（Alex Rodriguez），即球迷口中的A-Rod，美國人氣職棒球星，全方位的強打者。

19 儘管奧克蘭主場是對投手有利的球場，二〇〇二年球季哈特柏格的上壘率仍與隊友杜倫（Ray Durham）並列美國聯盟第十三名。排在他後面的除了他的運動家隊友，還有你想不到的高身價超級巨星：基特、戴蒙、諾馬・賈西亞帕拉（Nomar Garciaparra）。

20 二〇〇二年球季，哈特柏格每個打席所面對的投球數，在全聯盟排名第三，僅次於法蘭克・湯瑪斯與傑森・吉安比。

21 哈特柏格二〇〇二年的四壞／三振比，在美國聯盟排名第四，僅次於約翰・歐勒魯（John Olerud）、麥克・史威尼（Mike Sweeney）以及史考特・史畢齊歐（Scott Spezio）。

22 編按：唐・馬丁利（Don Mattingly），球員時期曾任洋基隊史第十任隊長，拿到九次一壘手金手套；後來擔任道奇隊總教練。

23 一位參與「回溯統計表組織」（Retrosheet，一家把一九八四年之前的詳盡賽事紀錄全面電腦化的機構，它是由詹姆斯的「攻守詳情紀錄表計畫」演進而來）的研究員湯姆・魯安（Tom Ruane），提出他的計算：一九六一年之後，連續四年明星賽後的戰績，比一九九九至二〇〇二年運動家隊還要好的，只有一九九一至一九九四年的勇士隊。而且從來沒有球隊連續四年，下半季戰績進步這麼多。

24 譯註：運動家隊（Athletics）的簡稱就是A's。

25 你可能會以為，球員們會希望免除有錢球隊從貧窮球隊簽下自由球員後的補償措施。這種方式等於是對自由球員制度課稅。不過此一辦法同時也給予球員工會權力，可以在資方想對選秀制度進行任何改變時，行使否定權，這對球員而言更重要。

26 最後證實，比恩對於選秀權看法是對的。

27 編按：特克・溫德爾（Turk Wendell）曾效力小熊、費城人等隊，因為迷信之故，每局結束後都會衝回休息區（跳過界外線），先刷牙，再嚼四根甘草；上場後要在地上畫三圈、朝中外野的方向揮手再投球。艾爾・若巴斯基（Al Hrabosky）是七〇年代傳奇名投，脾氣火爆，常在投手丘上咆哮，用力拍打手套是他的招牌動作。至於誇張地躍過界外線，是基於棒球場上一個很常見的禁忌：很多球員認為踩了白色的界外線會倒楣。

28 編按：NCAA是「全美大學體育聯盟」（National Collegiate Athletic Association）的簡稱。

29 全隊薪資數據由大聯盟職棒在二〇〇二年八月三十一日公布。二〇〇二年球季怪異得有如遊樂園的哈哈鏡：這一年好幾支貧窮的球隊打進季後賽，而打進世界大賽的兩支隊伍都不是超有錢。但這現象，對大聯盟看待「金錢在球隊成功所扮演角色」的觀點上，仍沒有產生明顯的影響。大聯盟會長塞利格仍然堅稱運動家隊（已稍有盈餘）沒救了。「我們要求他們（運動家隊）在一個他們不能比賽的場地比賽。」他在二〇〇三年二月表示。「沒有新球場，他們肯定活不下去。」

30 在這五場系列戰中，哈特柏格十四個打數擊出七支安打，外加三次四壞保送，沒有三振，一支全壘打，兩支二壘安打。他一共得到五分，打下三分打點。布瑞佛面對十位打者，讓其中九人出局，有七人擊出滾地球。第十位打者擊出一支不營養的飛球，形成一壘安打。布瑞佛在球隊創下二十連勝後走出低潮。他信心恢復之時，大約是在哈特柏格開始告訴他，他投球時少數難得上一壘的對方打者所說的話。有回天使隊二壘手亞當・甘迺迪（Adam Kennedy）從布瑞佛手中敲出一支軟弱飛球形成的一壘安打後，轉向哈特柏格說：「我的天啊！那一球的球速不可能只有八十四哩！」

31 這個職位最後由席歐・艾普斯坦（Theo Epstein）接任，他當時二十八歲，耶魯大學畢業，從沒打過職棒。

32 譯註：吉姆・波頓（Jim Bouton）是前洋基隊投手，他的《四壞球》（*Ball Four*）一書列出許多球員休息室內不為人知的真實黑暗面，堪稱大聯盟爆料天書。

33 一九一八年波士頓紅襪隊獲得世界大賽冠軍後，將隊上王牌貝比・魯斯高價賣給洋基隊。紅襪隊在之後的八十六年內始終與世界大賽冠軍無緣，直到二〇〇四年才再度封王。有傳言說當貝比・魯斯獲知自己被賣掉時，曾詛咒紅襪隊在他死後一百年內永遠拿不到總冠軍。

34 馬克斯兄弟（Marx Brothers）是知名的美國喜劇演員，五人都是親兄弟，常在舞台劇、電視、電影誇張搞笑演出，哈波（Harpo）是老二的藝名。

國家圖書館出版品預行編目（CIP）資料

魔球 ： 逆境中致勝的智慧 / 麥可 . 路易士 (Michael Lewis) 著 ; 游宜樺譯 . -- 四版 . -- 臺北市 : 早安財經文化 , 2014.09
面； 公分 . -- (早安財經講堂 ; 63)
譯自 ： Moneyball : the art of winning an unfair game
ISBN 978-986-6613-66-1 (平裝)

1. 棒球 2. 美國

528.955　　103017541

早安財經講堂 63

魔球

逆境中致勝的智慧

MONEYBALL: The Art of Winning an Unfair Game

作　　者：麥可・路易士（Michael Lewis）
譯　　者：游宜樺
特約編輯：莊雪珠
封面設計：Bert.design
責任編輯：沈博思、劉詢
行銷企畫：楊佩珍、游荏涵

發 行 人：沈雲驄
發行人特助：戴志靜、黃靜怡
出版發行：早安財經文化有限公司
台北市郵政 30-178 號信箱
電話：(02) 2368-6840　傳真：(02) 2368-7115
早安財經網站：http://www.morningnet.com.tw
早安財經部落格：http://blog.udn.com/gmpress
早安財經粉絲專頁：http://www.facebook.com/gmpress

郵撥帳號：19708033　戶名：早安財經文化有限公司
讀者服務專線：02-2368-6840　服務時間：週一至週五 10:00~18:00
24 小時傳真服務：02-2368-7115
讀者服務信箱：service@morningnet.com.tw

總 經 銷：大和書報圖書股份有限公司
電話：(02) 8990-2588
製版印刷：中原造像股份有限公司
四版 1 刷：2014 年 9 月
四版 9 刷：2023 年 5 月

定　　價：350 元
I S B N：978-986-6613-66-1（平裝）